U0819233

权威·前沿·原创

皮书系列为
“十二五”“十三五”国家重点图书出版规划项目

BLUE BOOK

智库成果出版与传播平台

北京市哲学社会科学研究基地智库报告系列丛书

中央商务区蓝皮书

BLUE BOOK OF
CENTRAL BUSINESS DISTRICT

中央商务区产业发展报告
（2020）

ANNUAL REPORT ON CBD INDUSTRIAL DEVELOPMENT
(2020)

以创新转型推动 CBD 发展

Promoting CBD Development by Innovation and Transformation

蒋三庚　王晓红　张　杰 等／著

社会科学文献出版社
SOCIAL SCIENCES ACADEMIC PRESS (CHINA)

图书在版编目(CIP)数据

中央商务区产业发展报告. 2020：以创新转型推动CBD发展／蒋三庚等著. --北京：社会科学文献出版社，2020.12
（中央商务区蓝皮书）
ISBN 978-7-5201-7314-8

Ⅰ. ①中… Ⅱ. ①蒋… Ⅲ. ①中央商业区-经济发展-研究报告-中国-2020 Ⅳ. ①F72

中国版本图书馆 CIP 数据核字（2020）第180544号

中央商务区蓝皮书
中央商务区产业发展报告（2020）
——以创新转型推动CBD发展

著　　者／蒋三庚　王晓红　张　杰 等

出 版 人／王利民
组稿编辑／恽　薇
责任编辑／陈凤玲

出　　版／社会科学文献出版社 · 经济与管理分社（010）59367226
地址：北京市北三环中路甲29号院华龙大厦　邮编：100029
网址：www.ssap.com.cn
发　　行／市场营销中心（010）59367081　59367083
印　　装／天津千鹤文化传播有限公司

规　　格／开 本：787mm×1092mm　1/16
印 张：17.75　字 数：262千字
版　　次／2020年12月第1版　2020年12月第1次印刷
书　　号／ISBN 978-7-5201-7314-8
定　　价／149.00元

为贯彻落实中共中央和北京市委关于繁荣发展哲学社会科学的指示精神，北京市社科规划办和北京市教委自2004年以来，依托首都高校、科研机构的优势学科和研究特色，建设了一批北京市哲学社会科学研究基地。研究基地在优化整合社科资源、资政育人、体制创新、服务首都改革发展等方面发挥了重要作用，为首都新型智库建设进行了积极探索，做出了突出贡献。

围绕新时期首都改革发展的重点热点难点问题，北京市社科联、北京市社科规划办、北京市教委与社会科学文献出版社联合推出“北京市哲学社会科学研究基地智库报告系列丛书”，旨在推动研究基地成果深度转化，打造首都新型智库拳头产品。

本书为北京市社会科学基金研究基地重点项目“中央商务区产业蓝皮书（2020）——以创新转型推动CBD发展”（项目编号：19JDYJA012）的研究成果。

中央商务区蓝皮书
编　委　会

主要编撰者简介

蒋三庚　经济学博士，首都经济贸易大学教授、博士生导师，首都经济贸易大学特大城市经济社会发展研究院副院长，北京市哲学社会科学 CBD 发展研究基地主任。兼任中国城市经济学会常务理事、中国市场学会常务理事、中国商业经济学会理事、北京市金融学会常务理事等。曾任北京市学术创新团队“北京 CBD 研究”执行负责人和“北京金融中心建设研究”负责人。主要研究领域为金融学、中央商务区理论等。主持完成国家级、省部级基金课题 10 项，中共北京市委组织部、北京市教育委员会规划科研课题 4 项，政府委托横向课题 16 项。编著出版专著《中国主要中央商务区（CBD）发展及特色研究》《中央商务区研究》《中国区域金融及发展研究》《金融风险及其防范》等 30 余部，发表论文 100 余篇。成果曾获北京市第九届、第十一届哲学社会科学优秀成果奖二等奖。先后被评为北京市首批跨世纪理论人才“百人工程”成员、北京市千百理论人才成员，以及首都经济贸易大学优秀教师、科研标兵及教学名师等。

王晓红　首都经济贸易大学副教授，北京市哲学社会科学 CBD 发展研究基地副主任。主要研究领域为文化创意产业和 CBD 产业发展。先后参与北京市社会科学基金项目、政府委托项目“中央商务区现代服务业集聚路径研究”“北京 CBD‘十一五’发展白皮书”等 10 余项，合著《中国中央商务区建设与治理研究》《文化创意产业集群研究》《创意经济概论》等 6 部著作，提交 CBD 研究报告多份。

张　杰　管理学博士，首都经济贸易大学城市经济与公共管理学院教授、副院长、博士生导师。兼任中国城市经济学会理事，商务部服务贸易统计专家组顾问，北京市东城、朝阳等区人大财经委顾问等社会职务。主要研究领域为CBD发展战略、城市经济、土地政策等。主持国家社会科学基金项目“我国特大城市土地市场效率与政府调控效果研究”、北京市社会科学基金项目“北京CBD现代服务业扩大开放研究”，参与国家自然科学基金项目等纵向课题10余项，承担中央机构编制委员会办公室、自然资源部不动产登记中心、北京市经济和信息化局、北京市商务局等政府部门委托研究项目，以及北京、昆明、郑州等地“十三五”规划项目60余项。出版专著《特大城市中央商务区发展研究：产业布局·管理路径·国际战略》等6部，合著15部教材或著作。在《光明日报》《经济日报》《中国软科学》等报刊发表学术论文40余篇；成果曾获2016年度北京市哲学社会科学优秀成果奖二等奖、2010年度国土资源科学技术奖二等奖。

摘　要

中央商务区（Central Business District，CBD）往往是特大城市、超大城市现代服务业发展的主导区，特别是2020年新冠肺炎疫情后期，在增强城市韧性发展中，中央商务区又发挥着经济引擎的作用。中央商务区创新转型推动区域发展，对尽快形成城市经济增长、保民生、保就业、恢复城市活力、辐射带动周边区域发展具有重要的意义。

本书以“以创新转型推动CBD发展”为主题，通过构建中央商务区综合发展指数、区域辐射指数和营商环境指数，采用熵值法确定权重，对选定的一线和新一线城市中央商务区所在城区发展情况进行测度。为能更准确地反映中央商务区的发展情况，每个指数由多个分指数构成：综合发展指数指标体系包括经济发展、经济驱动、科技创新、社会发展等分指数；区域辐射指数指标体系包括辐射能力、辐射行动及辐射绩效等分指数；营商环境指数指标体系包括经济与产业结构环境指数、人口与生活环境指数和商业运作环境指数等分指数。同时，构建中央商务区楼宇经济指数，具体指标包括税收贡献额、总部企业数、税收亿元楼数、商务楼宇数、重大项目数、楼宇空置率、楼宇租金等。通过四个指标体系对CBD发展现状和发展态势进行描述，为推进中央商务区创新和高质量发展提供重要参考。

为使本书具有学术支撑，本书对中央商务区转型创新路径、中央商务区金融生态环境对企业融资难的缓释效应、北京商务中心区现代服务业创新发展做了详细分析，形成了三个专题报告。以上三个专题研究报告都是以北京市社会科学基金研究基地项目为基础凝炼出来的，具有较高的含金量。关于中央商务区转型创新路径问题，报告提出了中央商务区转型创新的FPEV路径，分析了CBD转型发展的主题线索及其内在脉络联系，并对应提出了产业转型、经济提升、环境友好和开放发展等四个方面的创新建议。关于中央商务区企业融资问题，报告采用熵值法构建金融生态环境指数，考察了12个中央商务区金融生态环境对上市企业融资约束的缓释效应。报告认为，当市场参与主体置身于经济环境较为发达、政府治理相对完善、法律制度及信用文化更加健全、金融资源配置效率较高的外部环境中时，企业融资约束的缓释效果更为明显。报告提出，应着力从多方面入手，通过改善企业所处区域的金融生态环境缓解融资难题。关于中央商务区现代服务业的创新发展问题，报告筛选出产业聚集、开放程度、高素质人才集聚水平、绿色环境体系四大基础要素，分析了企业间竞争合作模式、新消费理念引导、融资渠道、创新平台建设四大运营要素，提出鼓励创新平台建设等促进现代服务业创新发展的具体建议。

展示和借鉴各地CBD发展经验，了解CBD实际发展情况是本书的重要内容和特色。本书得到了四川天府总部商务区、银川阅海湾中央商务区和青岛中央商务区等管委会的支持，它们提供了深入的分析报告。报告分析了天府总部商务区以公园城市理念为指引、进阶中央商务区3.0时代的理念变革，包括以专业化思维找准定位坐标，以人本化逻辑理清营城思路，以新发展理念创新营城范式。银川阅海湾中央商务区通过创新招商引商方式，调整惠商惠企政策，增强地方政府应对经济发展过程中的挑战的能力，逐步成为银川市乃至宁夏产业转型、对外开放的重要展示平台。报告分析了青岛中央商务区围绕新航运、新贸易、新金融、人工智能、生物科技等新兴产业发展楼宇经济，重点搭建山东省海洋特色产业园平台与建筑创意产业集聚平台，推动青岛中央商务区高质量发展。

作为国内主要研究CBD产业的蓝皮书，本书对近期国内CBD产业发展进行了综合分析，既从中发现未来CBD产业创新发展的方向和路径，也看到某些地区CBD产业发展中暂时存在的短板，为今后工作提供了不可多得的借鉴。

本书是北京市社会科学基金研究基地重点项目“中央商务区产业蓝皮书（2020）——以创新转型推动CBD发展”（项目编号：19JDYJA012）的研究成果，同时也是北京市哲学社会科学CBD发展研究基地、首都经济贸易大学特大城市经济社会发展研究院（高端智库）资助的成果。

关键词： 中央商务区　产业发展　创新转型

目录

Ⅰ 总报告

Ⅱ 指数评价篇

Ⅲ 专题篇

Ⅳ　区域篇

皮书数据库阅读**使用指南**

总 报 告

General Report

B.1

中央商务区以创新转型推动区域发展报告（2020）*

蒋三庚　王晓红　杨培华**

摘　要： 中央商务区创新发展已成为区域转换新动能、拉动经济新引擎的重要途径。本文从综合发展、区域辐射、楼宇经济和营商环境四个角度对中央商务区创新转型发展做了指数支撑分析；同时对我国主要中央商务区产业发展、创新驱动撬动中央商务区升级等情况进行了综合分析，结论表明中央商务区

* 本文为北京市社会科学基金研究基地重点项目“中央商务区产业蓝皮书（2020）——以创新转型推动 CBD 发展”（项目编号：19JDYJA012）的研究成果。本文获得北京市哲学社会科学 CBD 发展研究基地的资助。

** 蒋三庚，经济学博士，首都经济贸易大学教授、博士生导师，北京市哲学社会科学 CBD 发展研究基地主任，主要研究领域为 CBD 理论、金融学等；王晓红，首都经济贸易大学副教授，北京市哲学社会科学 CBD 发展研究基地副主任，主要研究领域为文化创意产业和 CBD 产业发展；杨培华，北京市哲学社会科学 CBD 发展研究基地特聘研究员，主要研究领域为金融理论与政策。

在金融改革创新、提高楼宇经济水平、创新提升中央商务区活力等方面取得了显著成果。2020年上半年，中央商务区努力运用创新技术提升疫情防控能力，减少新冠肺炎疫情造成的损失，积极采取各种措施刺激企业复产复工。本文还对中央商务区创新推动发展面临的商务科技产学研合作程度不够深入、金融生态环境有待优化、商务楼宇应对疫情管理水平需要提升、科技产业发展空间受到限制等挑战进行了分析，并提出鼓励创新平台建设、引进成果转化创新机构、优化金融生态环境等对策建议。

关键词： 中央商务区 产业发展 创新转型

一 引言

改革开放40多年来，国内主要中央商务区均经历了产业转型的发展阶段。而每一个阶段都有一个发展的关键诉求和发展的着力点，从建设形成中央商务区雏形，到以环境质量为支撑，再到创新发展提高实力，以开放合作求动力，这些构成了中央商务区的重要发展阶段。在中央商务区发展的不同阶段，虽然各有侧重，但每一个中央商务区都在探索产业创新发展道路，并形成自己的特色。近几年，我国中央商务区产业发展正呈现六大趋势特征，即产业高端化、管理智慧化、服务精细化、结构生态化、产业融合化和产品共享化，而在这些发展趋势的背后，是要加强金融业创新、驱动楼宇经济水平提升、环境创新促进产业升级等。

2020年上半年，中央商务区产业发展受到新冠肺炎疫情的很大影响。结合疫情防控工作，CBD区域企业发挥自身优势，在降低人员聚集和流动的前提下，探索居家办公、远程会议、线上办公等多种模式，从而尽量减少损失、恢复公司业务。

本报告对部分中央商务区 2019 年至 2020 年上半年产业发展情况进行了分析。2019 年中央商务区总部企业集聚突出，特色楼宇增加，税收千万元楼、税收亿元楼稳定增长，互联网数字经济、新媒体、电商等新兴产业发展势头良好。2020 年中央商务区凭借高品质楼宇，积极应用创新技术提升疫情防控能力。中央商务区内企业努力开发高效视通远程办公系统、在线数字化设计协同工作平台，有效应对大规模的“远程复工”，取得了很好的效果。诸多中央商务区采取各种措施刺激商圈消费恢复，CBD 现代服务业已成为拉动经济增长的核心引擎。

同时，本报告从创新转型的角度和时代背景入手，对 CBD 创新发展进行评判，分析 CBD 在推动区域发展过程中面临的主要挑战，并按图索骥找到解决问题的相应对策建议。

二 中央商务区创新转型推动发展数据支撑分析

本报告在《中央商务区产业发展报告（2019）》的基础上，以 2020 年创新推动中央商务区发展为主题，继续跟踪研究中央商务区发展的数据支撑体系，包括中央商务区的综合发展指数、区域辐射指数、楼宇经济指数和营商环境指数，从中探析中央商务区高水平发展的概况与趋势、特点和规律。为确保指数的客观性，数据选取基于 2017 ~ 2019 年各城市、CBD 所在城区《统计年鉴》《国民经济和社会发展统计公报》《城市统计年鉴》等权威资料。部分数据来源于 CBD 所在城区政府工作报告、量子数聚（北京）科技有限公司以及 2017 ~ 2019 年《中国商务中心区发展报告》和 2018 ~ 2019 年《中央商务区产业发展报告》。

本报告选取 13 个中央商务区样本，分别为北京 CBD、上海陆家嘴 CBD、广州天河 CBD、深圳福田 CBD、天津滨海新区 CBD、重庆解放碑 CBD、西安长安路 CBD、武汉王家墩 CBD、杭州武林 CBD、南京河西 CBD、成都锦江 CBD、长沙芙蓉 CBD 和沈阳金融商贸 CBD。在分析中兼及其他中央商务区。

本报告提到的一线城市包括北京、上海、广州、深圳四个城市；其余样本为新一线城市。

（一）中央商务区综合发展指数评价

中央商务区综合发展指数由五个分指数组成，分别反映 CBD 发展的某个特定方面，它们是经济发展分指数、经济驱动分指数、科技创新分指数、社会发展分指数、区域辐射分指数，为一级指标。

整体来看，2014～2018 年，一线城市 CBD 所在城区综合发展指数得分优势明显，新一线城市之间发展存在差异。天津滨海新区、重庆渝中区、杭州下城区及武汉江汉区在新一线城市中发展较为靠前，沈阳沈河区、成都锦江区、西安碑林区发展有提升空间（见表 1）。

从经济发展分指数看，一线城市中，上海陆家嘴 CBD 所在城区上海浦东新区实力相对最强，2017～2018 年始终排在第一位；其余 3 个一线城市 CBD 所在城区经济发展排名相对稳定。2018 年，广州天河区排名上升一位至第二位。新一线城市中，前 5 位排名每年会有一些调整。2018 年排名前 5 位的分别为天津滨海新区、武汉江汉区、长沙芙蓉区、重庆渝中区、西安碑林区。

从经济驱动分指数看，2016～2018 年，一线城市的排名较为稳定，依次为上海浦东新区、北京朝阳区、深圳福田区、广州天河区。新一线城市中，天津滨海新区得分最高，超过一线城市中广州天河区和深圳福田区的得分，其他 CBD 排名较为稳定。

从科技创新分指数看，2016～2018 年，一线城市平均得分高于新一线城市。北京朝阳区持续保持领先地位。新一线城市中，武汉江汉区连续 3 年得分第一，其次是南京建邺区、成都锦江区。

从社会发展分指数看，2016～2018 年，一线城市和新一线城市 CBD 所在城区的社会发展分指数得分差距较小。2018 年，一线城市中广州天河区和深圳福田区社会发展分指数得分排名靠前；新一线城市中重庆渝中区得分最高，其次为南京建邺区。

（二）中央商务区区域辐射指数评价

中央商务区区域辐射指数主要考察 CBD 的辐射能力、辐射行动和辐射

表1　2014~2018年13个CBD所在城区综合发展指数及排名

单位：得分

城市分类	CBD 所在城区	综合发展指数					综合发展指数排名				
		2014 年	2015 年	2016 年	2017 年	2018 年	2014 年	2015 年	2016 年	2017 年	2018 年
一线城市	北京朝阳区	44.167	44.527	53.124	51.915	51.585	1	1	1	1	1
	上海浦东新区	42.768	42.868	51.110	50.837	50.960	2	2	2	3	3
	广州天河区	40.060	40.657	47.300	49.574	50.228	4	4	4	4	4
	深圳福田区	41.446	40.781	49.593	51.064	51.296	3	3	3	2	2
新一线城市	天津滨海新区	41.780	41.037	48.035	47.325	46.060	1	1	1	1	1
	重庆渝中区	35.942	36.138	43.289	44.219	44.504	6	6	5	2	2
	西安碑林区	35.912	35.834	43.254	42.924	42.798	7	7	6	7	7
	武汉江汉区	37.711	38.544	43.163	43.636	43.782	2	2	7	4	4
	杭州下城区	37.547	37.179	45.066	44.197	44.387	3	3	2	3	3
	南京建邺区	36.688	36.208	43.789	43.384	43.697	4	5	3	5	5
	成都锦江区	36.613	36.611	43.395	42.656	42.378	5	4	4	8	8
	长沙芙蓉区	35.146	35.160	42.917	43.303	43.509	8	8	8	6	6
	沈阳沈河区	34.220	34.455	40.965	39.966	39.816	9	9	9	9	9

绩效三个方面。因此，CBD 区域辐射指数分为辐射能力分指数、辐射行动分指数和辐射绩效分指数。

整体来看，2016～2018 年，一线城市的区域辐射指数得分显著高于新一线城市（见图 1），说明一线城市和新一线城市的 CBD 发展不够均衡，地域差异较大。2018 年，一线城市 CBD 所在城区区域辐射指数得分均在 16 以上。新一线城市中，成都锦江区和天津滨海新区区域辐射综合实力相对比较突出，其他新一线城市 CBD 所在城区相对均衡。

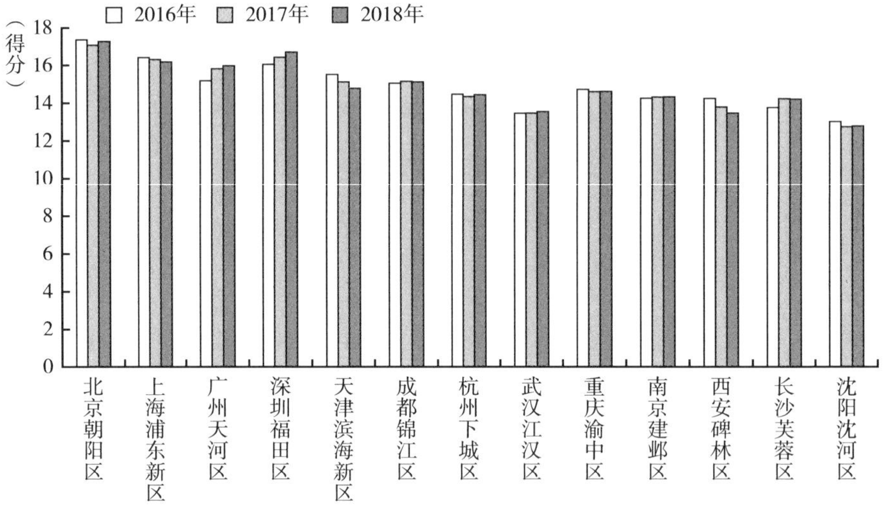

图 1　2016～2018 年 13 个 CBD 所在城区区域辐射指数

从辐射能力分指数得分看，2016～2018 年，一线城市中上海浦东新区的辐射能力分指数最高，连续三年位居第一。新一线城市中，天津滨海新区、成都锦江区和杭州下城区三个城区的辐射能力分指数连续三年都位于前列。从指数增长率来看，上海浦东新区、广州天河区、深圳福田区、成都锦江区、重庆渝中区和沈阳沈河区六个城区的辐射能力分指数连续三年增长。

从 2018 年 13 个 CBD 所在城区的辐射行动分指数得分来看，4 个一线城市 CBD 所在城区的辐射行动分指数明显高于新一线城市 CBD 所在城区，其中北京朝阳区的辐射行动分指数得分最高，第二名为上海浦东新区，第三名是深圳福田区。在新一线城市中，成都锦江区和天津滨海新区的辐射行动分指数得分比较突出。

2018 年，13 个 CBD 所在城区的辐射绩效分指数中，广州天河区、重庆渝中区、长沙芙蓉区和深圳福田区 4 个城区的辐射绩效分指数得分相对较高。从辐射绩效分指数的增长状况来看，2016～2018 年，北京朝阳区和广州天河区的辐射绩效分指数得分连续二年增加。

（三）中央商务区楼宇经济指数评价

中央商务区的楼宇经济汇聚了大量金融、科技、服务、商贸、文化创意企业，对城市经济发展具有极大的带动作用。对楼宇经济，一般从税收贡献额、总部经济、楼宇数量情况、重大项目情况等进行分析。

从税收贡献额看，2018 年，深圳福田 CBD 纳税总额高达 1800 亿元，地区税收贡献在一线城市中最为突出；其他 CBD 楼宇税收贡献也有不俗的表现。

从总部经济看，越来越多的企业选择将中央商务区作为总部所在地。一线城市中北京 CBD 总部企业数量居首位，截至 2018 年，总部企业达 428 家；广州天河 CBD 世界 500 强企业入驻最多，达 201 家；新一线城市中，成都锦江 CBD 成为西部地区重要的总部经济集聚地。

从楼宇数量情况看，截至 2019 年，上海陆家嘴 CBD 及周边区域商务楼宇达 285 座，税收亿元楼达 102 座；新一线城市中天津滨海新区 CBD 商务楼宇数量高达 129 座，税收亿元楼达 29 座。从楼宇增长量来看，一线城市增速有所放缓，新一线城市增长较大。

从重大项目情况看，各 CBD 紧锣密鼓地引进新项目，一线城市得益于其自身完善的产业基础，在引进项目上更具优势。

从楼宇租金和空置率看，一线城市租金均高于新一线城市，2019 年北京 CBD 最高，达 433.6 元/（平方米·月），新一线城市中杭州武林 CBD 最高，达 155.1 元/（平方米·月）。一线城市中深圳福田 CBD 由于新增楼宇较多，楼宇空置率居首，达 19.5%，新一线城市中成都锦江 CBD 最低，为 14.8%。

（四）中央商务区营商环境指数评价

营商环境指数包括经济与产业结构环境指数、人口与生活环境指数及商业运作环境指数3个分指数。

从营商环境指数综合得分看，2016～2018年，一线城市中上海浦东新区、北京朝阳区名列前茅，广州天河区、深圳福田区表现也比较优异；新一线城市中天津滨海新区、重庆渝中区及杭州下城区较为突出，新一线城市之间差距较大（见表2）。

从经济与产业结构环境指数看，各CBD排名变化较小。2016～2018年，一线城市中，深圳福田区、广州天河区优势更为明显；新一线城市中，天津滨海新区、杭州下城区表现较为突出，南京建邺区、沈阳沈河区在产业结构优化及加快创新方面有待进一步提高。

表2　2016～2018年13个CBD所在城区营商环境指数及分项指数

单位：得分

年份	城市分类	CBD所在城区	经济与产业结构环境指数	人口与生活环境指数	商业运作环境指数	营商环境指数	排名
2016	一线城市	北京朝阳区	5.5573	5.7024	5.6543	16.9140	2
		上海浦东新区	5.5942	5.5265	5.8468	16.9675	1
		广州天河区	5.6593	5.4336	5.3849	16.4778	4
		深圳福田区	5.8036	5.5094	5.2103	16.5234	3
	新一线城市	天津滨海新区	5.5770	5.2565	5.5978	16.4313	1
		西安碑林区	5.3073	5.2813	5.0859	15.6745	8
		成都锦江区	5.2837	5.2706	5.1844	15.7387	7
		杭州下城区	5.4817	5.3169	5.2133	16.0118	3
		南京建邺区	5.1904	5.3313	5.2638	15.7854	6
		沈阳沈河区	5.1732	5.2532	5.1226	15.5490	9
		武汉江汉区	5.3315	5.2434	5.2813	15.8562	5
		长沙芙蓉区	5.4212	5.3452	5.1000	15.8665	4
		重庆渝中区	5.3614	5.2920	5.3864	16.0398	2

续表

年份	城市分类	CBD 所在城区	经济与产业结构环境指数	人口与生活环境指数	商业运作环境指数	营商环境指数	排名
2017	一线城市	北京朝阳区	5.5824	5.7082	5.5550	16.8456	2
		上海浦东新区	5.6127	5.5163	5.8581	16.9870	1
		广州天河区	5.6948	5.4563	5.3960	16.5471	3
		深圳福田区	5.7923	5.5019	5.2175	16.5116	4
	新一线城市	天津滨海新区	5.5302	5.2246	5.5525	16.3072	1
		西安碑林区	5.2496	5.2513	5.0608	15.5618	8
		成都锦江区	5.3006	5.2927	5.1903	15.7836	7
		杭州下城区	5.4641	5.302	5.2075	15.9735	3
		南京建邺区	5.1975	5.3516	5.2617	15.8108	6
		沈阳沈河区	5.1781	5.2251	5.0902	15.4933	9
		武汉江汉区	5.3590	5.242	5.2777	15.8786	5
		长沙芙蓉区	5.4420	5.3547	5.1016	15.8984	4
		重庆渝中区	5.3629	5.2862	5.3820	16.0311	2
2018	一线城市	北京朝阳区	5.5774	5.7087	5.4483	16.7345	2
		上海浦东新区	5.6209	5.5105	5.8537	16.9852	1
		广州天河区	5.6981	5.5226	5.4554	16.6762	3
		深圳福田区	5.7683	5.5177	5.2464	16.5325	4
	新一线城市	天津滨海新区	5.4821	5.2526	5.3348	16.0695	2
		西安碑林区	5.2391	5.1989	5.0714	15.5094	8
		成都锦江区	5.3106	5.2644	5.2368	15.8119	7
		杭州下城区	5.4542	5.3214	5.2533	16.0290	3
		南京建邺区	5.2103	5.3611	5.3127	15.8841	6
		沈阳沈河区	5.1898	5.2194	5.0895	15.4988	9
		武汉江汉区	5.3773	5.2310	5.3376	15.9459	4
		长沙芙蓉区	5.4534	5.3553	5.1129	15.9216	5
		重庆渝中区	5.3634	5.2796	5.4565	16.0995	1

从人口与生活环境指数得分看，一线城市均高于新一线城市，且排名较为稳定。2016～2018 年，一线城市中北京朝阳区位列第一，2018 年广州天

河区排名上升至第二位；新一线城市中，南京建邺区、长沙芙蓉区、杭州下城区得分排在前列。

从商业运作环境指数看，一线城市较新一线城市无明显优势，CBD 排名变化较大。2018 年，一线城市中，上海浦东新区各项指标均处于较领先地位；新一线城市商业运作环境表现为某项指标突出，但整体商业运作环境发展不均衡。

三　中央商务区创新推动区域发展情况

2019～2020 年，中央商务区在创新推动区域产业发展方面取得了很大成绩，本部分主要对中央商务区产业发展情况进行总体评述，梳理创新驱动中央商务区产业升级情况。

（一）中央商务区产业发展情况

1. 中央商务区产业发展情况分析

（1）国内生产总值（GDP）高质量增长

中央商务区的 GDP 往往在一个城市中排名靠前，因此 GDP 的变动情况对于分析 CBD 产业本身以及研究 CBD 推动其区域高质量发展有重要作用。

从 GDP 总量看，各 CBD 所在城区均有较大幅度增长。2016～2018 年，GDP 排名前三的分别是上海浦东新区、天津滨海新区和北京朝阳区。其中，2018 年首次出现万亿元级别 CBD，上海浦东新区 GDP 达 10461.59 亿元；已有 10 个 CBD 达到千亿元级别，比 2017 年新增两个，为成都锦江区和沈阳沈河区。从图 2 可以看出，一线城市 GDP 优势明显，但新一线城市的实力也不容小觑。2018 年，一线城市 GDP 均在 4000 亿元以上。上海浦东新区始终占据优势地位，得益于上海浦东新区注重经济发展的质量效益，推动建设质量强区；新一线城市除天津滨海新区外，其他城区的 GDP 在 700 亿～1400 亿元。天津滨海新区表现抢眼，2018 年达 7363.58 亿元。得益于天津滨海新区积极推动新动能、新产业和创新要素的集聚，其实体经济集聚效应显现。

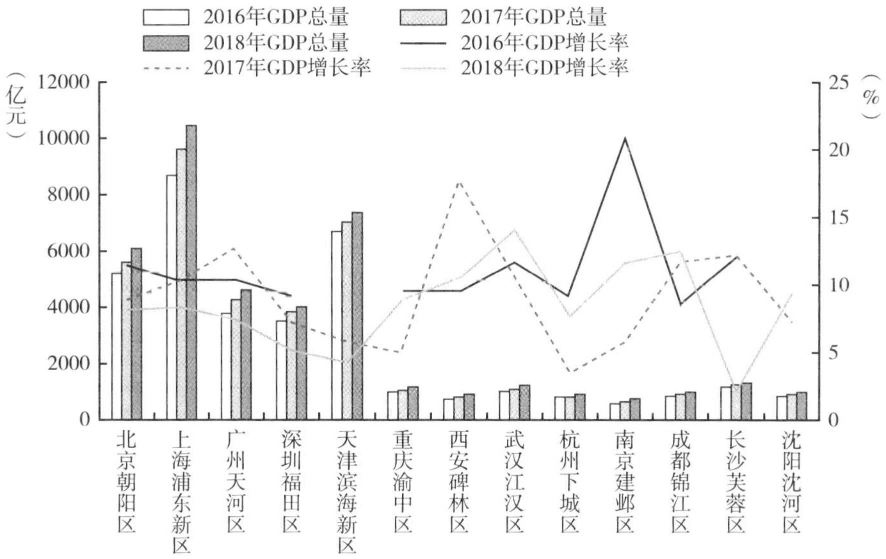

图 2　2016～2018 年各 CBD 所在城区 GDP 总量及增长率

注：天津滨海新区和沈阳沈河区因 GDP 调整，故缺失 2016 年增长率数据。

2019 年，上海浦东新区 GDP 达 12734 亿元，北京朝阳区突破 6000 亿元；新一线城市则呈现经济规模总量小，但增长率高于一线城市的态势。

（2）人均 GDP 分析

人均 GDP 指标将人口因素考虑到 GDP 中，从另一个角度看到 CBD 的价值创造能力。

从人均 GDP 来看，一线城市总体优势明显，但新一线城市与一线城市差距缩小。2018 年排在前 4 位的城区是广州天河区、深圳福田区、天津滨海新区、长沙芙蓉区，人均 GDP 在 20 万元以上（见图 3）。2019 年，按全年平均人口计算，深圳福田区的人均 GDP 已达到 27.58 万元，按年平均汇率折算为约 4 万美元，根据世界银行规定的判定标准，已达到高收入发达地区水平。排在后 3 位的城区是沈阳沈河区、西安碑林区、成都锦江区，人均 GDP 在 11 万元至 14 万元之间。

（3）地方一般预算收入分析

地方一般预算收入可以在一定程度上反映政府的政策方向，为社会经济

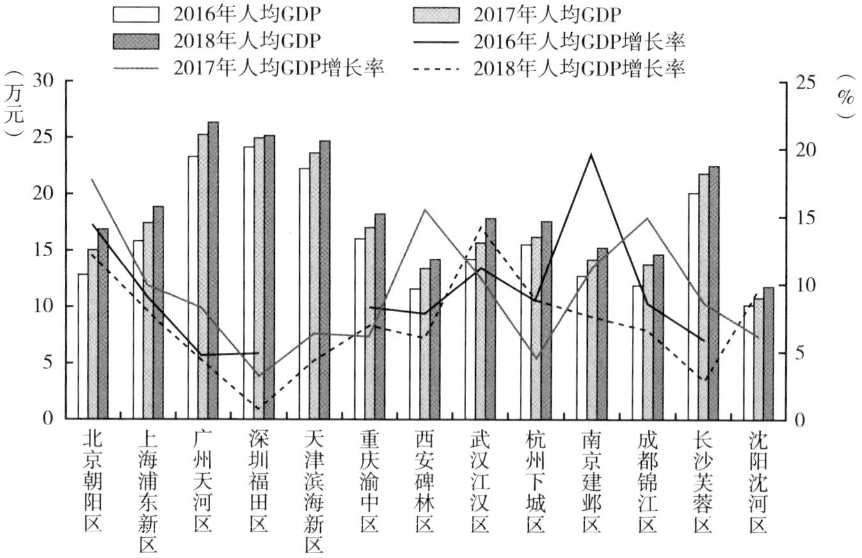

图 3　2016～2018 年 CBD 所在城区人均 GDP 及同比增长率

注：天津滨海新区和沈阳沈河区因 GDP 调整，故缺失 2016 年人均 GDP 增长率数据。

发展提供财力支持。

从地方一般预算收入总量来看，一线城市稳步提升，新一线城市有增有减。2016～2018 年，上海浦东新区的地方一般预算收入总规模最大。2018 年，上海浦东新区的地方一般预算收入超过 1000 亿元；其次是北京朝阳区，达到 534 亿元；天津滨海新区排在第三位，为 464 亿元（见图 4）。2019 年，上海浦东新区继续突破千亿元，达到 1072 亿元，实现小幅增长；天津滨海新区超过 500 亿元；深圳福田区为 192.7 亿元。

（4）社会消费品零售总额分析

社会消费品零售总额是反映居民购买力的重要指标，不仅可以显示出居民生活水平，还可以反映出消费拉动经济发展的潜力。

从社会消费品零售总额看，一线城市有绝对优势，新一线城市尚有成长空间。2016～2019 年，一线城市社会消费品零售总额均在 1600 亿元以上，新一线城市千亿元以上的有天津滨海新区和沈阳沈河区。2018 年，社会消

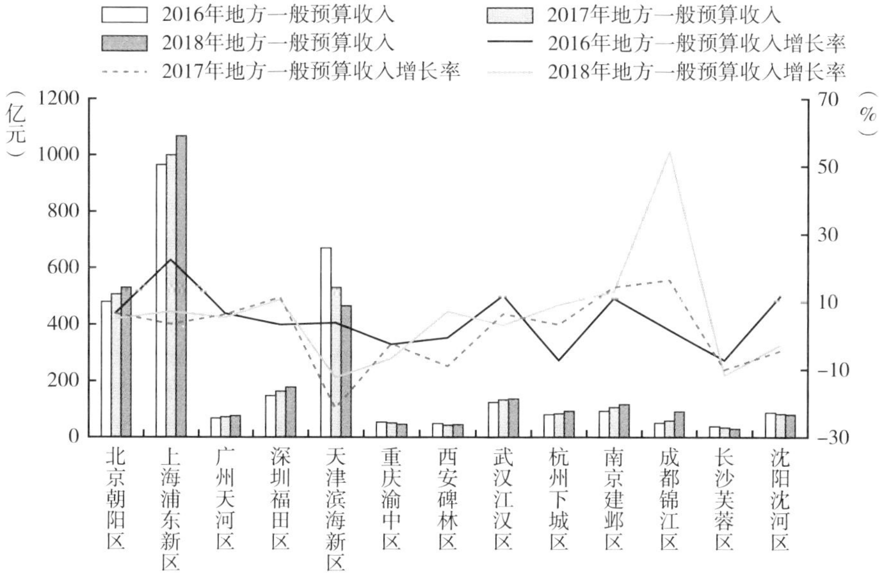

图4　2016～2018 年 CBD 所在城区地方一般预算收入及同比增长率

费品零售总额北京朝阳区最高，为 2797.6 亿元，其次是上海浦东新区、广州天河区和深圳福田区，均在 1820 亿元以上。

从社会消费品零售总额看（见图 5），13 个 CBD 所在城区总体呈现增长趋势，一线城市明显高于新一线城市。2019 年，北京朝阳区、上海浦东新区社会消费品零售总额为 2894 亿元和 2455 亿元，一线城市的平均社会消费品零售总额为 2368 亿元，新一线城市的平均值为 944 亿元，一线城市是新一线城市的 2 倍有余；新一线城市增速稳定，增速较快的城区是南京建邺区、沈阳沈河区、成都锦江区和杭州下城区。2019 年多数 CBD 所在城区社会消费品零售总额超过 2018 年，说明 CBD 商圈越来越成熟，在商务、商业融合发展方面取得新的进展。2020 年上半年，受疫情影响，13 个城区的社会消费品零售总额有所减少。

（5）金融业发展分析

金融业一定程度上可以作为经济发展的“晴雨表”，一般来说，经济越发达的国家或地区，金融业越成熟，对经济发展的贡献也越大。中央商务区

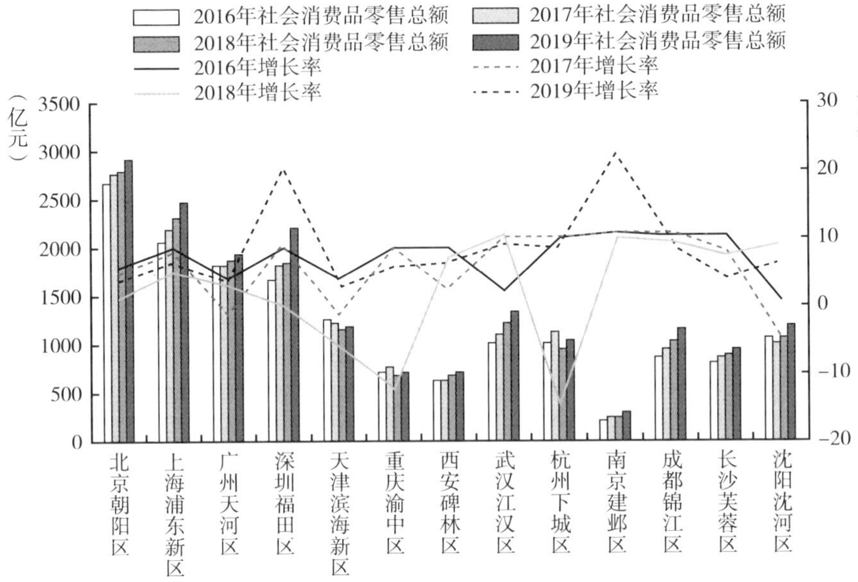

图5　2016～2019年各CBD所在城区社会消费品零售总额及增长率

作为城市中最发达区域的代表，金融业发挥着不可忽视的作用，同时中央商务区也不断对金融业进行新的探索，寻求在产业集聚、风险防范上取得进展。

中央商务区在金融产业集聚上优势明显，致力于打造金融科技高地。上海浦东新区一直是全国金融要素最为集聚的地区之一，2019年上半年，上海浦东新区实现金融业增加值超1600亿元，占其GDP的30.8%。上海浦东新区致力于打造金融科技生态圈，培育金融科技创新项目，试点开展“监管沙箱”制度，为金融科技发展打造良好的营商环境。截至2019年，北京朝阳区吸引中信消费金融有限公司等34家金融机构入驻，2019年1～9月，金融业增加值达551.3亿元，同比增长7.4%，纳税额占北京朝阳区20个行业首位。作为扩大开放试点的重要工作方向，北京朝阳区培育金融科技业态，致力于打造国际金融开放前沿，2018年11月发布《北京市促进金融科技发展规划（2018～2022年）》，将促进金融科技发展落到实处。相较于新一线城市，一线城市金融业的发展优势更为显著，更容易吸引新的金融机构入驻。但新一线城市在区域范围内表现良好，如成都锦江区以相关楼宇为载体，吸引了众多国内外金融机构，成为中西部地区金融业最为集聚的地区之一。2018 年，“金融安全产业园”落户成都锦江区，致力于将其建设成为一个集金融、科技、服务和创新于一体的融合载体，同时，引进金融大数据板块的领军型企业——北京启迪区块链科技发展有限公司，为金融安全产业发展贡献力量。

2. 各中央商务区产业发展分析

（1）北京 CBD 全力推进国际一流的商务中心区建设，全面提高 CBD 国际竞争力，打造北京对外开放高地。2019 年北京 CBD 精准对接招商引资，制定《北京商务中心区高精尖产业指导目录》（2019 版）和《高精尖招商引资目录》，指导写字楼招商，吸引了佳能、德勤、丰田金融等 70 余家企业落户。此外，CBD 管委会与中日、中韩等 8 家国际商会建立联系，拓宽招商渠道。2019 年 CBD 功能区（6.99 平方公里）GDP 达到 3380 亿元，同比增长 7%。同时，商务中心区城市空间形态不断提升，CBD 核心区北区主要项目基本建成，形成产业发展新空间。2020 年北京 CBD 积极克服疫情困难，统筹有序推进复工复产，持续加大招商引资力度。2020 年 1～4 月，CBD 功能区新增企业 13016 家，其中外商投资企业 82 家，注册资本过亿企业 301 家，总注册资本 1668 亿元。2020 年 1～4 月，CBD 功能区实现税收收入 442.75 亿元，占 CBD 所在朝阳区的 60.24%；实现财政收入 102.26 亿元。

（2）上海陆家嘴金融城推动楼宇经济高质量发展。楼宇经济已成为陆家嘴金融城的核心载体。截至 2019 年 12 月，陆家嘴金融城及周边区域商务楼宇达 285 座，超过 50 座写字楼为超甲级和甲级写字楼。楼宇中企业总税收超过 700 亿元，税收亿元楼达到 102 座。其中，10 亿元税收楼宇 30 座，50 亿元以上税收楼宇 4 座。楼宇经济的发展离不开总部企业和标杆企业。陆家嘴金融城联合五大行等研究机构，梳理了出租面积、租户经营数据等 13 个关键数据指标，通过为楼宇编制精准画像，实现企业和楼宇的精准对接。2020 年上半年，陆家嘴金融城新增总部机构 9 家，其中新认定跨国公司总部5家、新引进总部机构4家；新增持牌类金融机构12家，新增国际资管企业5家，新增融资租赁和商业保理公司2家；盒马、腾讯等标杆企业纷纷入驻陆家嘴金融城。陆家嘴金融城目前已经成为国内金融资源最聚集的区域，产业聚集效应显现，同时不断提升营商环境帮助企业发展，从而吸引新的金融机构入驻。

（3）广州天河中央商务区着力提升承载广州国家中心城市的功能，形成以金融服务、现代商贸、商务服务、数字服务、总部经济为主导的现代服务业体系。2019年，天河中央商务区新增企业19147家，已入驻企业超7万家，注册资本1亿元以上的113家，注册资本5000万元以上的370家。新引进全球国际货运代理、博世投资等16家世界500强企业，还引进了广州华发实业发展有限公司、广州广物国际贸易有限公司（现已更名为广州广物国际能源有限公司）、兴业证券股份有限公司广东分公司等10家中国500强企业。121座写字楼矗立商务区，占地1300万平方米。CBD实现GDP达3182.54亿元，税收亿元楼共71座，数量超过区域内写字楼的一半。商务区内，汇聚了超过100家总部型企业，以及美国、英国、德国、加拿大等53家外国领事机构，德国商会、意大利商会等11家境外商会，花旗银行、德意志银行、汇丰银行等32家外资银行地区总部，服务范围覆盖全广东甚至华南地区多个省份。

（4）深圳福田区（全域CBD）积极打造高质量发展高地。首先，创新福田强势崛起。2019年高新技术产业产值增加值增长8%，连续21个季度高于GDP增速。国家高新技术企业达1263家，规模再创新高。中国（南方）知识产权运营中心集专利、商标、版权功能于一体，成功入驻CBD，作为知识产权数据中心，打造全国首个知识产权生态集群。专利代理机构增长19.7%，达91家。其次，金融产业巩固加强。2019年全年业务增加值约1420亿元，占全区产值的33%。引进全国首家商业银行理财子公司建信理财有限责任公司、国内首家银行系汽车金融消费机构牌照公司平安银行股份有限公司汽车消费金融中心等21家持牌金融机构。最后，文化产业蓬勃发展。2019年产值增加约385亿元，同比增长8.8%。2020年福田区将致力于打造现代产业园，深耕金融创新发展，积极防范金融风险；同时大力发展以“5G+”为代表的新一代信息技术产业。

（5）天津滨海新区中央商务区集国际金融、高端服务等业务于一体，隶属于滨海新区七大经济功能区。2019年以天津亿云共享经济信息咨询有限公司［现更名为云账户（天津）共享经济信息咨询有限公司］、北京字节跳动科技有限公司（今日头条）、360安全科技股份有限公司、紫光云技术有限公司等为代表的新兴企业入驻滨海新区。2019年天津滨海新区为企业和个人节省税费175.6亿元，减少费用28.3亿元，工商用电上，从企业角度考虑，累计节约电力成本15.3亿元。

（6）郑州郑东新区中央商务区加快推进国际化中央商务区和国际化区域金融中心建设，在产业发展方面取得较好的成绩。2019年，中央商务区建成区面积7425亩（1亩=666.67平方米），实现营业收入499.77亿元，同比增长12.17%；税收收入57亿元，同比增长1.42%；入驻企业9169家（规模或限额以上服务业企业117家），共吸纳就业10.3万人，同比增长2.28%；完成固定资产投资62.7亿元，同比增长4.5%；实际利用省外资金7.8亿元，同比增长11.75%。商务区加大发展金融业力度，2019年新引进各类金融机构11家，商务区核心区累计引进各类持牌金融机构344家，境内外上市和新三板挂牌企业21家。楼宇经济是商务区的重要支撑，2019年共培育形成中原广发金融大厦、郑州银行大厦、中科金座等以金融为主的特色楼宇15座；形成税收亿元楼22座（其中5亿元楼7座，10亿元楼3座）。2020年上半年，商务区积极克服疫情不利因素影响，扎实有效推进各项工作。截至2020年5月底，商务区服务业增加值完成128.48亿元，较去年同期增长28.30%；完成固定资产投资14.35亿元，较去年同期增长13.88%；实际利用市外资金完成3.55亿元，较去年同期增长8.56%；主营业务收入完成200.86亿元，较去年同期增长9.39%。

（7）成都天府总部商务区充分发挥公园城市优势，努力做强总部经济。天府总部商务区以集聚和培育一批体现国家级新区能力与水平的先进企业总部为目标，积极发展会展博览、新兴金融、国际贸易、航空经济四大重点产业和医药健康、文化创意、新经济三大特色产业。截至2019年底，通过设立项目准入经济条件实现高质量发展，签约重大产业项目55个，总投资约2120亿元，引进了招商局集团、正大集团、新希望集团等一批大型央企、国企、龙头民企总部；着眼全球资源，引进了英国英富曼、瑞士迈氏等一批国际知名会展机构，引进了世界信息安全大会、汉诺威（成都）工业博览会等国际品牌展会，同步引入德勤、泰和泰等国际知名会计师事务所、律师事务所、咨询公司等专业服务机构，促进产业成群、成链、成圈，实现产业生态化发展。

（8）银川阅海湾中央商务区积极推动区域企业规模化集聚。阅海湾CBD放大辐射带动效应，利用区域内金融大厦、保险大厦等特色楼宇引领金融产业快速聚集，宁夏首家地方法人保险公司和首家全国性总部级金融机构——建信财产保险有限公司在商务区挂牌成立，设立全国性总部机构，实现了零的突破。2019年，阅海湾CBD吸引保险、证券、期货等金融类企业1061家，注册资本近200亿元，交易规模超过240亿元，实现税收3.45亿元。此外，互联网数字经济等新兴产业加快培育，电商、文旅等轻资产产业发展势头良好，CBD商圈刺激消费全面升级，CBD现代服务业已成为拉动经济增长的核心引擎。

（9）青岛中央商务区以特色产业支撑商务区发展。青岛CBD依托海洋航运、云计算、大数据、生物科技、新媒体等特色产业，促进优质新兴产业聚集。2019年引进20多家优质企业，围绕浪潮大数据产业园，已落户浪潮（青岛）科技集团、青岛智慧城区大数据科技有限公司、浪潮天元（青岛）大数据有限公司等企业11家，注册资金约15亿元，科技研发人员300余人；依托生物科技园一期，发挥中国动物卫生与流行疾病中心资源优势，引进亚洲最大的检测公司北京和合医学诊断技术有限公司（成立青岛实验室）、青岛正大有限公司检测中心、青岛国际技术人才港投资管理有限公司等项目；依托二十二世纪大厦打造青岛广电传媒产业园，以青岛广电影视传媒集团有限公司为首的广电下属集团公司已陆续搬入大厦，共20余家企业入驻园区。同时，青岛CBD在发展楼宇经济中，以总部经济、金融文旅、信息数据、绿色建筑、生物科技等产业为重点，充分发挥产业生态的积极效用，协同带动周边区域可持续发展。截至2019年底，青岛中央商务区区域内有税收亿元楼5座，入驻企业4000余家，其中总部企业11家。

（10）合肥庐阳中央商务区产业集聚效应显著增强。2019年，合肥庐阳区以CBD为核心区域持续做强做优金融商贸业，各类金融机构已增至376家，金融业从业人员近3万人，金融业增加值和金融业税收均占合肥市的近40%，新引进6家省级金融总部，加快发展创新产业。2020年，在疫情防控中庐阳区及CBD多管齐下促进经济复苏。自2020年3月23日起，庐阳区发放消费券，吹响刺激消费的号角，截至2020年6月，庐阳区发放各类消费券1620万元，直接带动海河路步行街区域交易额超3500万元，拉动街区整体销售额近6亿元；联合淮河路步行街、老报馆1952街区及四里河北部新商圈打造“夜庐阳”生活节品牌，通过直播、夜间打卡点等新形式打造夜经济。

（11）西安长安路中央商务区以打造服务业为核心，注重提质增效和改革创新，积极抢抓丝绸之路经济带建设机遇。2019年碑林CBD着力推动特色街区与总部楼宇“双轮”驱动模式，形成了“楼宇经济‘总部集聚’、特色街区‘品牌升级’”的发展路径。一方面有序推进重点街区项目建设，使街区品牌升级，从而有效激发市场活力；另一方面启动全区楼宇大数据平台建设，积极打造总部楼宇经济，2019年碑林区拥有113座商务楼宇、超过300家各类金融分支机构。此外，碑林区大力践行创新战略，积极实施环大学产业建设，成立4.3万平方米的创新设计中心，着力打造“没有围墙的科技园区”。科技企业的发展壮大，促进了大学、院所创新链与地方经济产业链的融合贯通，有力地推动了区域经济高质量发展。

（12）重庆解放碑中央商务区坚定不移加快转型升级，坚持现代服务业与大数据智能化相结合，金融、商贸“基本盘”稳中有升，产业发展新动能持续壮大。2019年全区聚集大数据智能化相关企业3000余家，数字经济蓬勃发展，为精准招商营造了良好的生态环境，在渝中区及解放碑CBD举行的2019年招商引资工作大会上签约了30余个项目，投资额达55亿元。

金融业提质增效，2019 年新增华泰财产保险有限公司重庆分公司等市级以上金融机构 5 家，保费收入、证券交易额分别实现 152 亿元、4460 亿元，存贷款余额重返万亿元规模；引进重庆科兴远健股权投资基金管理有限公司等新兴投资机构 3 家，财务咨询、基金管理、证券资产管理等新型金融业务快速发展。此外，总部经济、楼宇经济加快发展，2019 年，新增税收亿元楼 3 座，总数达 40 座；新增总部及重点企业 50 家，总数达 480 家。①

（13）长沙芙蓉区中央商务区迈出高质量发展的坚实步伐。长沙芙蓉 CBD 努力做强楼宇经济，2019 年引进花旗银行等 9 家传统金融机构省级总部和盈亚证券投资咨询有限公司全国性总部。新培育全口径税收亿元楼 2 座，全区专业特色楼宇达 6 座。2020 年，在疫情中后期，长沙芙蓉 CBD 及所在的芙蓉区努力促进经济动能回升，积极出台暖企政策，帮助企业有效融资；引导大型商场减免租金，打造消费月和消费节，促进经济回升。长沙芙蓉 CBD 在芙蓉区统筹下坚持以产业项目建设、营商环境优化为抓手，大力培育新产业、抓好新基建、扩大新消费、增强新动能。

（14）杭州钱江新城中央商务区加快发展总部经济，2019 年引进浙江旅游投资集团有限公司等区域总部项目 6 个，世界银行全球数字金融中心、澳门国际银行、德信投资、一涵科技等外商投资项目落户钱江新城 CBD，实际利用外资 7 亿美元，新增经常性税收亿元楼 2 座，税收亿元楼总量达到 13 座。钱江新城 CBD 引进新鸿基平安联合体、清华同方、金联产融等亿元以上项目 38 个。② 同时，杭州金融城启动建设，杭州太平金融大厦、杭州银行总部等 5 个工程项目全部开工。

（二）创新驱动撬动中央商务区升级发展

全球知识化浪潮推动区域经济高速发展，区域繁荣离不开区域创新。区域创新主要集中在两个方面：一是创新活动空间集聚；二是形成区域创新发

① 资料来源：重庆市渝中区 2020 年政府工作报告。

② 资料来源：浙江省杭州市江干区 2020 年政府工作报告。

展动力。知识溢出可以从侧面考察一个区域的创新能力，群体在集聚空间可以捕捉许多隐性知识，知识的汇聚反过来孵化创新产出、降低创新成本。中央商务区是城市商业活动重要之地，也是一个城市、一个地区经济发展的核心中枢。中央商务区不仅能够带动所在城市的发展和繁荣，而且能够带动周边地区的发展。CBD 已经成为体现产业竞争力和控制力的重要空间，也是展现我国创新能力之地，是推动我国成为科创大国的重要力量。

1. 金融业改革创新促进金融发展

金融业是中央商务区的支柱产业，通过金融业能够主导和带动本区域经济资源调配。另外，CBD 是金融机构总部和外资金融机构集聚区，因此，CBD 又是代表一地金融开放程度的指示器。

近年来，我国金融开放程度进一步加大。2008 年 6 月 21 日，中国（上海）自贸区发布《中国（上海）自由贸易试验区关于扩大金融服务业对外开放进一步形成开发开放新优势的意见》，支持外资机构企业积极落户，并提供全程协助服务，开辟绿色通道，倡导金融机构来华合作，推动区域经济发展。2019 年，超过 20 个金融对外项目落地上海，多家知名银行、资管机构纷纷来沪开展业务，浦东新区以优越的地理位置、成熟的金融制度、开放的招商热情吸引着一批又一批外资企业。

广州天河 CBD 通过政府基金引入社会资本支持，促进企业发展。2019 年，设立的两个基金项目（一号基金、二号基金）投资了 16 个项目。同时，出台一系列政策鼓励重点产业发展，给予优质企业特殊扶持，集中打造多产业集聚的中央商务区。

天津滨海新区致力于打造“智融宝”知识产权金融服务体系，积极推动知识产权融资租赁、知识产权证券化等创新金融业务，构建知识产权风险系统，解决知识产权难识别、难判断等问题，真正让知识产权获得保护，拥有属于自身的价值，推动 CBD 产业经济长效发展经营。

长沙芙蓉 CBD 积极培育企业上市。芙蓉区金融事务中心精选区域内拟上市备选企业，并建立重点上市企业服务群，为培育后备上市资源提供基础资料。金融事务中心主动联系湖南证监局、湖南省地方金融监督管理局、深交所、上交所等机构对企业进行精准辅导。同时，金融事务中心完善拟上市企业相关信息，分门别类地收集企业的基本信息，深入剖析企业股权结构，介绍国家政策和行业前景，归纳资本市场特点，分析每个企业上市存在的问题并提出针对性建议，为企业上市提供智力支持。金融事务中心创新工作方式，全力助推芙蓉 CBD 区域内企业借助资本市场发展。

合肥庐阳 CBD 大力支持民营经济与金融资本融合发展。2019 年庐阳区金融业增加值和税收贡献额均占合肥市的 40% 左右，金融业实力稳居安徽省领先地位，庐阳区先后获得“全省金融总部集聚区”和“安徽省保险业绿色发展示范区”称号。庐阳 CBD 充分利用庐阳区金融实力全省领先的优势，积极引导金融资源流向民营企业。庐阳区出资 4490 万元设立庐阳天使投资基金，增资中安庐阳创投基金，加大对民营企业股权投资力度。2019 年以来，庐阳 CBD 及庐阳区利用财政金融工具，通过政银担、过桥贷、税融通等各类财政金融产品累计为中小微企业提供信贷资金 40.26 亿元。

2. 创新驱动提升楼宇经济发展水平

楼宇经济是中央商务区的主要经济形态。近年来，国内主要特大城市 CBD 注重楼宇经济发展，税收亿元楼、税收千万元楼、特色商务楼宇不断增加，经济效益明显提升。但是，随着竞争的加剧，部分商务楼宇老化，给 CBD 楼宇经济带来挑战。因此，超大城市、特大城市 CBD 积极从多维度创新，推动楼宇经济可持续发展。

北京 CBD 借鉴国内外先进楼宇评价体系，融合自身多年建筑工作经验，吸取多位行业专家意见，经过两年的深耕研究，形成了全面专业的楼宇评价标准。专业的建筑设计、标准的设备环境管理、独具创新特色的运营体系、完善的物业服务、良好的办公环境及舒适的工作体验，引导北京 CBD 经营管理创新化、长远化、卓越化。

广州天河 CBD 管委会制定的“天河标准”，致力于楼宇服务精细化、楼宇措施专业化、楼宇客户优质化、楼宇资源共享化。天河 CBD 面积 12 平方公里，截至 2018 年，企业数量突破 7 万家，汇聚了世界 500 强企业 201 家，共有 109 家总部企业的注册地址位于天河 CBD，集聚了天河区 73% 的总部企业。天河 CBD 已成长为华南地区总部经济、金融、科技、商务等高端产业高度集聚区。

长沙芙蓉 CBD 利用其完整的金融产业体系、五一商圈、交通便利等优势，以 5A 级明星写字楼为载体，针对世界 500 强、中国 500 强及行业领先企业进行招商，形成高端服务业集聚高地。

3. 技术创新提升商务区活力

“科技创新”是当今中国的时代命题，中央商务区不断强化科技创新这一经济发展的重要引擎，通过鼓励企业技术创新、科创生态优化、智慧商务楼宇建设等推进商务区可持续发展。

广州天河中央商务区注重众创空间集聚，主动参与打造天河区“大孵化器”战略，积极孕育培养创动能空间、品牌办公空间、产学研链空间等创新载体。发展创新载体，重点是优化提升高新产业科创生态。科创生态要有高密度的人才数量，以促进信息交流与互通便利；要有企业自身融资所需的各种资金和非常庞大的政府引导资金；要有具有创新能力的企业。天河 CBD 充分运用天河区产业扶持政策，积极谋划迭代产业支持政策，创造更适合高新产业发展的生态环境。

北京商务中心区作为 5G 商用示范首选地，积极实现 4 ~ 5 个 5G 应用项目落地，对区域内百余座重点商务楼宇进行 5G 技术部署，打造信息化、高端化、智能化楼宇，推动智慧楼宇体系建设。除了 5G 应用项目落地外，北京 CBD 所在的朝阳区大力支持在 CBD 区域内规划建设 8 个微基站、24 个 5G 宏基站，实现北京 CBD 试点区域 5G 网络全覆盖，从而提高 CBD 区域的网络通信水平。

成都天府总部商务区注重运用智能智慧管理商务区。天府总部商务区依托大数据、云计算、物联网、人工智能等先进技术，提升信息化和管理服务水平，搭建新型智慧城市基础框架。通过智能智慧系统规划与建设，成都天府总部商务区提高了政务服务能力和居民幸福指数，进而促进了商务区产业生态建设。

2020 年上半年，新冠肺炎疫情防控期间，上海陆家嘴金融城积极应用创新技术提升防控疫情能力。诸多高端商务楼宇采取不同新技术防控设施，如运用新风系统通过光触媒过滤器和静电过滤器减少细菌与病毒交叉感染、设置无接触红外测温仪检测出入者体温、安装公共区域的自动定期消毒设备等，不但提升了防控疫情的能力，而且为智慧楼宇增加了内涵。

4. 营商环境创新促进产业升级

中央商务区是高端服务业集聚地，因此，对中央商务区营商环境水平的要求比其他一般地区更高。营商环境除提供良好的工作生活环境外，更需要在搭建服务平台、拓展产业生态圈、打造人才集聚高地等方面提供高水平服务。

上海陆家嘴金融城围绕形成高能级总部型融资租赁集聚区，营造有利于融资租赁行业的发展环境。陆家嘴金融城通过完善找资金、搭平台等各项服务配套措施积极拓展产业生态圈的升级。在展业条件和融资环境等营商环境方面，陆家嘴金融城为企业提供国内外行业的最新动态、最新经营模式信息等。其营造中央商务区营商环境的具体做法如下。一是造氛围，积极争取中国融资租赁行业协会（筹）落户，以加强行业自律，促进行业健康发展；联合行业组织和第三方机构，组织举办全国性的行业论坛，定期开展行业交流研讨会。二是找资金，引导地方国企和社会资金发起设立融资租赁产业基金，解决中小型融资租赁企业融资难问题。三是搭平台，支持区域内有实力的融资租赁企业搭建融资租赁专业服务平台，在申报政府类专项资金项目上给予扶持；积极推动上海联合产权交易所联合业界机构搭建融资租赁交易平台，为融资租赁资产提供登记流转服务，探索通过市场化手段盘活存量租赁资产。目前，陆家嘴区域内已集聚融资租赁企业 200 余家，租赁资产规模超过 1000 亿元的融资租赁企业已有 5 家；商务部批准设立国内排名前十的融资租赁公司中，陆家嘴占了 3 个，银监会批准设立的金融租赁公司上海有 7 家，4 家位于陆家嘴金融城。

北京 CBD 持续优化营商环境，采取了一系列措施。一是产业服务引导高精尖企业发展。制定了《北京商务中心区高精尖产业指导目录（2019 版）》，选取代表性企业、龙头企业、500 强企业 402 家，形成了《高精尖招商引资目录》，指导写字楼招商。提供管家式产业服务，发放量身定制的

“服务包”，提供个性化定制、“一事一议”、“绿色通道”等服务，建立常态化走访机制，助推高精尖企业发展；同时，加强信用平台建设。结合优秀企业和楼宇信用指标体系形成初步方案，推动模型开发和平台建设同步双向建设。二是依托平台多样化服务企业。设立北京商务中心区服务大厅，集中开展核心区高精尖企业招商引资及企业登记备案、税务报到、统计登记等“最后一公里”服务工作。依托 CBD 跨国公司俱乐部、楼宇联盟等平台，完善日常联络机制，组织企业参加北京市政策宣讲会、《中华人民共和国外商投资法》解读会及人才评选、人才引进、奖励政策，搭建政企交流合作平台。三是“以人为本”服务区域人才。依托耶鲁北京中心和宾大沃顿中国中心、港大 SPACE 中国商学院等高端教育咨询机构，为区域人才提供职业规划、经济热点、科技前沿等多领域的讲座、沙龙活动。

深圳福田区（全域 CBD）围绕以“金融 + 科技 + 文化”为特色的现代产业引领区、“深港科技创新合作区 + 香蜜湖新金融中心”打造具有全球影响力的世界级创新城区，创造一流营商环境。福田区加强重大项目招商、强化创新人才支撑，从企业落户、研发与创新（人才）、企业经营、项目配套、知识产权、科技金融、双创与科技活动等多方位提供政策扶持。这些扶持政策对助力深圳市粤港澳大湾区和先行示范区发展建设具有积极的作用。

西安长安路 CBD 创新工作方法提升营商环境水平。长安路 CBD 对辖区内重点企业开展“大走访、大调研、大服务”活动，认真解决企业发展的“堵点、痛点、难点”问题，帮助企业降低成本、减轻压力，积极协助企业转变发展思路，优化产品结构，结合大数据实现 CBD 商圈内店铺科学布局，提高市场竞争力。

四　中央商务区创新推动发展面临的挑战及对策建议

（一）中央商务区产业发展面临的挑战

2020 年中央商务区积极应对上半年新冠肺炎疫情对经济带来的冲击和

困难，取得了较好的成绩；但是，在创新发展促进产业转型升级方面仍面临一些挑战。

1. 商务科技产学研合作程度不够深入

商务区科技研发企业与科技城、科技园企业功能作用是有一定区别的。商务区科技企业往往需要将高校、科研院所的科技创新资源转化为科技成果，从而成为促进地方经济发展的发动器。这类企业要用研发、成果、应用、生产、营销的创新链条带动周边产业发展，达到产业良性循环、科技资源充分利用、科技成果快速转化等目的。但是，由于体制、机制等方面还不够开放、自由、灵活，产学研的结合程度还不够紧密，企业融资约束较大，科技成果还未能很好地转化和融入经济社会发展，商务科技发挥应有作用的能力有待提升。

2. 金融生态环境有待优化

金融生态环境的改善有助于降低企业发展过程中的不确定性，降低融资成本。中央商务区内往往拥有更高的政府运行效率、更具活力的经济体系、更充沛的金融资源及更健全的信息披露制度，由此带来更为稳定的企业营商环境，有利于解决企业的融资约束难题。但是，目前政府部门、银行部门、法律部门等作为企业外部环境的组成要素相互独立，影响了金融生态环境的有机构成，从而在一定程度上影响了企业的融资决策。因此，探索金融生态环境，助力企业走出融资困境，研究如何通过金融生态环境的优化，为缓释企业的融资约束提供外部动力，是需要解决的重要问题。

3. 商务楼宇应对疫情管理水平需要提升

2020 年上半年，各中央商务区受到新冠肺炎疫情的冲击，主要表现在一定时期内写字楼关闭、中央商务区企业处于停止办公或半停业状态，商务区内商业、餐饮企业关门停业等。在疫情期间，各地商务区大力做好防控疫情工作，积极运用科技手段推动办公模式改变，从而尽量减少损失、恢复企业运行。但是，疫情也暴露出商务办公楼宇某些软硬件的短板，如办公区域通风、物品消毒、预约订餐、人员管理等方面的问题，这对改善和提升营商环境提出了更高的要求。

4. 科技产业发展空间受到限制

由于中央商务区多处于中心城区，土地空间有限、土地成本较高。科技研发产业，特别是初创期间盈利模式简单，利润率低；同时，科技研发企业属于智力型机构，研发人员和设备需要的办公空间比较大，因此，很难承担较高的房租成本。

（二）中央商务区创新推动区域发展的对策建议

1. 鼓励创新平台建设

大量的高端现代服务聚集吸引了各类研发机构，为企业的创新和 CBD 的发展提供了极具价值的科技支撑，政府应当鼓励其发展，在政策上给予引导和支持。现代高端服务业的竞争不仅是服务和技术的竞争，更是创新的竞争。政府可以通过发展科技服务业，强化知识产权、管理与信息咨询、人力资源服务等专业服务类企业的建设，重视研发机构和科技创业服务中心建设等，促进企业孵化和人才培养，实现知识的有效共享。

2. 引进和发展以技术商业化、成果产业化为主的创新机构

以技术商业化为主的创新机构，主要目标是整合技术、资本、人力等要素，面对市场开展小规模经营，完善产品，开发市场，并通过商业运用和市场竞争，为技术提升提供内在动力。以成果产业化为主的创新机构，主要任务是整合产业链、完备供应链，开展创新产品、服务大规模生产或供应，开辟形成新市场、新需求。由于 CBD 空间有限且办公楼宇成本较高，因此可引进和发展应用型研创企业机构，鼓励企业为创新产品、解决方案、专项服务、发明专利提供服务。同时，鼓励企业与科研院所合作，推动科技创新资源在 CBD 的整合，搭建成果转化、技术转移等科技服务体系，加速科技成果在“CBD 转化”，为 CBD 发展注入新活力，培育新动能。

3. 打造“城市大脑”为企业提供信息服务

目前，政策、管理办法的诸多信息由政府各部门生成和管理，往往处于封闭或半封闭状态，企业需要花费很多时间与精力去查询和收集。CBD 管理机构可以收集和整合工商、税务、商务、科技、金融、规划、统计、旅

游、文化等部门的政策与产业信息从而形成 CBD“城市大脑”，企业通过“城市大脑”一个端口就能实时了解区域各类政策、市场信息，充分发挥信息共享功能，为企业提供信息服务。

4. 优化金融生态环境，减少企业融资约束

为了减轻企业面临的融资压力，政府可以间接地从金融生态环境入手，通过为企业创造良好的经营环境来缓解企业融资难问题。政府无须向企业直接提供信贷或者担保支持干预企业融资，而是通过完善市场秩序，让市场在金融资源分配中发挥决定性作用，这不仅有利于中央商务区提高金融资源配置效率，还有利于在确保市场经济运行规律的同时，避免政府因企业显性借贷或隐性担保而产生财政负担，也避免了政府干预所造成的金融体系内部资产配置的扭曲。此外，金融生态环境包括经济环境、金融发展、政府治理和信用文化这四个维度，各个维度相互作用、相互影响。因此，为确保全面改善金融生态环境，在提高金融发育程度和经济水平的同时，也应加强立法、提高政府的办事效率及社会的信用水平，从而为企业融资减少障碍。

5. 增强高端产业辐射外溢效应，促进中央商务区产业结构升级

高端产业尤其是高端服务业代表着现代经济高层次、高外溢性的特点，能够衡量国家、区域、城市的综合竞争力和现代化水平。CBD 区域内金融业，信息传输、软件和信息技术服务业等高端服务业高度集聚，是服务业中科技创新技术含量最高、产业附加值最高、产业集聚度最高、辐射能力最强的行业。CBD 区域内人才、资本、物流等要素的配置符合市场化机制运行的规律，因此各种资源的配置能力和效率较高，区域内经济发展活力、经济增长能力、经济引领和创新引领能力最强。应进一步增强中央商务区高端服务业较强的辐射外溢作用，逐步将低端服务业、产能过剩行业外移，通过高端服务业的人才、资本、技术等优势带动区域内经济增长方式的转变、产业结构升级，提升中央商务区经济发展的竞争力。

6. 做好疫情防控工作，推动营商环境提升

新冠肺炎疫情使企业在选择办公环境的观念上发生了很大改变，企业办公选址不再首选具有价格优势的产业园与商务楼宇，而拥有优质硬件配置和

优秀管理团队的楼宇成为企业优先考虑的选址目标。在非常时期，区域是否具备高效的应急能力是对营商环境提出的新要求，如公共交通客运调度、外籍人员防疫、疫情防控技术水平，协调餐饮企业提供送餐配餐服务能力等。在后疫情时代，有关管理部门应积极行动，积累经验，不断完善与优化国际化的一流营商环境。

参考文献

[1] 郭苏莹：《广州总部经济黄金带聚集产业新力量》，《南方日报》2019 年 5 月 30 日。

[2] 蒋三庚主编《中央商务区产业发展报告（2018）：CBD 推动区域高质量协调发展》，社会科学文献出版社，2018。

指数评价篇

Evaluation Index Reports

B.2 中央商务区综合发展指数分析（2020）

王莉娜*

摘　要： 本报告对13个中央商务区所在城区2016～2018年的综合发展情况及经济发展、经济驱动、科技创新、社会发展、区域辐射等五个方面进行了测度。总体而言，我国城市CBD发展平稳，一线城市和新一线城市CBD存在显著差异，一线城市CBD综合发展指数得分高于新一线城市CBD。一线城市CBD综合发展指数得分上升，得益于经济发展、经济驱动、科技创新、社会发展、区域辐射分指数的共同上升。参照上述测算结果，本报告提出增强金融服务实体经济能力，提升中央商务区科技创新水平；增强消费、拉动实体经济能力，推进中央商务区综合协调发展；增强高端产业辐射外溢效应，促

* 王莉娜，博士，北方工业大学经济管理学院讲师，主要研究领域为金融理论与政策。

进中央商务区产业结构升级等政策建议。

关键词： 中央商务区　综合发展指数　经济驱动　科技创新

一　引言

党的十九大报告指出，创新是引领发展的第一动力。2020 年，新冠肺炎疫情席卷全球，给全球经济发展带来诸多困难和挑战，我国社会经济发展也受到极大冲击。面对疫情，2020 年两会政府工作报告指出，要提高科技创新支撑能力、继续深入推进大众创业、万众创新。创新是我国提升核心竞争力、保持竞争优势、实现可持续增长的重要驱动力。中央商务区作为城市的重要增长极，不仅能够通过商贸带动整个城市经济的发展，而且可以通过创新对周边地区产生示范和辐射效应，从而带动区域经济发展。

本文旨在对 2016～2018 年我国一线城市、新一线城市的中央商务区综合发展情况及经济发展、经济驱动、科技创新、社会发展、区域辐射等五个方面进行追踪评价，对 CBD 发展状况和发展态势进行分析与评估，为持续推进中央商务区高质量发展和创新驱动发展提供重要参考。

二　综合发展指数构建

（一）样本选取

虽然将所有 CBD 全部放入样本进行指数测算能够使得结果更具一般性，但是：第一，天津、杭州、深圳等城市存在多个 CBD，单个城市的多个 CBD 在进行指数测算时存在使用数据重叠的情况，使得结果没有可比性；第二，本报告撰写组已于 2018 年、2019 年连续两年对 CBD 综合发展指数进行测算，本文是对 CBD 的追踪评测，因此样本选取与 2019 年保持一致，即根据新一线城市研究所发布的《2020 城市商业魅力排行榜》，选取 4 个一线城市（北京、上海、广州、深圳）和 9 个新一线城市（成都、重庆、杭州、武汉、西安、天津、南京、长沙、沈阳）共 13 个城市样本进行分析。为保证综合发展指数的客观性，数据选取基于 2017 ~ 2019 年各城市《统计年鉴》《国民经济和社会发展统计公报》《城市统计年鉴》等权威统计资料，不采用由少数专家根据主观评价打分的方法，并尽量避免采用不可靠的数据。

（二）指标体系和指标说明

本文根据全面性原则、规范性与可比性原则、动态性原则、可操作性原则、产业特性原则等进行综合发展指数体系构建。中央商务区综合发展指数涵盖了 5 个一级指标的 23 个二级指标（见表 1）。5 个一级指标分别反映 CBD 的经济发展、经济驱动、科技创新、社会发展、区域辐射发展程度。各一级指标又分别涵盖若干二级指标。指数合成方法为：首先，各二级指标按熵值法确定权重计算合成一级指标；其次，5 个一级指标按等权重原则合成综合发展指数。本文的研究对象是 CBD，分析的基础是 CBD 所在城区，如无特殊说明，采用区级数据和城市级数据进行指标计算。使用城市级数据时，会在指标解释中做出说明，如每百人公共图书馆藏书、每万人拥有公交车辆。此类指标不存在严格的区级划分，而是互相流动、互相共享的，故使用城市级数据。

表 1　中央商务区综合发展指数指标体系

一级指标	二级指标	指标解释
经济发展分指数	GDP 总量	CBD 所在城区生产总值
	人均 GDP	CBD 所在城区生产总值/城区常住人口
	地方一般预算收入	CBD 所在城区纳入公共预算管理的财政收入，不含政府性基金收入
	人口密度	CBD 的常住人口/行政面积
	城区 GDP 占城市 GDP 的比重	CBD 所在城区的 GDP/城市 GDP

续表

一级指标	二级指标	指标解释
经济驱动分指数	全社会固定资产投资总额	CBD所在城区的以货币表现的建造和购置固定资产活动的工作量
	城镇居民人均可支配收入	反映城镇居民家庭全部现金收入能用于安排家庭日常生活的那部分收入
	社会消费品零售总额	批发和零售业、住宿和餐饮业以及其他行业直接售给城乡居民和社会集团的消费品零售额
	外贸出口总额	出口总量
	实际利用外资金额	批准的合同外资金额实际执行数，外商投资企业实际缴付的出资额等
科技创新分指数	专利申请数	使用城市级数据
	专利授权数	使用城市级数据
	万人高校在校生数	使用城市级数据
社会发展分指数	教育支出占公共财政支出的比重	用常住人口计算，使用城市级数据
	每百人公共图书馆藏书	用常住人口计算，使用城市级数据
	每千人医疗卫生机构床位数	用常住人口计算，使用城市级数据
	每千人拥有执业医师数	用常住人口计算，使用城市级数据
	每万人拥有公交车辆	用常住人口计算，使用城市级数据
	人均城市道路面积	路面宽度在3.5米以上的道路与常住人口的比值，使用城市级数据
	人均公园绿地面积	绿地面积与常住人口的比值，使用城市级数据
区域辐射分指数①	辐射能力分指数	参见本书B3报告“中央商务区区域辐射指数分析（2020）”
	辐射行动分指数	
	辐射绩效分指数	

资料来源：CBD所在城区、市级《统计年鉴》和《国民经济发展和统计公报》。指标解释中未注明的，均指城区数据。

1. 经济发展分指数

（1）GDP总量、人均GDP、地方一般预算收入、城区GDP占城市GDP的比重，反映了CBD所在城区的综合实力和发展水平，决定了CBD在城市发展经济格局中的地位。

（2）人口密度。一般而言，CBD区域内人口密集，拥挤度较高，人口密度较大。

2. 经济驱动分指数

（1）全社会固定资产投资总额。中央商务区是高端服务业的集聚地，需要交通、商务、商业、娱乐等完善的基础配套设施。建立完善的配套设施需要政府等相关管理部门加大城市的基础设施和基础改造的力度，体现在资本方面即为加大城市的固定资产投资。因此，固定资产投资能够反映城市的基础设施建设情况。

（2）城镇居民人均可支配收入、社会消费品零售总额，代表消费能力。中央商务区的发展，需要依靠城区及周边居民的消费进行拉动。而城镇居民人均可支配收入反映了居民潜在的消费能力，社会消费品零售总额则体现了在某一时期区域内居民的实际消费水平，同时也反映了 CBD 的商业功能。

（3）外贸出口总额、实际利用外资金额。驱动经济发展除需要投资、消费外，还有出口因素。

3. 科技创新分指数

（1）科技创新指标。十九大报告指出要打造升级版的中国制造。科技创新越来越成为引导全球范围发展潮流的主要技术和发展方向。中央商务区作为高精尖产业的聚集地，科技创新对 CBD 发展的作用相较其他区域更为重要。CBD 应以科技创新和智能化技术的应用，引领区域乃至周边城市群打造高精尖产业集聚，抢占市场竞争的先机。

（2）专利申请数、专利授权数。衡量创新活动的通用指标。这一指标无城区数据，使用城市数据替代。

（3）万人高校在校生数。衡量城市创新潜力和人才储备能力。在中国老龄化大潮下，通过提升教育水平，挖掘创新潜力非常重要。人才在同一城市不同城区间的流动性障碍可基本忽略，且这一指标为均值，因此使用城市数据反映城区数据。

4. 社会发展分指数

反映了 CBD 所在城区集聚优质资源的综合环境和吸引程度。中央商务区是高端城市产业的代表，商务和商业聚集度高，区域内行业和企业密度高，分布广泛，交通设施畅通，信息流动性快，良好的综合环境和吸引程度有助于第三产业的集聚。本文认为社会发展的二级指标教育支出占公共财政支出的比重、每百人公共图书馆藏书、每千人医疗卫生机构床位数、每千人拥有执业医师数、每万人拥有公交车辆、人均城市道路面积、人均公园绿地面积在城市的各城区间存在较高的共享度，且由于上述指标是均值，城区数据缺失，因此使用城市数据替代。

5. 区域辐射分指数

指标说明及测算详见本书 B3 报告“中央商务区区域辐射指数分析（2020）”。

三 测度结果与综合分析

（一）综合发展指数

本文根据熵值法计算原理，分别测算出 2016～2018 年 13 个 CBD 所在城区综合发展指数及五个分项指标指数，详见表 2。

表 2 2016～2018 年 13 个 CBD 所在城区综合发展指数及分项指标指数

单位：得分

年份	城市分类	CBD 所在城区	经济发展分指数	经济驱动分指数	科技创新分指数	社会发展分指数	区域辐射分指数	综合发展指数	排名
2016	一线城市	北京朝阳区	7.867	9.347	10.336	8.093	17.482	53.124	1
		上海浦东新区	9.148	9.998	7.995	7.431	16.538	51.110	2
		广州天河区	8.111	7.831	8.070	7.983	15.304	47.300	4
		深圳福田区	8.486	8.461	8.346	8.139	16.161	49.593	3
	新一线城市	天津滨海新区	9.478	8.931	7.460	6.527	15.638	48.035	1
		重庆渝中区	7.569	6.793	6.914	6.853	15.160	43.289	5
		西安碑林区	7.336	6.439	7.492	7.396	14.591	43.254	6
		武汉江汉区	7.355	6.973	8.125	7.150	13.560	43.163	7
		杭州下城区	7.163	7.662	7.354	8.041	14.846	45.066	2
		南京建邺区	6.476	6.900	7.572	8.485	14.356	43.789	3
		成都锦江区	6.650	6.862	7.603	7.918	14.362	43.395	4
		长沙芙蓉区	7.444	7.041	6.604	7.970	13.857	42.917	8
		沈阳沈河区	6.916	6.761	6.129	8.013	13.146	40.965	9

续表

年份	城市分类	CBD所在城区	经济发展分指数	经济驱动分指数	科技创新分指数	社会发展分指数	区域辐射分指数	综合发展指数	排名
2017	一线城市	北京朝阳区	7.999	9.134	10.096	7.465	17.221	51.915	1
		上海浦东新区	9.333	10.164	8.041	6.870	16.429	50.837	3
		广州天河区	8.455	7.742	8.293	9.162	15.923	49.574	4
		深圳福田区	8.475	8.381	8.758	8.860	16.589	51.064	2
	新一线城市	天津滨海新区	9.075	8.938	7.134	6.915	15.262	47.325	1
		重庆渝中区	7.463	6.744	6.693	8.050	15.269	44.219	2
		西安碑林区	7.368	6.523	7.406	7.172	14.455	42.924	7
		武汉江汉区	7.470	7.036	8.141	7.396	13.593	43.636	4
		杭州下城区	7.045	7.640	7.238	7.557	14.717	44.197	3
		南京建邺区	6.439	6.944	7.645	7.933	14.423	43.384	5
		成都锦江区	6.639	7.001	7.629	7.480	13.907	42.656	8
		长沙芙蓉区	7.480	7.101	6.816	7.552	14.353	43.303	6
		沈阳沈河区	6.758	6.652	6.110	7.587	12.859	39.966	9
2018	一线城市	北京朝阳区	8.027	9.020	9.808	7.326	17.404	51.585	1
		上海浦东新区	9.374	10.473	7.919	6.891	16.304	50.960	3
		广州天河区	8.486	7.670	8.687	9.273	16.111	50.228	4
		深圳福田区	8.434	8.357	9.072	8.586	16.848	51.296	2
	新一线城市	天津滨海新区	8.997	8.489	7.116	6.550	14.908	46.060	1
		重庆渝中区	7.448	6.813	6.685	8.319	15.240	44.504	2
		西安碑林区	7.348	6.593	7.022	7.270	14.564	42.798	7
		武汉江汉区	7.533	7.097	8.174	7.319	13.658	43.782	4
		杭州下城区	7.086	7.556	7.323	7.707	14.716	44.387	3
		南京建邺区	6.442	6.994	7.771	8.044	14.446	43.697	5
		成都锦江区	6.646	7.153	7.439	7.550	13.589	42.378	8
		长沙芙蓉区	7.462	7.148	6.825	7.759	14.314	43.509	6
		沈阳沈河区	6.716	6.637	6.158	7.405	12.899	39.816	9

注：区域辐射分指数采用本书B3报告“中央商务区区域辐射指数分析（2020）”的测算结果，其余分指数及综合发展指数为作者测算。

根据综合发展指数结果，可以得出如下结论。

（1）从整体来看，2016～2018年13个CBD所在城区的综合发展指数，一线城市和新一线城市发展存在差异。一线城市CBD综合发展指数得分高于新一线城市 CBD。一线城市 CBD 综合发展指数得分提升较快，均值从 50.282 提升至 51.017；2018 年一线城市 CBD 综合发展指数得分全部高于 50。新一线城市的发展存在差异，其中天津滨海新区综合发展指数得分最高，重庆渝中区、武汉江汉区、杭州下城区发展靠前，9 个新一线城市综合发展指数得分均值为 43.437。

（2）从分项指数来看，一线城市 CBD 的分指数在 2016～2018 年有明显上升（见图 1），其中“经济发展分指数”得分从 8.403 上升到 8.580；“经济驱动分指数”从 8.909 下降至 8.880；“科技创新分指数”从 8.687 上升到 8.872；“社会发展分指数”从 7.911 上升到 8.019，主要体现在教育投入占比、城市道路环境和绿地环境方面的提升；“区域辐射分指数”从 16.371 上升到 16.667。一线城市 CBD 的综合进步得益于五个分指数的共同带动。

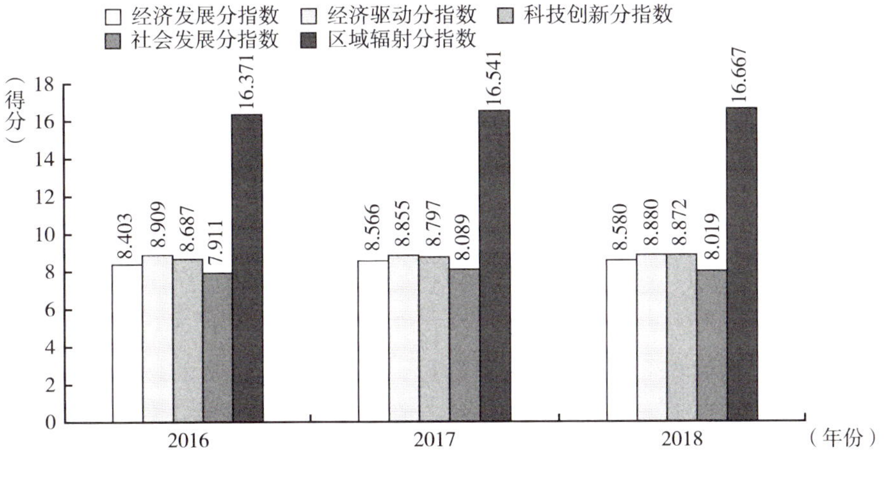

图 1　2016～2018 年一线城市 CBD 分指数变化趋势

而新一线城市的分指数变化趋势则与一线城市存在不同（见图 2）。其中“经济发展分指数”从 7.376 下降到 7.298；“经济驱动分指数”从 7.151 上升到 7.165；“科技创新分指数”从 7.250 下降到 7.168；“社会发展分指数”从 7.595 下降到 7.547；“区域辐射分指数”从 14.391 下降到 14.259。

（3）从五个分项指数的贡献来看，2016～2018 年，五个分指数对 13 个城

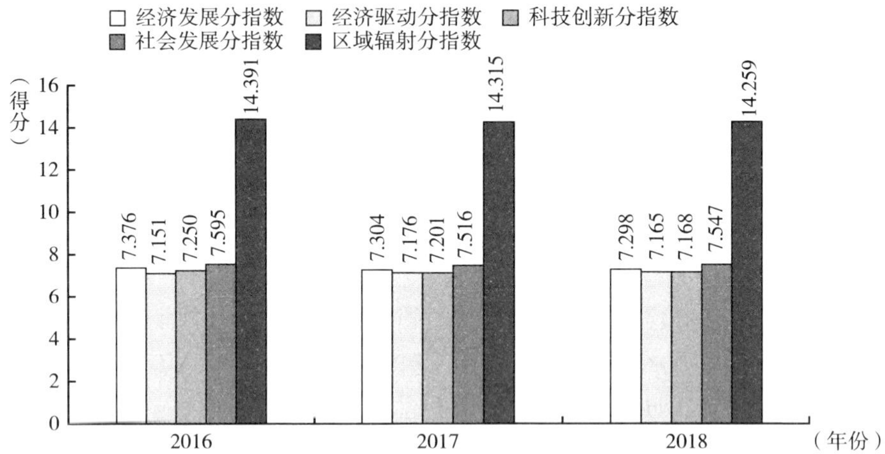

图 2　2016～2018 年新一线城市 CBD 分指数变化趋势

区的贡献度基本维持稳定，但是各城区的主要影响因素存在明显差异，图3清晰地呈现了这种差异。区域辐射分指数对所有城区的影响都非常显著。除区域辐射分指数外，科技创新分指数是北京朝阳区、深圳福田区综合发展的重要因素，经济发展分指数和经济驱动分指数则是对上海浦东新区贡献较大的指标，社会发展分指数对广州天河区的发展至关重要。新一线城市中，经济发展分指数和经济驱动分指数在天津滨海新区的综合发展中起重要的支撑作用。

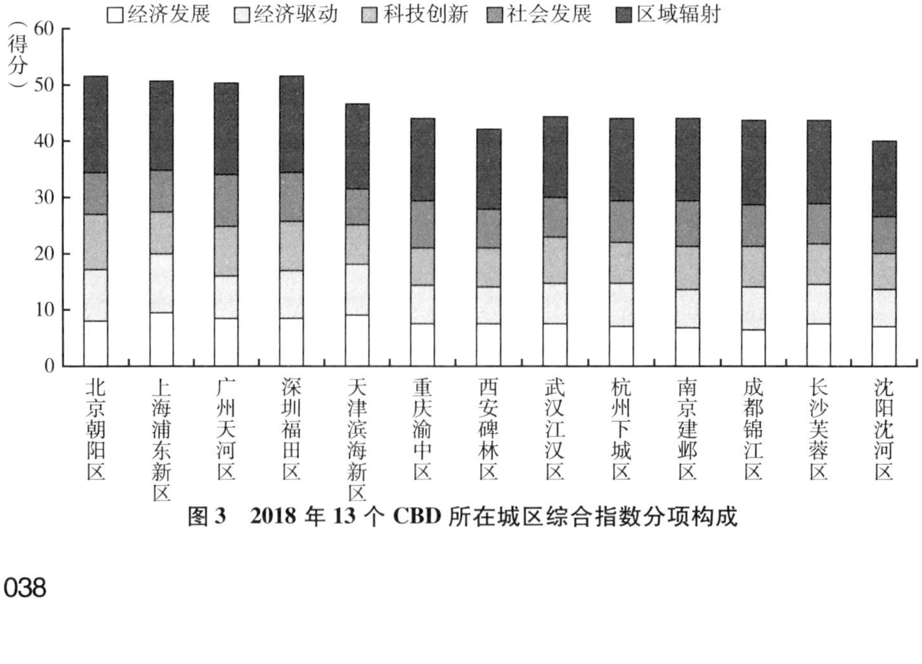

图 3　2018 年 13 个 CBD 所在城区综合指数分项构成

（二）经济发展分指数

2016～2018 年各 CBD 所在城区经济发展分指数见表 3。

表 3　2016～2018 年 13 个 CBD 所在城区经济发展分指数及分项指标指数

单位：得分

年份	城市分类	CBD 所在城区	GDP 总量	人均 GDP	地方一般预算收入	人口密度	城区 GDP 占城市 GDP 的比重	经济发展分指数	排名
2016	一线城市	北京朝阳区	1.833	1.294	1.809	1.328	1.603	7.867	4
		上海浦东新区	2.258	1.510	2.336	1.168	1.876	9.148	1
		广州天河区	1.670	2.032	1.363	1.469	1.578	8.111	3
		深圳福田区	1.640	2.093	1.451	1.746	1.555	8.486	2
	新一线城市	天津滨海新区	2.010	1.956	2.021	1.064	2.428	9.478	1
		重庆渝中区	1.341	1.524	1.347	2.078	1.279	7.569	2
		西安碑林区	1.305	1.210	1.340	2.063	1.417	7.336	5
		武汉江汉区	1.340	1.391	1.425	1.851	1.348	7.355	4
		杭州下城区	1.315	1.484	1.378	1.677	1.309	7.163	6
		南京建邺区	1.292	1.288	1.390	1.226	1.279	6.476	9
		成都锦江区	1.316	1.233	1.346	1.453	1.302	6.650	8
		长沙芙蓉区	1.355	1.810	1.332	1.531	1.417	7.444	3
		沈阳沈河区	1.318	1.237	1.384	1.469	1.509	6.916	7
2017	一线城市	北京朝阳区	1.804	1.401	1.765	1.358	1.672	7.999	4
		上海浦东新区	2.236	1.566	2.282	1.206	2.043	9.333	1
		广州天河区	1.659	2.105	1.301	1.724	1.666	8.455	3
		深圳福田区	1.609	2.084	1.401	1.807	1.574	8.475	2
	新一线城市	天津滨海新区	1.957	1.993	1.787	1.107	2.231	9.075	1
		重庆渝中区	1.317	1.538	1.280	2.108	1.221	7.463	4
		西安碑林区	1.292	1.285	1.271	2.112	1.409	7.368	5
		武汉江汉区	1.321	1.441	1.366	2.032	1.310	7.470	3
		杭州下城区	1.290	1.479	1.314	1.705	1.257	7.045	6
		南京建邺区	1.270	1.337	1.337	1.273	1.222	6.439	9
		成都锦江区	1.298	1.308	1.289	1.491	1.253	6.639	8
		长沙芙蓉区	1.338	1.871	1.263	1.579	1.430	7.480	2
		沈阳沈河区	1.296	1.104	1.313	1.506	1.538	6.758	7

续表

年份	城市分类	CBD 所在城区	GDP 总量	人均 GDP	地方一般预算收入	人口密度	城区 GDP 占城市 GDP 的比重	经济发展分指数	排名
2018	一线城市	北京朝阳区	1.807	1.457	1.758	1.345	1.659	8.027	4
		上海浦东新区	2.246	1.598	2.297	1.208	2.025	9.374	1
		广州天河区	1.658	2.144	1.293	1.731	1.661	8.486	2
		深圳福田区	1.599	2.054	1.401	1.828	1.551	8.434	3
	新一线城市	天津滨海新区	1.935	2.020	1.687	1.111	2.244	8.997	1
		重庆渝中区	1.316	1.555	1.265	2.089	1.223	7.448	4
		西安碑林区	1.292	1.262	1.263	2.135	1.397	7.348	5
		武汉江汉区	1.326	1.528	1.355	2.013	1.311	7.533	2
		杭州下城区	1.288	1.512	1.309	1.724	1.253	7.086	6
		南京建邺区	1.270	1.338	1.337	1.278	1.220	6.442	9
		成都锦江区	1.300	1.294	1.309	1.491	1.251	6.646	8
		长沙芙蓉区	1.328	1.863	1.248	1.572	1.452	7.462	3
		沈阳沈河区	1.296	1.089	1.298	1.501	1.531	6.716	7

经济发展分指数包含 GDP 总量、人均 GDP、地方一般预算收入、人口密度、城区 GDP 占城市 GDP 的比重 5 个指标。

第一，从经济发展分指数来看，一线城市中，上海陆家嘴 CBD 所在城区上海浦东新区实力相对最强，2017～2018 年始终排在第 1 位；其余 3 个一线城市 CBD 所在城区经济发展排名相对稳定。新一线城市中，天津滨海新区经济发展实力最强。天津滨海新区于 2016 年将地区生产总值从 10002 亿元调整为 6654 亿元。根据天津滨海新区 2017～2019 年的《国民经济和社会发展统计公报》数据，天津滨海新区 GDP 调整后呈逐年增长态势，2017 年、2018 年、2019 年经济增速分别为 6.0%、4.4%、5.8%，即 2019 年天津滨海新区 GDP 总量达到 7790 亿元，远远超过其他新一线城市 CBD 所在城区的千亿元总量。2016 年，新一线城市 CBD 所在城区经济发展分指数排名前 5 位的分别为天津滨海新区、重庆渝中区、长沙芙蓉区、武汉江汉区、西安碑林区；2018 年排名前 5 位的分别为天津滨海新区、武汉江汉区、长沙芙蓉区、重庆渝中区、西安碑林区（见图 4）。

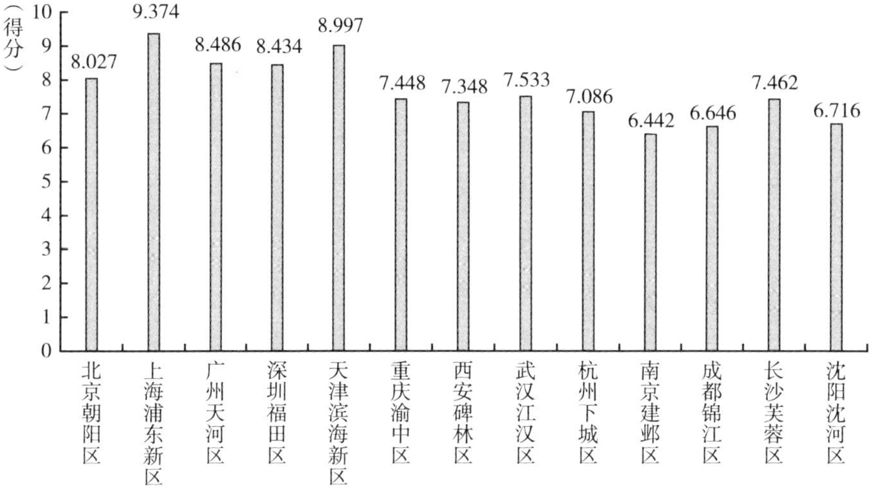

图4　2018 年 CBD 所在城区经济发展分指数

第二，从指标贡献来看，五个二级指标的权重变化存在不同（见图 5）。GDP 总量的权重仅仅从 0.200 变为 0.196，人均 GDP 权重从 0.200 变为 0.207，地方一般预算收入权重从 0.199 变为 0.188，人口密度权重从 0.201 变为 0.212，城区 GDP 占城市 GDP 的比重权重从 0.200 变为 0.197。可以看

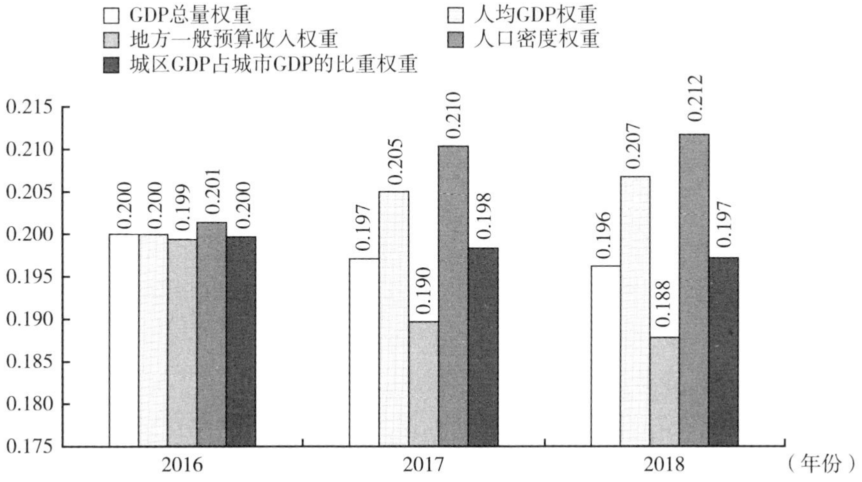

图5　2016～2018 年经济发展分指数二级指标权重

出，人均 GDP 权重和人口密度权重在指数构成中逐渐提高，地方一般预算收入权重则下降较多。其余指标的权重基本维持不变。这说明虽然经济的规模总量对经济发展的影响很大，但是以人均计算的经济指标更能强调经济的支撑力水平。

第三，从五个二级指标分别来看，结论如下。

（1）从 GDP 总量来看（见图 6），2016～2018 年，13 个城区保持了稳定的增长态势，总计从 35052 亿元增长到 41073 亿元。2017 年、2018 年的平均增长率为 9.21%、8.53%，高于全国 6.80%、6.60% 的经济增速。其中，一线城市呈现出经济规模总量大并保持高速增长的特征。以上海浦东新区和北京朝阳区为例，3 年平均增长率分别为 9.83% 和 8.13%，平均 GDP 分别为 9614 亿元和 5633 亿元。2019 年，上海浦东新区 GDP 总额达 12734 亿元，北京朝阳区突破 6000 亿元。新一线城市则呈现经济规模总量小，但增长率高于一线城市的态势。其中，以南京建邺区、成都锦江区、武汉江汉区为例，3 年的平均 GDP 分别为 683 亿元、938 亿元和 1160 亿元，平均增长率分别为 12.79%、12.50% 和 12.11%。2019 年，南京建邺区和成都锦江区 GDP 分别为 1056 亿元和 1122 亿元，突破千亿元，增长率分别为 8.2% 和 7.2%。受新冠肺炎疫情影响，2020 年上半年 13 个城区的经济增速趋缓甚至呈负向增长态势。2020 年 1～4 月，上海浦东新区经济呈现负增长，增速为 -4.3%。2020 年 1～3 月，深圳福田区实现地区生产总值 1044 亿元，同比下降 3.0%；广州天河区实现地区生产总值 1207 亿元，同比下降 0.3%；长沙芙蓉区实现地区生产总值 273 亿元，同比下降 3.1%；南京建邺区实现地区生产总值 245 亿元，增幅为 0.1%；沈阳沈河区实现地区生产总值 208 亿元，同比下降 8.3%。[①] 总体而言，虽然受新冠肺炎疫情影响，CBD 所在城区经济增长趋缓，但由于 13 个城区经济基础好、韧性强、潜力足，因此经济长期向好的发展趋势没有改变。

（2）从人均 GDP 来看（见图 7），13 个城区的《统计年鉴》中只有少数

① 资料来源：各区人民政府网站或统计局数据。

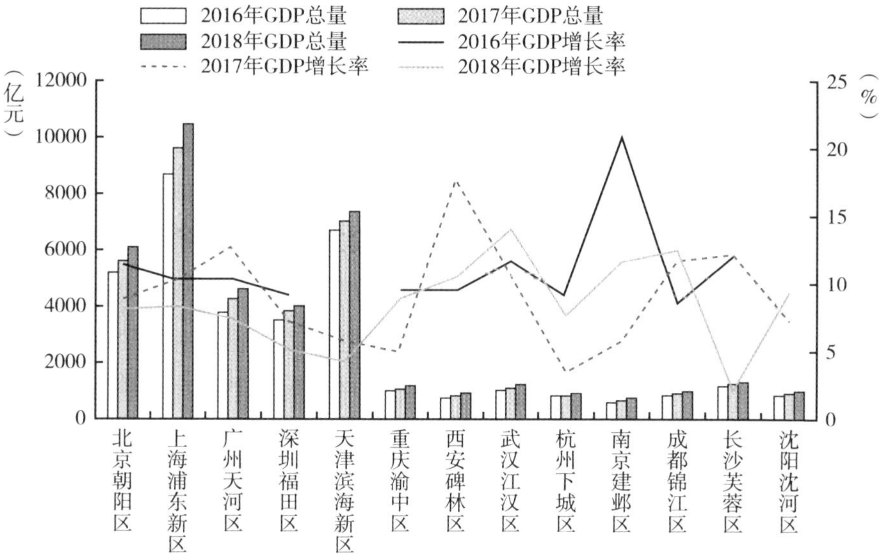

图 6　2016～2018 年 CBD 所在城区 GDP 总量及增长率

注：天津滨海新区和沈阳沈河区因 GDP 调整，故缺失 2016 年增长率数据。

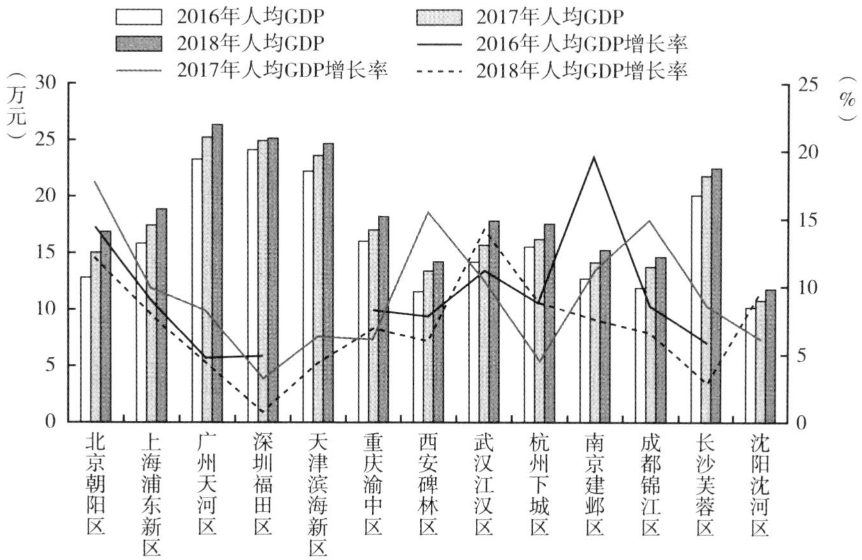

图 7　2016～2018 年各 CBD 所在城区人均 GDP 及增长率

注：天津滨海新区和沈阳沈河区因 GDP 调整，故缺失 2016 年人均 GDP 增长率数据。

存在这一指标，因此为了计算的统一性，本文使用城区 GDP/城区常住人口进行重新计算。从结果来看，这一指标增长稳健，人均 GDP 实现逐年递增。从 2016～2018 年的均值来看，排在前 4 位的城区是广州天河区、深圳福田区、天津滨海新区、长沙芙蓉区，人均 GDP 在 20 万元以上。2019 年，按全年平均人口计算，深圳福田区的人均 GDP 已达到 27.58 万元，按年平均汇率折算为 4 万美元，根据世界银行规定的判定标准，已达到高收入发达地区水平。排在后 3 位的城区是沈阳沈河区、西安碑林区、成都锦江区，人均 GDP 在 11 万元和 14 万元之间。

（3）从地方一般预算收入来看（见图 8），2016～2018 年，上海浦东新区的总规模最大。具体来看，2018 年上海浦东新区超过 1000 亿元；其次是北京朝阳区，达到 534 亿元；天津滨海新区排在第三位，规模为 464 亿元。2019 年，上海浦东新区继续突破千亿元，达到 1072 亿元，实现小幅增长；天津滨海新区超过 500 亿元；深圳福田区为 192.70 亿元，其中税收收入 180.64 亿元，占比 93.74%；广州天河区为 77.12 亿元，增长 4.5%，其中企业所得税收入增长强劲，达到 8.91 亿元，占比 11.55%，增长 15.4%，

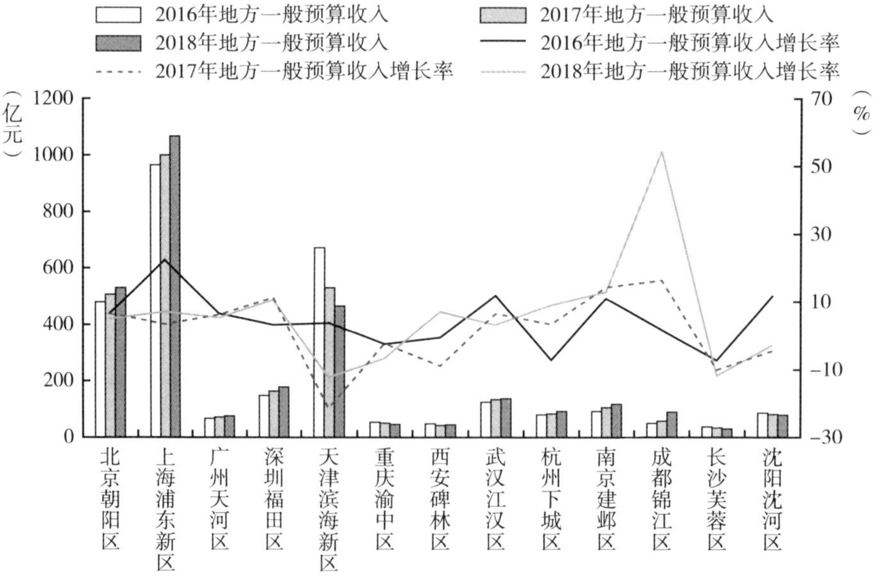

图 8　2016～2018 年各 CBD 所在城区地方一般预算收入及增长率

显示了市场主体的巨大活力。增长率方面，成都锦江区和南京建邺区在2018 年实现高速增长。重庆渝中区和长沙芙蓉区则呈下降趋势。

（4）从人口密度看（以常住人口进行测算，见图 9），西安碑林区、重庆渝中区、武汉江汉区排名前三，相较而言，这三个区的行政面积较小，所以人口密度较高。而较高的人口密度会给上述区域带来更多的劳动力、更大的市场、更高的市场活力，意味着更高的“人口红利”。北上广深则并未排在前列，且受北京调控人口政策影响，北京朝阳区常住人口逐年小幅下降，人口密度也随之下降。天津滨海新区的人口密度最小，主要是因为行政面积较大。沈阳沈河区的人口密度增长率较低与东北地区近年来人口不断流失有关。

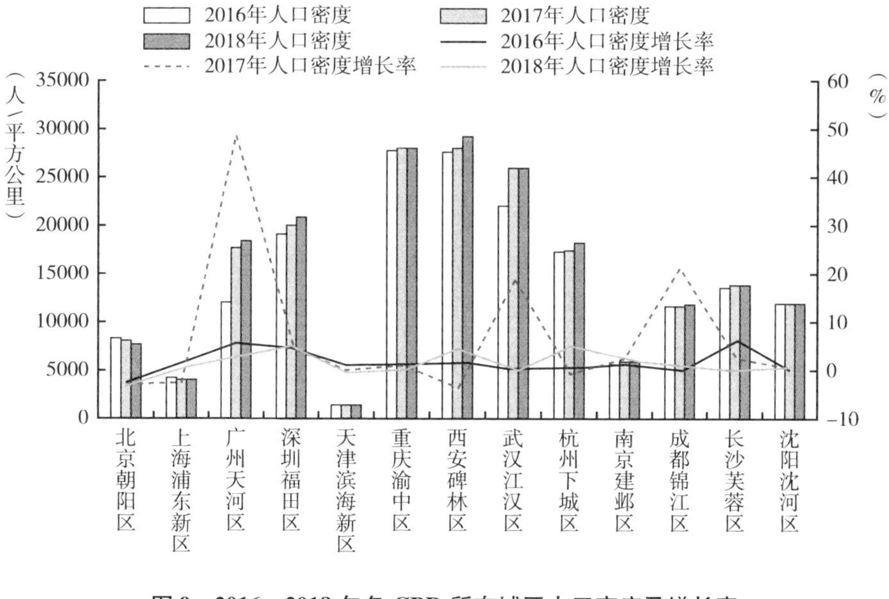

图 9　2016～2018 年各 CBD 所在城区人口密度及增长率

（5）从城区 GDP 占城市 GDP 的比重看（见图 10），2016～2018 年，各 CBD 所在城区的数值虽然存在差异，但较为稳定。13 个城区中，天津滨海新区的比重最高，2018 年达到 39.15%。一线城市中，2018 年上海浦东新区 GDP 占上海市 GDP 约 1/3 的比重，北京朝阳区和广州天河区分别约占北京市和广州市的 20.12% 和 20.16%。重庆渝中区和南京建邺区 GDP 占所在城市的比重稍低，分别为 5.91% 和 5.83%。

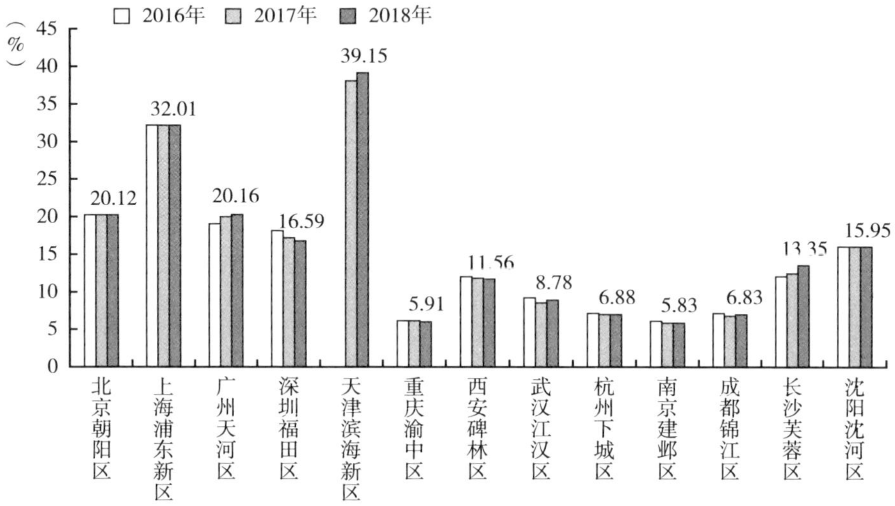

图 10　2016～2018 年各 CBD 所在城区 GDP 占城市 GDP 的比重

注：因 2016 年天津滨海新区 GDP 调整，故数据缺失。

（三）经济驱动分指数

2016～2018 年 13 个 CBD 所在城区经济驱动分指数情况见表 4。

表 4　2016～2018 年 13 个 CBD 所在城区经济驱动分指数及分项指标指数

单位：得分

年份	城市分类	CBD 所在城区	全社会固定资产投资总额	城镇居民人均可支配收入	社会消费品零售总额	外贸出口总额	实际利用外资金额	经济驱动分指数	排名
2016	一线城市	北京朝阳区	1.530	2.076	2.300	1.335	2.106	9.347	2
		上海浦东新区	1.668	1.918	1.996	2.355	2.061	9.998	1
		广州天河区	1.357	1.972	1.889	1.204	1.409	7.831	4
		深圳福田区	1.297	2.220	1.813	1.753	1.377	8.461	3
	新一线城市	天津滨海新区	2.345	1.441	1.599	1.478	2.069	8.931	1
		重庆渝中区	1.298	1.123	1.335	1.659	1.378	6.793	7

续表

年份	城市分类	CBD 所在城区	全社会固定资产投资总额	城镇居民人均可支配收入	社会消费品零售总额	外贸出口总额	实际利用外资金额	经济驱动分指数	排名
2016	新一线城市	西安碑林区	1. 275	1. 244	1. 295	1. 315	1. 311	6. 439	9
		武汉江汉区	1. 337	1. 497	1. 485	1. 316	1. 339	6. 973	4
		杭州下城区	1. 260	1. 785	1. 491	1. 781	1. 345	7. 662	2
		南京建邺区	1. 303	1. 659	1. 092	1. 518	1. 328	6. 900	5
		成都锦江区	1. 315	1. 270	1. 419	1. 420	1. 438	6. 862	6
		长沙芙蓉区	1. 346	1. 571	1. 382	1. 372	1. 369	7. 041	3
		沈阳沈河区	1. 276	1. 474	1. 511	1. 195	1. 304	6. 761	8
2017	一线城市	北京朝阳区	1. 554	2. 069	2. 294	1. 287	1. 930	9. 134	2
		上海浦东新区	1. 687	1. 929	2. 029	2. 379	2. 140	10. 164	1
		广州天河区	1. 354	1. 998	1. 837	1. 169	1. 384	7. 742	4
		深圳福田区	1. 315	2. 212	1. 848	1. 623	1. 384	8. 381	3
	新一线城市	天津滨海新区	2. 347	1. 447	1. 561	1. 454	2. 129	8. 938	1
		重庆渝中区	1. 275	1. 127	1. 345	1. 642	1. 354	6. 744	7
		西安碑林区	1. 278	1. 245	1. 285	1. 407	1. 309	6. 523	9
		武汉江汉区	1. 348	1. 512	1. 509	1. 324	1. 343	7. 036	3
		杭州下城区	1. 260	1. 777	1. 514	1. 747	1. 341	7. 640	2
		南京建邺区	1. 313	1. 673	1. 092	1. 540	1. 326	6. 944	6
		成都锦江区	1. 337	1. 274	1. 441	1. 492	1. 458	7. 001	5
		长沙芙蓉区	1. 366	1. 570	1. 393	1. 400	1. 372	7. 101	4
		沈阳沈河区	1. 268	1. 444	1. 462	1. 169	1. 310	6. 652	8
2018	一线城市	北京朝阳区	1. 551	2. 074	2. 282	1. 323	1. 791	9. 020	2
		上海浦东新区	1. 742	1. 936	2. 059	2. 393	2. 342	10. 473	1
		广州天河区	1. 355	2. 011	1. 848	1. 146	1. 310	7. 670	4
		深圳福田区	1. 349	2. 205	1. 835	1. 597	1. 370	8. 357	3
	新一线城市	天津滨海新区	2. 347	1. 436	1. 522	1. 462	1. 721	8. 489	1
		重庆渝中区	1. 286	1. 161	1. 301	1. 742	1. 323	6. 813	7
		西安碑林区	1. 288	1. 279	1. 306	1. 447	1. 274	6. 593	9
		武汉江汉区	1. 339	1. 534	1. 556	1. 328	1. 340	7. 097	5
		杭州下城区	1. 259	1. 785	1. 432	1. 747	1. 332	7. 556	2
		南京建邺区	1. 336	1. 683	1. 109	1. 572	1. 295	6. 994	6
		成都锦江区	1. 354	1. 211	1. 477	1. 618	1. 494	7. 153	3
		长沙芙蓉区	1. 323	1. 579	1. 407	1. 479	1. 360	7. 148	4
		沈阳沈河区	1. 282	1. 434	1. 488	1. 160	1. 274	6. 637	8

经济驱动分指数包含全社会固定资产投资总额、城镇居民人均可支配收入、社会消费品零售总额、外贸出口总额、实际利用外资金额 5 个二级指标。

首先，从经济驱动分指数得分看，2016~2018 年，一线城市的排名较为稳定，依次为上海浦东新区、北京朝阳区、深圳福田区、广州天河区。上海浦东新区经济驱动分指数从 9. 998 上升到 10. 473，得益于 5 个二级指标的全面提升。新一线城市中，天津滨海新区得分最高，年均得分为 8. 786，超过一线城市中广州天河区和深圳福田区的得分。2018 年，新一线城市 CBD 所在城区经济驱动分指数排名前 5 位的分别为天津滨海新区、杭州下城区、成都锦江区、长沙芙蓉区、武汉江汉区（见图 11）。

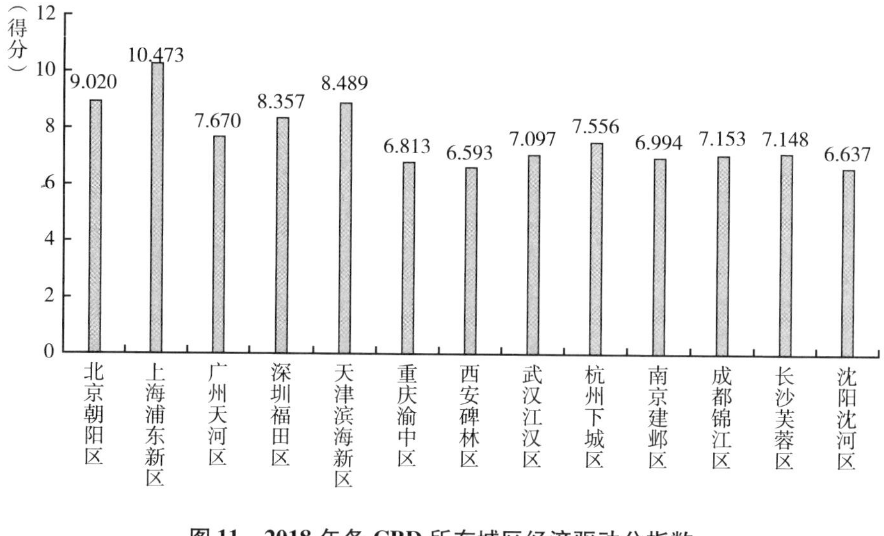

图 11　2018 年各 CBD 所在城区经济驱动分指数

其次，从二级指标看（见图 12），在 13 个样本城区中，起主要作用的因素存在差异。2016~2018 年，上海浦东新区的外贸出口总额得分保持最高，对经济驱动起了重要的推动作用；北京朝阳区的社会消费品零售总额得分最高，是拉动经济的最大引擎；深圳福田区的城镇居民人均可支配收入得分最高，社会消费品零售总额得分较低，说明居民潜在的消费能力较高，但实际消费并不高，这可能与深圳房价居高不下，资金流入金融业与房地产业，而非用于消费有关。新一线城市中，天津滨海新区主要靠全社会固定资产投资驱动经济增长；其余各区二级指标得分较为平均。

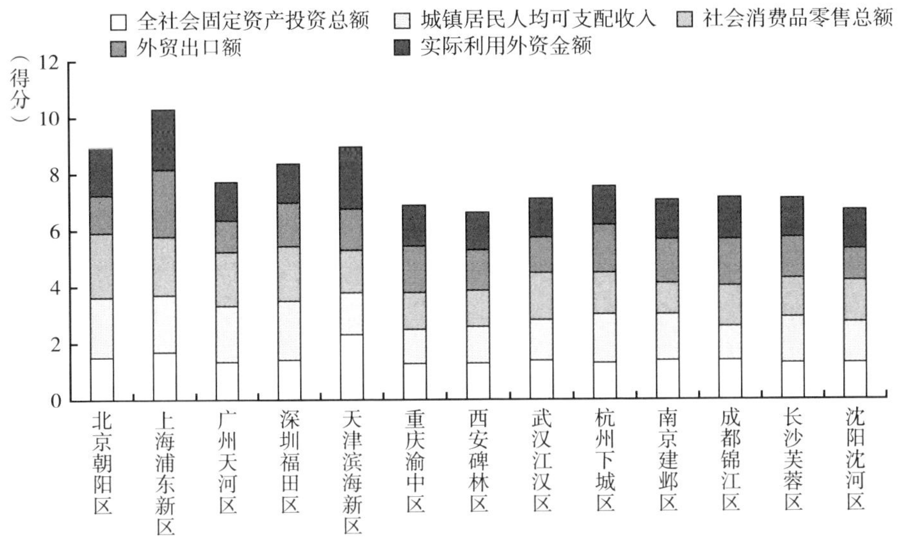

图 12　2018 年各 CBD 所在城区经济驱动分指数分项构成

最后，五个二级指标情况如下。

（1）从全社会固定资产投资总额看（见图 13），2016～2018 年，天津滨海新区的投资规模远超过其他城区，均值达到 4530 亿元，一批重量级大项目成为经济稳增长新引擎。2018 年天津滨海新区有国能汽车总装、三星陶瓷电容等开工建设项目 398 个；中沙新材料园等加快推进项目 763 个，有一汽大众华北基地、丰田新一线、金佰利二期等竣工投产项目 200 个。2019 年天津滨海新区固定资产投资比 2018 年增长 12.6%，其中第一产业投资增长 302.7%，房地产开发投资下降 5.8%，坚决落实“稳地价、稳房价、稳预期”的目标要求。[①]

① 资料来源：《2018 年天津市滨海新区国民经济和社会发展统计公报》。

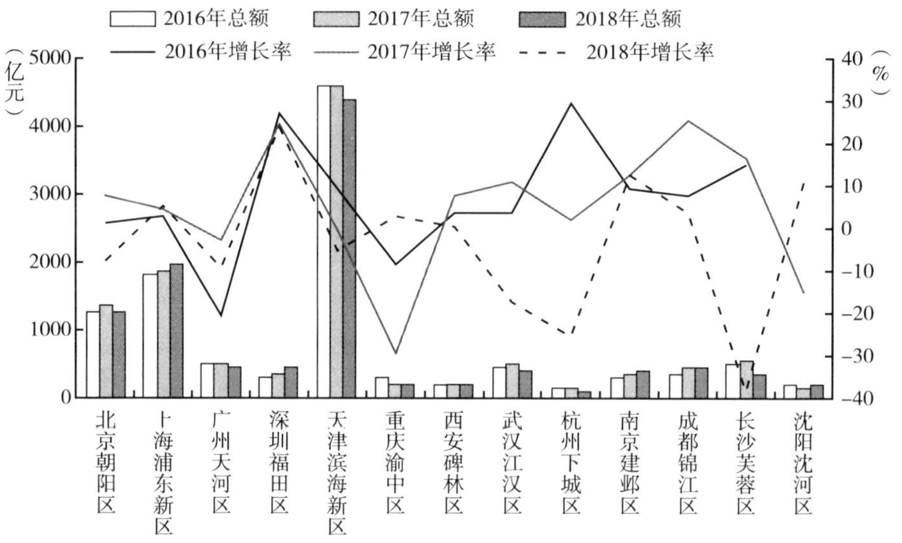

图 13　2016～2018 年各 CBD 所在城区全社会固定资产投资总额及增长率

2016～2018 年，一线城市 CBD 所在城区的全社会固定资产投资总额高于新一线城市。一线城市中，上海浦东新区投资规模最高，且逐年递增，均值为 1911 亿元；北京朝阳区排在第二，但 2018 年下降 7.5%，均值为 1289 亿元；深圳福田区投资均值为 380 亿元，虽然投资规模较小，但其经济增长模式不依赖投资推动，特色经济蓬勃发展。2019 年，深圳福田区总部企业实现增加值 1922 亿元，占地区 GDP 的 42.3%；专门专业服务业、现代服务业、高新技术产业增加值、文化产业增加值增速均超过地区生产总值增速；新型产业中，新一代信息技术产业、数字经济产业、绿色低碳产业、海洋经济产业、生物医药产业等均实现 7% 以上高速增长，新材料产业更是高达 19.9%。① 2020 年第一季度，受疫情影响，深圳福田区固定资产投资总额同比下降 13.4%，总部经济、专门专业服务业、现代服务业也受到影响，增速分别为 -0.5%、-2.9%、1.6%；广州天河区下降 13.4%。

除天津滨海新区外，新一线城市中，武汉江汉区、成都锦江区、长沙芙蓉

① 资料来源：《2019 年深圳福田区国民经济和社会发展统计公报》。

区全社会固定资产投资总额在400亿元以上。2018年，在成都锦江区的投资中，第三产业投资占比94.66%，占据绝对主导地位，促进了区域的发展动能转换和新经济新动能的加快培育；武汉江汉区的中央商务区通过固定资产投资、公共基础设置建设提档增速，辅仁小学、武汉一初CBD小区开工建设；全力推进重点项目，强化产业集聚和服务功能，加快推进商务区建设发展。2020年第一季度，受疫情影响，13个城区全社会固定资产投资总额呈现趋缓或下降态势，其中长沙芙蓉区小幅增长0.5%，西安碑林区下降13.1%，沈阳沈河区下降41.3%。

（2）从城镇居民人均可支配收入看（见图14），一线城市和新一线城市差异显著。2016～2018年，深圳福田区、北京朝阳区、上海浦东新区、广州天河区城镇居民人均可支配收入均高于新一线城市CBD所在城区。2018年，一线城市CBD所在城区城镇居民人均可支配收入平均为70174元，新一线城市CBD所在城区城镇居民人均可支配收入平均为50256元，一线城市高于新一线城市近20000元。一线城市中，深圳福田区城镇居民人均可支配收入最高，2016～2018年均值为69370元；2019年为81248元，扣除物价因素实际增长4.6%。新一线城市中，2016～2018年按城镇居民人均可

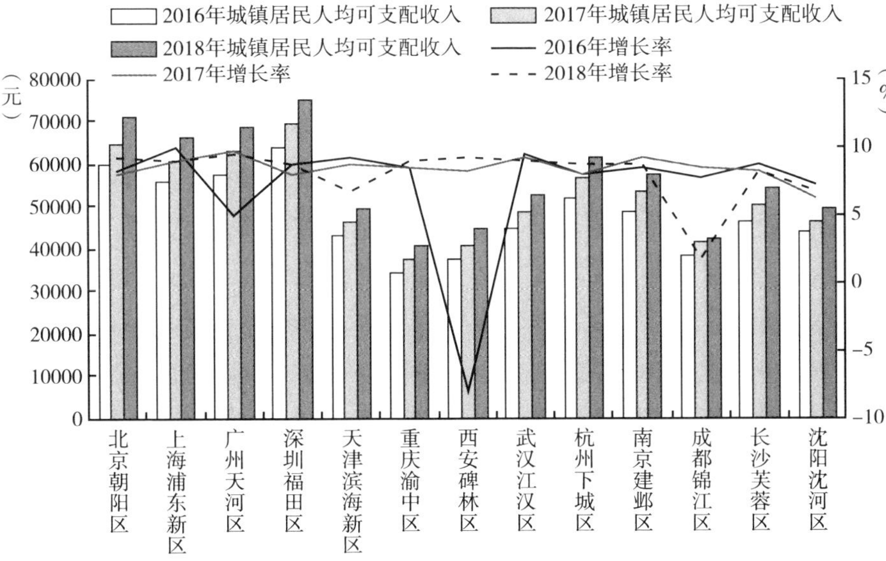

图14　2016～2018年各CBD所在城区城镇居民人均可支配收入及增长率

支配收入均值排名前 3 的分别为杭州下城区、南京建邺区、长沙芙蓉区，均值分别为 56544 元、53261 元、50307 元。2019 年，13 个城区的城镇居民人均可支配收入均实现上涨，广州天河区为 74859 元，增长 9%；杭州下城区为 70330 元，增长 8.3%；南京建邺区为 62721 元，增长 8.5%；长沙芙蓉区为 59033 元，增长 8.6%；天津滨海新区为 53218 元，增长 7.3%；沈阳沈河区为 52510 元，增长 6.0%；成都锦江区为 48595 元，增长 8.6%；西安碑林区为 47977 元，增长 8.1%；重庆渝中区为 44209 元，增长 9.2%。2020 年第一季度，在疫情影响下，部分城区城镇居民人均可支配收入仍实现小幅上涨，北京朝阳区为 20332 元，同比增长 4.8%；长沙芙蓉区为 16749 元，增长 1.7%；西安碑林区为 12152 元，增长 0.4%。

（3）从社会消费品零售总额看（见图 15），13 个城区总体呈现增长态势，一线城市明显高于新一线城市。北京朝阳区始终排在第 1 位，其次是上海浦东新区，2019 年分别为 2894 亿元和 2455 亿元。2019 年，一线城市的平均社会消费品零售总额为 2368 亿元，新一线城市的平均值为 944 亿元，一线城市是新一线城市的 2 倍有余；规模增长最大的城区是深圳福田区，增

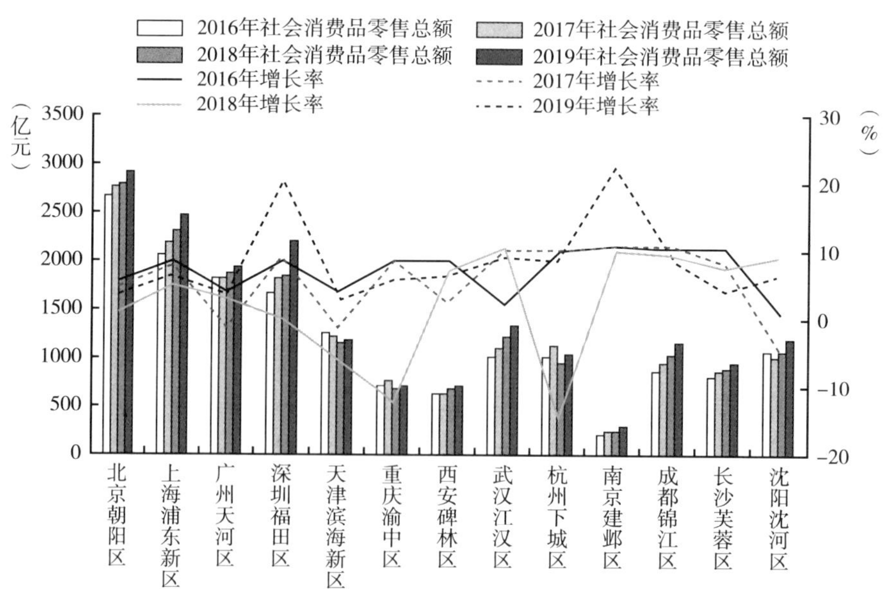

图 15　2016～2019 年各 CBD 所在城区社会消费品零售总额及增长率

长额为376亿元；其次为上海浦东新区，增长额为142亿元。2020年1～3月，受疫情影响，13个城区的社会消费品零售总额有所缩水，北京朝阳区为634亿元，同比下降22.9%；上海浦东新区为594.5亿元，同比下降21.9%；广州天河区为382亿元，同比下降20.8%；深圳福田区为370亿元，同比下降23.5%；长沙芙蓉区为122亿元，同比下降12.6%；沈阳沈河区为157亿元，同比下降32.3%；西安碑林区为92.4亿元，同比下降38.3%。可以看出，2020年第一季度，一线城市CBD所在城区社会消费品零售总额依然高于新一线城市，北京朝阳区和上海浦东新区保持第1位和第2位。新冠肺炎疫情影响很多行业的发展，居民的消费有所变化。为提振消费，各省市采取发放消费券、举办购物节等方式促进消费回暖。随着疫情进入防控常态化，CBD所在城区的消费降幅将持续收窄，呈现较大的反弹空间。

（4）从外贸出口总额看（见图16），CBD所在城区呈现有升有降态势。2016～2018年，上海浦东新区外贸出口规模远超其他城区，且呈逐年增长趋势，是样本城区中唯一突破千亿美元的城区。2018年，上海浦东新区外贸出口总额为1031亿美元，按当年汇价折算为7077亿元人民币，增长率为6.6%，继续成为带动地区经济增长的重要影响因素；深圳福田区延续上年下降趋势，外贸出口总额为399亿美元，跌破400亿美元，下降2.8%。新一线城市中，天津滨海新区、重庆渝中区、西安碑林区均同比上升，外贸出口总额呈扩大趋势。受疫情影响，2020年第一季度，上海浦东新区外贸进出口总额同比下降0.7%，为4701亿元；深圳福田区进出口总额下降7.2%，为1441亿元；广州天河区逆势上涨25.1%，达到147.8亿元人民币。

（5）从实际利用外资金额看（见图17），上海浦东新区规模最高，其次是天津滨海新区。上海浦东新区、深圳福田区、成都锦江区、武汉江汉区、长沙芙蓉区呈上升趋势。2018年，北京朝阳区、上海浦东新区、广州天河区、深圳福田区实际利用外资金额分别为39.75亿美元、81.05亿美元、3.74亿美元、8.20亿美元。2019年，广州天河区实际利用外资金额增加，同比增长67.37%，为6.26亿美元。2020年第一季度，深圳福田区实际利用外资金额0.85亿美元，同比下降48.2%。

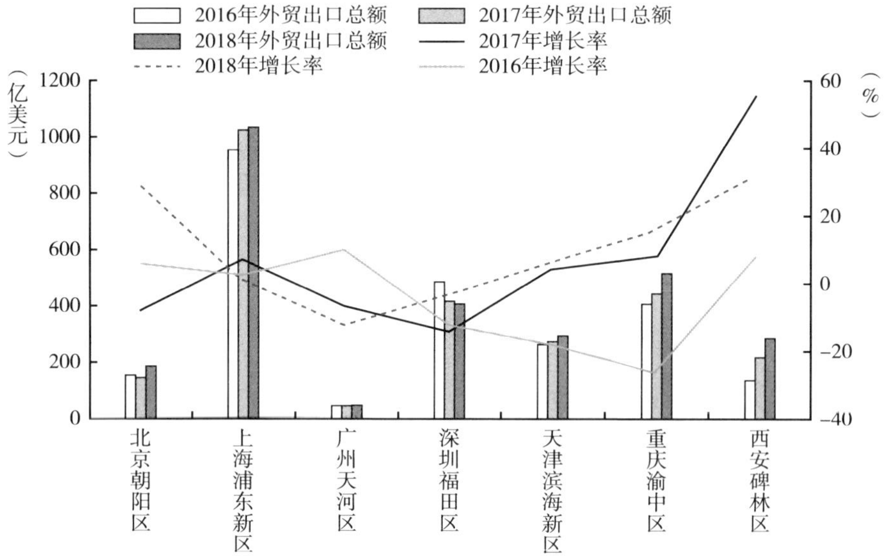

图 16　2016～2018 年各 CBD 所在城区外贸出口总额及增长率

注：个别城区数据有缺失，本图未予展示。

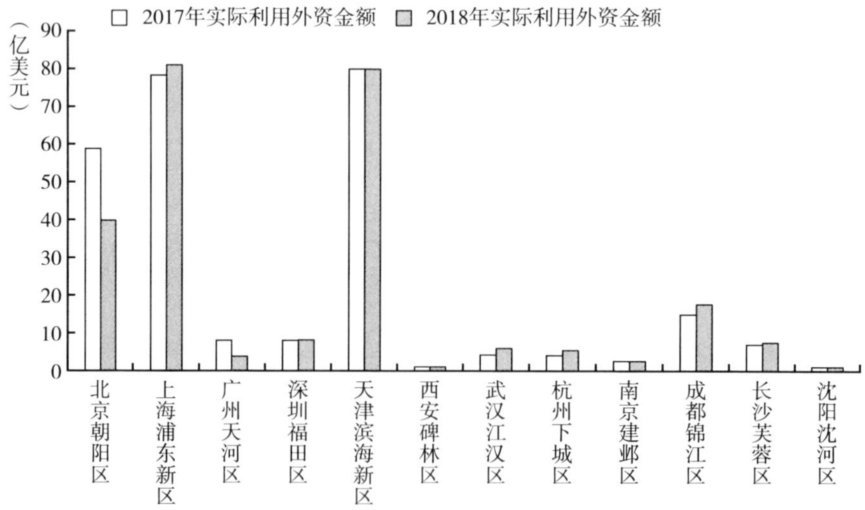

图 17　2017～2018 年各 CBD 所在城区实际利用外资金额

注：个别城区数据缺失，本图未予展示。

（四）科技创新分指数

2016~2018 年各 CBD 所在城区科技创新分指数见表 5。

表 5　2016~2018 年 13 个 CBD 所在城区科技创新分指数及分项指标指数

单位：得分

年份	城市分类	CBD 所在城区	专利申请数	专利授权数	万人高校在校生数	科技创新分指数	排名
2016	一线城市	北京朝阳区	3.754	3.789	2.794	10.336	1
		上海浦东新区	2.985	3.006	2.004	7.995	4
		广州天河区	2.753	2.663	2.654	8.070	3
		深圳福田区	3.267	3.239	1.840	8.346	2
	新一线城市	天津滨海新区	2.836	2.478	2.146	7.460	5
		重庆渝中区	2.314	2.543	2.057	6.914	7
		西安碑林区	2.164	2.447	2.880	7.492	4
		武汉江汉区	2.150	2.117	3.857	8.125	1
		杭州下城区	2.469	2.507	2.378	7.354	6
		南京建邺区	2.377	2.243	2.953	7.572	3
		成都锦江区	2.744	2.512	2.346	7.603	2
		长沙芙蓉区	1.983	1.945	2.677	6.604	8
		沈阳沈河区	1.864	1.828	2.437	6.129	9
2017	一线城市	北京朝阳区	3.605	3.637	2.855	10.096	1
		上海浦东新区	3.017	3.021	2.003	8.041	4
		广州天河区	2.872	2.793	2.628	8.293	3
		深圳福田区	3.509	3.408	1.841	8.758	2
	新一线城市	天津滨海新区	2.532	2.458	2.143	7.134	6
		重庆渝中区	2.294	2.338	2.061	6.693	8
		西安碑林区	2.469	2.158	2.780	7.406	5
		武汉江汉区	2.128	2.167	3.846	8.141	1
		杭州下城区	2.410	2.468	2.359	7.238	4
		南京建邺区	2.407	2.285	2.953	7.645	2
		成都锦江区	2.825	2.448	2.357	7.629	3
		长沙芙蓉区	1.991	2.016	2.810	6.816	7
		沈阳沈河区	1.816	1.884	2.410	6.110	9

续表

年份	城市分类	CBD 所在城区	专利申请数	专利授权数	万人高校在校生数	科技创新分指数	排名
2018	一线城市	北京朝阳区	3.445	3.407	2.956	9.808	1
		上海浦东新区	2.932	2.982	2.004	7.919	4
		广州天河区	3.125	2.946	2.616	8.687	3
		深圳福田区	3.592	3.635	1.845	9.072	2
	新一线城市	天津滨海新区	2.502	2.465	2.149	7.116	5
		重庆渝中区	2.275	2.342	2.067	6.685	8
		西安碑林区	2.143	2.150	2.729	7.022	6
		武汉江汉区	2.178	2.161	3.836	8.174	1
		杭州下城区	2.496	2.475	2.351	7.323	4
		南京建邺区	2.502	2.320	2.949	7.771	2
		成都锦江区	2.575	2.502	2.361	7.439	3
		长沙芙蓉区	2.014	2.007	2.804	6.825	7
		沈阳沈河区	1.869	1.889	2.399	6.158	9

科技创新分指数包含专利申请数、专利授权数和万人高校在校生数 3 个二级指标。刻画创新的指标有很多，如 R&D 投入与占比、专利数量、创新能力、高技术人才占比等。但是由于各城区《统计年鉴》和《国民经济和社会发展统计公报》中的数据口径并不一致，很难将上述指标全部容纳进去。综合考虑后，本文先选取 13 个城区均有的数据指标进行测算，之后再使用较为丰富的指标对科技创新领先的城区进行测算。

首先，从科技创新分指数得分来看，2016～2018 年，一线城市得分高于新一线城市，北京朝阳区的领先地位稳固，2016 年、2017 年得分超过 10，说明北京朝阳区具有较好的科技创新能力。在新一线城市中，武汉江汉区连续 3 年得分第一，其次是南京建邺区、成都锦江区。从二级指标权重来看，专利申请数、专利授权数对北京朝阳区、深圳福田区影响较大。虽然北京的高校在校学生绝对数量最多，但由于常住人口多，所以万人高校在校生数排名有所下降。上海浦东新区在专利申请数、专利授权数、万人高校在校生数三个方面均与北京朝阳区存在差距。新一线城市中，武汉江汉区受万人高校在校生数影响最大，南京建邺区和成都锦江区受各因素的影响较为均衡（见图 18）。

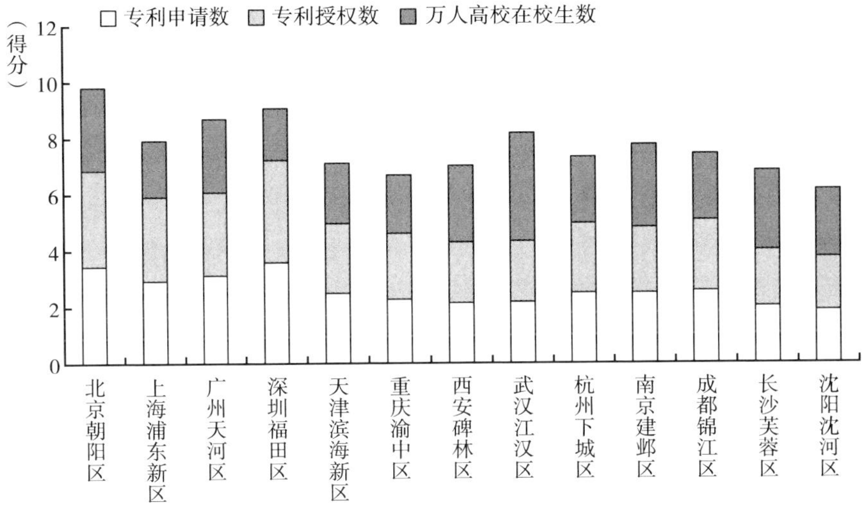

图 18　2018 年各 CBD 所在城区科技创新分指数分项构成

其次，本文单独比较北京朝阳区和上海浦东新区的科技创新能力（见表 6）。在技术合同成交数量和成交总额方面，北京朝阳区要高于上海浦东新区。2018 年，北京朝阳区技术合同成交总量为上海浦东新区的 2 倍有余；北京朝阳区技术合同成交总额突破 1000 亿元，上海浦东新区为 444 亿元。2016～2018 年，北京朝阳区的专利申请总量及发明专利申请量均超过上海浦东新区；除 2018 年专利授权总量外，北京朝阳区的发明专利授权量也一直高于上海浦东新区。

表 6　2016～2018 年北京朝阳区和上海浦东新区科技创新能力

年份	CBD 所在城区	技术合同成交数量（项）	技术合同成交总额（亿元）	专利申请数(件)		专利授权数(件)	
				总数	发明专利	总数	发明专利
2016	北京朝阳区	6778	755	38611	23853	17780	8029
	上海浦东新区	2470	281	29942	14245	15512	5904
2017	北京朝阳区	6552	930	34030	19441	19417	8930
	上海浦东新区	2370	346	33417	15412	18753	6188
2018	北京朝阳区	7384	1035	37703	21754	22304	9040
	上海浦东新区	2618	444	36476	17161	23219	6726

最后，北京朝阳区 2016 ~2018 年实现规模以上工业企业，信息传输、软件和信息技术服务业企业的研发经费和人员逐年上升。2018 年，北京朝阳区工业企业研发经费达到 13 亿元，信息传输、软件和信息技术服务业企业研发经费达到52 亿元；工业企业研发人员数为 3044 人，信息传输、软件和信息技术服务业企业研发人员数为 10016 人。上海浦东新区 2016 ~2018 年各项科技企业主要经济指标逐年增加。其中，科技企业单位数从 3585 个增至 3967 个，企业专利数从 15505 项增至 18454 项，投入科研开发费从 748 亿元增至 922 亿元。

（五）社会发展分指数

2016 ~2018 年各 CBD 所在城区社会发展分指数情况见表 7。

表 7　2016 ~2018 年 13 个 CBD 所在城区社会发展分指数及分项指标指数

单位：得分

年份	城市分类	CBD 所在城区	教育支出占公共财政支出的比重	每百人公共图书馆藏书	每千人医疗卫生机构床位数	每千人拥有执业医师数	每万人拥有公交车辆	人均城市道路面积	人均公园绿地面积	社会发展分指数	排名
2016	一线城市	北京朝阳区	1.095	1.414	0.933	1.595	1.020	0.898	1.139	8.093	2
		上海浦东新区	0.744	1.493	0.838	1.046	0.894	0.791	1.625	7.431	4
		广州天河区	1.333	1.114	0.960	1.290	1.005	1.022	1.258	7.983	3
		深圳福田区	0.744	1.455	0.957	0.993	1.639	1.105	1.246	8.139	1
	新一线城市	天津滨海新区	1.071	0.970	0.766	0.893	0.938	1.060	0.829	6.527	9
		重庆渝中区	1.243	0.793	1.626	0.682	0.752	0.852	0.904	6.853	8
		西安碑林区	1.111	1.025	1.313	1.105	0.964	1.047	0.832	7.396	6
		武汉江汉区	1.137	1.044	1.062	1.037	0.945	1.070	0.855	7.150	7
		杭州下城区	1.450	1.274	1.031	1.406	0.988	0.956	0.937	8.041	2
		南京建邺区	1.396	1.294	0.948	1.183	1.044	1.570	1.050	8.485	1
		成都锦江区	1.221	0.949	1.034	1.331	0.890	1.339	1.154	7.918	5
		长沙芙蓉区	1.200	0.795	1.128	1.382	1.075	1.382	1.008	7.970	4
		沈阳沈河区	1.591	1.116	1.124	1.238	0.883	0.947	1.114	8.013	3

续表

年份	城市分类	CBD 所在城区	教育支出占公共财政支出的比重	每百人公共图书馆藏书	每千人医疗卫生机构床位数	每千人拥有执业医师数	每万人拥有公交车辆	人均城市道路面积	人均公园绿地面积	社会发展分指数	排名
2017	一线城市	北京朝阳区	1.232	0.874	0.979	1.157	1.185	0.810	1.228	7.465	3
		上海浦东新区	0.807	0.891	0.872	0.855	0.919	0.834	1.693	6.870	4
		广州天河区	1.420	1.049	0.980	1.592	1.689	1.164	1.268	9.162	1
		深圳福田区	1.671	1.685	0.933	1.084	1.171	1.097	1.219	8.860	2
	新一线城市	天津滨海新区	0.799	0.913	0.800	0.852	0.946	1.530	1.074	6.915	9
		重庆渝中区	1.073	1.173	1.677	1.490	0.806	0.925	0.906	8.050	1
		西安碑林区	1.136	0.857	1.351	0.965	0.946	1.135	0.782	7.172	8
		武汉江汉区	1.085	0.992	1.092	0.976	0.954	1.308	0.988	7.396	7
		杭州下城区	1.284	1.145	1.072	1.076	1.028	1.037	0.913	7.557	4
		南京建邺区	1.110	1.132	0.983	0.980	1.110	1.582	1.037	7.933	2
		成都锦江区	1.029	0.946	1.068	1.003	0.980	1.339	1.113	7.480	6
		长沙芙蓉区	1.061	0.941	1.138	1.010	1.136	1.319	0.946	7.552	5
		沈阳沈河区	0.991	1.039	1.161	1.325	0.908	1.069	1.093	7.587	3
2018	一线城市	北京朝阳区	1.184	0.909	0.992	1.191	1.180	0.845	1.025	7.326	3
		上海浦东新区	0.780	0.876	0.880	0.867	0.925	0.876	1.686	6.891	4
		广州天河区	1.497	1.098	0.984	1.587	1.710	1.354	1.044	9.273	1
		深圳福田区	1.643	1.703	0.929	1.067	1.155	1.078	1.012	8.586	2
	新一线城市	天津滨海新区	0.871	0.933	0.812	0.865	0.941	1.216	0.911	6.550	9
		重庆渝中区	1.204	1.196	1.696	1.536	0.803	0.976	0.907	8.319	1
		西安碑林区	1.393	0.848	1.325	0.978	0.976	0.895	0.855	7.270	8
		武汉江汉区	1.107	0.993	1.034	0.974	0.959	1.315	0.937	7.319	7
		杭州下城区	1.341	1.146	1.071	1.081	1.087	1.073	0.907	7.707	4
		南京建邺区	1.190	1.161	0.990	1.010	1.136	1.602	0.956	8.044	2
		成都锦江区	1.176	0.975	1.065	0.989	1.016	1.352	0.977	7.550	5
		长沙芙蓉区	1.077	0.960	1.126	1.008	1.147	1.502	0.938	7.759	3
		沈阳沈河区	0.917	1.048	1.139	1.297	0.911	1.125	0.968	7.405	6

社会发展分指数包含教育支出占公共财政支出的比重、每百人公共图书馆藏书、每千人医疗卫生机构床位数、每千人拥有执业医师数、每万人拥有公交车辆、人均城市道路面积、人均公园绿地面积 7 个二级指标。一

线城市和新一线城市 CBD 所在城区的社会发展分指数得分差距较小。2018年，一线城市中广州天河区和深圳福田区社会发展分指数得分排名靠前，得分分别为 9.273 和 8.586；新一线城市中重庆渝中区得分最高，其次为南京建邺区。

本文认为社会发展的二级指标教育支出占公共财政支出的比重、每百人公共图书馆藏书、每千人医疗卫生机构床位数、每千人拥有执业医师数、每万人拥有公交车辆、人均城市道路面积、人均公园绿地面积在同一城市的各城区间存在较高的共享度，且由于上述指标是均值，城区数据缺失，因此使用城市数据替代。从二级指标来看：教育支出占公共财政支出的比重方面，13 个城区三年的比重基本稳定。2018 年，深圳福田区的教育支出占公共财政支出的比重最高，为 25.7%；其次是广州天河区和西安碑林区，分别为 22.9% 和 20.0%。每百人公共图书馆藏书方面，排在前 3 位的是深圳福田区、重庆渝中区、南京建邺区。每万人拥有公交车辆方面，广州天河区以 27 辆排在首位，其次是北京朝阳区和深圳福田区（见图 19）。

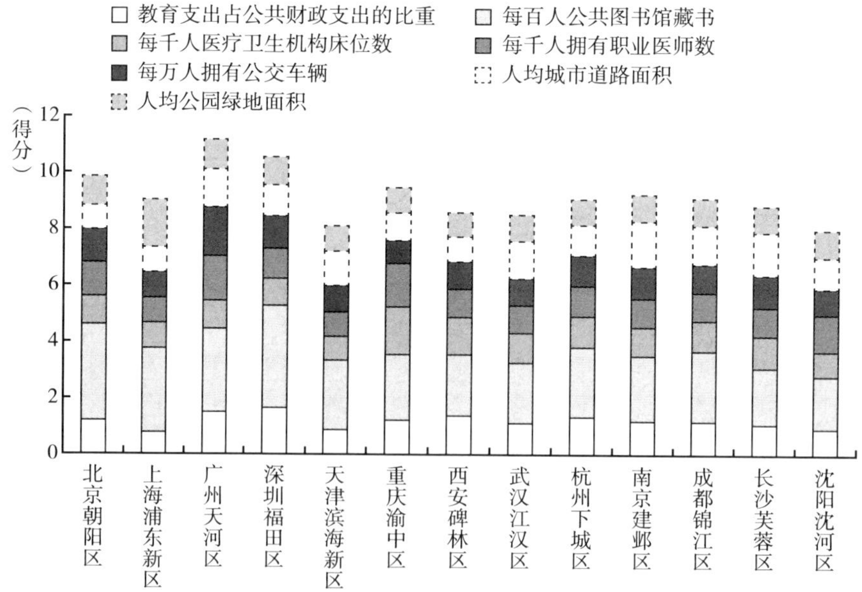

图 19　2018 年各 CBD 所在城区社会发展分指数分项构成

（六）区域辐射分指数

本文使用本书 B3 报告“中央商务区区域辐射指数分析（2020）”中的区域辐射指数合成各 CBD 所在城区的综合发展指数。具体情况不再赘述。

四　结论与政策建议

本文采用熵值法确定权重，对 13 个中央商务区所在城区 2016～2018 年的综合发展情况进行了测度。样本中央商务区包括 4 个一线城市中央商务区和 9 个新一线城市中央商务区。数据来源于 13 个城市的《统计年鉴》《中国城市统计年鉴》《国民经济和社会发展统计公报》等，通过建立综合发展指数指标体系，对样本 CBD 进行了客观测算，也便于后续的持续跟踪。结论表明：①2016～2018 年，我国城市 CBD 依然发展平稳，一线城市和新一线城市 CBD 存在显著差异。总体而言，一线城市 CBD 综合得分高于新一线城市 CBD。一线城市 CBD 综合得分上升，得益于经济发展、经济驱动、科技创新、社会发展、区域辐射分指数的共同上升。新一线城市 CBD 综合得分小幅下降，其中经济发展、经济驱动分指数呈上升趋势。②影响各 CBD 城区发展的主要因素存在差异。区域辐射对所有城区的影响都非常显著。除区域辐射外，科技创新是影响北京朝阳区、深圳福田区综合发展的重要因素，经济发展和经济驱动是对上海浦东新区贡献较大的指标，社会发展对广州天河区的发展至关重要。新一线城市中，经济发展和经济驱动在天津滨海新区的综合发展中起重要的支撑作用。③分析各分指数，2016～2018 年，经济发展分指数方面，上海浦东新区和天津滨海新区分别占据一线和新一线城市 CBD 所在城区第 1 位。在经济驱动分指数方面，一线城市 CBD 所在城区排名为上海浦东新区、北京朝阳区、深圳福田区、广州天河区；新一线城市中，天津滨海新区得分最高。在科技创新分指数方面，一线城市 CBD 所在城区得分高于新一线城市，北京朝阳区的领先地位稳固。在社会发展分指数方面，一线城市和新一线城市 CBD 所在城区得分差距较小。在区域辐射分指数方面，一线城市 CBD 所在城区明显高于除天津滨海新区外的新一线城市。参照本文的测算结果，提出以下政策建议。

（一）增强金融服务实体经济能力，提升中央商务区科技创新水平

当前，我国经济面临发展方式转型升级、结构调整优化增速换挡等压力。以创新为引领，以新技术、新产业、新业态、新模式为核心，以知识、技术、信息、数据等生产要素为支撑，可以加快新旧动能转换。中央商务区是城市高端金融产业和服务业的集聚区，因此，应深化金融体制改革，充分发挥金融服务实体经济的作用，引导金融资源配置到创新等关键领域，以实现中央商务区实体经济、科技创新、现代金融等协调发展。应充分发挥产业经济政策的灵活性，促进创新型企业发展。中央商务区是创新型企业的集聚区，但不同类型创新企业对经济政策的反应程度不同，因而除通过财政税收政策扶持企业创新外，应加强对高新技术及竞争程度弱的企业创新投资的政策引导，有针对性地降低创新成本，刺激企业创新。

（二）增强消费拉动实体经济能力，推进中央商务区综合协调发展

消费在中央商务区、城市乃至国家经济增长中具有不可替代的基础性作用，应注重以中央商务区的高消费水平和结构升级促进经济转型。只有扩大居民消费需求，提升中央商务区社会消费品零售总额，进一步发挥居民消费对经济增长的基础性作用，才能形成供给侧和需求侧更好的良性循环。因此，要充分挖掘居民消费能力，通过发放消费券、举办消费节等多种形式促进中央商务区消费能力回升。在通过多种政策与手段提升居民可支配收入后，要注重房地产政策与金融政策的相互配合，合理控制房地产价格，在保证房地产业健康稳定发展的同时，逐步降低经济增长对房地产行业的过度依赖，防止资金大量流入房地产与金融市场，从而降低居民消费水平。要通过提升居民收入，挖掘居民消费潜力，以消费促发展，以消费促进中央商务区转型升级。

（三）增强高端产业辐射外溢效应，促进中央商务区产业结构升级

高端产业尤其是高端服务业代表着现代经济高层次、高外溢性的行业，能够衡量国家、区域、城市的综合竞争力和现代化水平。CBD 区域内金融业，信息传输、软件和信息技术服务业等高端服务业高度集聚，是服务业中科技创新技术含量最高、产业附加值最高、产业集聚度、辐射能力最强的行业。CBD 区域内人才、资本、物流等要素的配置符合市场化机制运行的规律，使得各种资源的配置能力和效率较高，区域内经济发展活力、经济增长能力、经济引领和创新引领能力较强。应进一步增强中央商务区高端服务业较强的辐射外溢作用，逐步将低端服务业、产能过剩行业外移，通过高端服务业的人才、资本、技术等优势带动区域内经济增长方式转变、产业结构升级，提升中央商务区经济发展的竞争力。

参考文献

［1］白龙：《创新发展，为全球经济增长添动能（评论员观察）——写在习近平主席“达沃斯演讲”三周年之际②》，《人民日报》2020 年 1 月 16 日。

［2］崔广亮、高铁梅：《房地产投资、居民消费与城市经济增长》，《系统工程理论与实践》2020 年第 7 期。

［3］郭亮、单菁菁主编《中国商务中心区发展报告 No. 5（2019）：营造 CBD 国际一流营商环境》，社会科学文献出版社，2019。

［4］蒋三庚、张杰等：《中央商务区产业发展报告（2019）：以高水平开放推动区域发展》，社会科学文献出版社，2019。

［5］蒋三庚等：《北京商务中心区（CBD）发展指数研究》，首都经济贸易大学出版社，2016。

［6］李凯：《城市创新，南京“四张图谱”开新局》，《新华日报》2020 年 6 月 23 日。

［7］罗旭、邓晖、陈慧娟：《科技兴则国家兴　创新强则民族强》，《光明日报》2020 年 5 月 24 日。

［8］王明峰：《创新推动成都转型发展》，《人民日报》2020 年 4 月 2 日。

［9］郑晋鸣：《校地融合激发创新活力》，《光明日报》2020 年 6 月 22 日。

B.3
中央商务区区域辐射指数分析（2020）

李晓艳　逄金玉*

摘　要：　中央商务区的辐射带动作用能促进城市的发展。本报告选定13个城市CBD所在城区作为研究对象，通过构建科学合理的指标体系CBD区域辐射指数，包括辐射能力、辐射行动和辐射绩效在内的三方面进行分析与评价。研究表明：2016～2018年，13个城市CBD所在城区区域辐射指数发展不平衡，一线城市CBD所在城区的区域辐射指数明显高于新一线城市；同时也显示广州天河区、深圳福田区、武汉江汉区和南京建邺区保持了高质量发展水平，辐射综合指数连续三年稳定增长。本报告结合CBD创新开放推动区域发展的要求和报告测算的结果提出坚持CBD创新驱动发展、坚持开放共享绿色的发展战略、强化CBD区域创新引领作用等，提高CBD综合发展水平，为CBD发展注入新活力，提高CBD辐射能力和水平。

关键词：　中央商务区　区域辐射指数　区域辐射能力　区域创新发展

中央商务区（CBD）是一个城市功能主要的承载区，是城市化发展水平最高、集聚辐射能力最强、国际影响力最大的平台之一。继续推动CBD

---

* 李晓艳，博士，国家卫健委科学技术研究所，CBD发展研究基地特聘研究员，主要研究领域为产业经济学、金融理论与政策；逄金玉，博士，北京邮电大学经济管理学院副教授，主要研究领域为金融学、宏观经济。

高水平开放、高质量发展是促进我国区域经济发展的重要任务之一。目前，中国各CBD主要集中在一线城市和新一线城市，各CBD之间存在发展水平不平衡、发展层次有差距等一系列突出问题。为充分发挥CBD发展对地区经济的辐射带动作用，本报告根据2018年“中国城市商业魅力排行榜”数据，选定一线城市（北京、上海、广州、深圳）、新一线城市（天津、成都、武汉、杭州、重庆、南京、西安、长沙、沈阳）13个城市CBD所在城区作为研究对象，通过构建科学合理的指标体系对CBD区域辐射指数（包括辐射能力、辐射行动和辐射绩效）进行分析与评价。

一　指标构建与评价方法

（一）指标构建原则

本报告借鉴综合发展指数的编制思想，从辐射能力、辐射行动和辐射绩效三个方面分析CBD发展对外围区域的辐射影响状况。在指标体系建立和指标选取过程中遵循以下原则。

（1）科学性。指标体系要充分发挥导向、引领作用，CBD区域辐射指数是建立在科学的基础上的，优先选取科学依据充分、指标概念明确、经过实践检验的重要指标，客观和真实地反映CBD对周边地区的辐射与影响。

（2）系统性。CBD区域辐射指数体系要层次清晰，要能够全面系统地反映CBD对区域经济发展的辐射和影响。

（3）可操作性。指标体系中的指标选择具有代表性，同时兼顾统计数据的可获得性，使指标可采集、可量化、可对比，便于日后持续跟踪和分析，以增强指标体系的政策导向与实践意义。

（4）动态性和开放性。CBD的辐射能力和水平反映了CBD的发展水平，CBD区域辐射指标体系在建立的过程中，应保持指标体系的动态性和开放性，根据CBD发展的新情况、新特征，及时对指标体系进行补充、完善和修订。

（二）指标选择和指标体系

本文基于数据的可得性和可操作性，根据熵值法指数计算的基本原则，在《中央商务区产业发展报告（2019）：以高水平开放推动区域发展》中B3报告的基础上重新修订了CBD区域辐射指数指标体系，包括辐射能力、辐射行动和辐射绩效三个维度12个指标的指标体系；对辐射行动分指数二级指标进行补充和完善，增加了金融机构辐射行动指标，用金融机构本外币存款余额和金融机构本外币贷款余额来表示；在此基础上，对13个CBD的区域辐射指数进行测度和分析，具体指标见表1。本报告的数据主要来自2016~2018年各CBD所在城区、市级《统计年鉴》《国民经济和社会发展统计公报》等权威部门的统计数据，以及量子数聚（北京）科技有限公司的相关数据。

表1　CBD区域辐射指数指标体系

一级指标	二级指标	指标解释及数据来源
辐射能力分指数	总体经济能力	CBD所在城区GDP总量(亿元)
	政府行为能力	地方一般预算收入(亿元)
	区域创新能力	每万人专利授权量(件)
	区域联通能力	CBD所在城区城市道路总长度(公里)
辐射行动分指数	政府辐射行动	政府实际利用外资金额/GDP
	企业辐射行动	企业跨地区股权投资总额(亿元)[本指标数据来源于量子数聚(北京)科技有限公司大数据]
	金融机构辐射行动	金融机构本外币存款余额(亿元)
		金融机构本外币贷款余额(亿元)
	居民辐射行动	城镇单位在岗职工平均工资(元)
辐射绩效分指数	经济绩效	人均GDP(元)
	社会绩效	每千人医疗卫生机构床位数(张),用常住人口计算
	环境绩效	建成区绿化覆盖率(%)

1. 辐射能力分指数

（1）总体经济能力。地区生产总值被公认为衡量地区经济发展水平的最佳指标，本报告用 CBD 所在城区 GDP 总量来代表此地区的经济发展总量和规模。GDP 总量越高，表明这个地区经济发展水平越高，其对区域内及周边的经济辐射能力也越大。

（2）政府行为能力。财政收入是衡量一个地区政府财力的重要指标，也是政府在社会经济活动中实施公共政策、提供公共物品与服务的基础。本文采用地方一般预算收入来代表政府行为能力。财政收入水平越高，表明政府行为能力越强。

（3）区域创新能力。专利特别是发明专利体现了一个地区的科技创新能力，具有很强的导向性。本报告采用每万人专利授权量这个指标衡量区域创新能力，它体现了经济主体对自主知识产权和自主创新的投入程度。

（4）区域联通能力。联通能力主要反映 CBD 所在城市与周边城市之间生产要素的流通能力、配置与整合能力，一定程度上反映了 CBD 辐射的范围和强度。本报告选取 CBD 所在城区城市道路总长度作为衡量指标，衡量 CBD 的交通便利程度和城市之间的联通能力。

2. 辐射行动分指数

（1）政府辐射行动。十九大报告中明确指出了中国要着力发展更高层次的开放型经济。开放是区域协同发展的前提，政府的开放程度越高，吸引外资的数量就越多，城市才越能走上创新驱动、高质量的发展之路。本报告采用 CBD 政府实际利用外资金额/GDP 来衡量政府开放程度，以此表示政府辐射行动。

（2）企业辐射行动。本报告中企业辐射活动采用 CBD 所在城区的企业跨地区股权投资总额这个指标来表示。

（3）金融机构辐射行动。本报告中金融机构辐射行动采用金融机构本外币存款余额、金融机构本外币贷款余额两个指标来表示。由于新一线城市 CBD 所在的区级金融机构本外币存贷款数据不可得，本报告以 CBD 所在市的市级数据来表示金融机构的辐射行动。

（4）居民辐射行动。本文选取了 CBD 所在城区城镇单位在岗职工平均工资为指标，切实反映居民收入的高低程度。

3. 辐射绩效分指数

该指数选取经济绩效、社会绩效和环境绩效作为二级指标来衡量 CBD 辐射绩效的状况。三个二级指标分别以人均 GDP、每千人医疗卫生机构床位数和建成区绿化覆盖率来表示。通常来说，人均 GDP、每千人医疗卫生机构床位数和建成区绿化覆盖率越高，辐射绩效分指数就越大。

二　测度结果与综合分析

（一）区域辐射指数

根据熵值法的计算原理，分别测算出 2016 ~ 2018 年 13 个 CBD 所在城区区域辐射指数，详见表 2 和图 1。

表 2　2016 ~ 2018 年 13 个 CBD 所在城区区域辐射指数

单位：得分

城市分类	CBD 所在城区	2016 年	2017 年	2018 年
一线城市	北京朝阳区	17. 4817	17. 2208	17. 4042
	上海浦东新区	16. 5375	16. 4293	16. 3035
	广州天河区	15. 3041	15. 9232	16. 1109
	深圳福田区	16. 1610	16. 5894	16. 8480
新一线城市	天津滨海新区	15. 6377	15. 2623	14. 9076
	成都锦江区	15. 1599	15. 2693	15. 2397
	杭州下城区	14. 5914	14. 4545	14. 5641
	武汉江汉区	13. 5600	13. 5928	13. 6583
	重庆渝中区	14. 8461	14. 7170	14. 7156
	南京建邺区	14. 3560	14. 4228	14. 4455
	西安碑林区	14. 3621	13. 9066	13. 5891
	长沙芙蓉区	13. 8568	14. 3529	14. 3143
	沈阳沈河区	13. 1456	12. 8591	12. 8993

注：个别数据差异是四舍五入导致的，忽略不计。

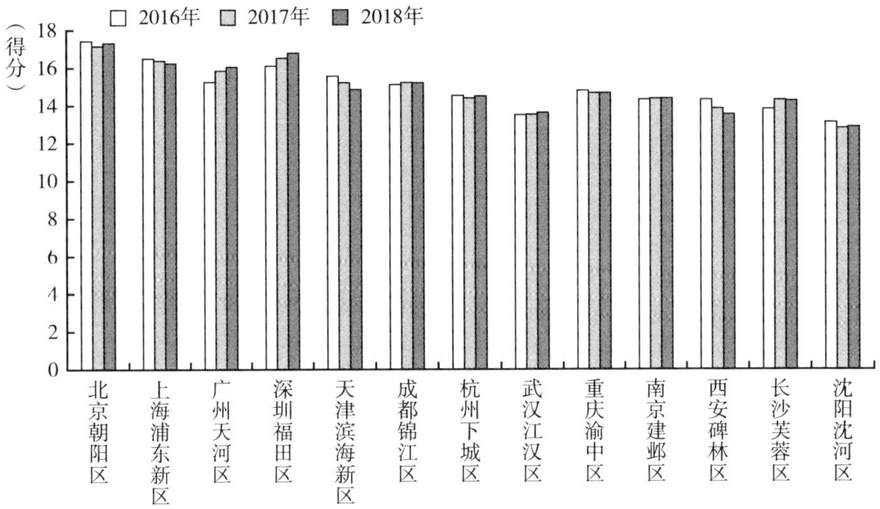

图1　2016～2018年13个CBD所在城区区域辐射指数

首先，从2016～2018年13个CBD所在城区的区域辐射指数来看（见图1），一线城市的总体得分明显高于新一线城市，这表明一线城市和新一线城市的CBD发展还不均衡，区域辐射效应地域性差距较大。一线城市中，北京朝阳区区域辐射指数连续三年得分最高，新一线城市中天津滨海新区2017年的区域辐射指数得分最高，成都锦江区2017年和2018年连续两年区域辐射指数得分最高。从区域辐射指数的变化情况来看，广州天河区、深圳福田区、武汉江汉区和南京建邺区区域辐射指数得分连续三年稳定提高，而上海浦东新区、天津滨海新区和西安碑林区由于各种原因区域辐射指数得分连续三年有小幅下降，其他城区区域辐射指数得分变化不规律。

其次，从2018年区域辐射指数来看（见图2），区域辐射指数得分较高的城区主要来自一线城市，分别是北京朝阳区（17.4042）、深圳福田区（16.8480）、上海浦东新区（16.3035）、广州天河区（16.1109），一线城市CBD所在城区的综合竞争优势仍然十分明显。新一线城市中成都锦江区和天津滨海新区的辐射综合实力相对比较突出，两个城市的区域辐射指数得分分别是15.2397和14.9076，其他新一线城市相对均衡，但沈阳沈河区的区域辐射指数得分与其他12个CBD所在城区差距较大，CBD发挥其对周边地区的带动和辐射作用有待进一步提升。

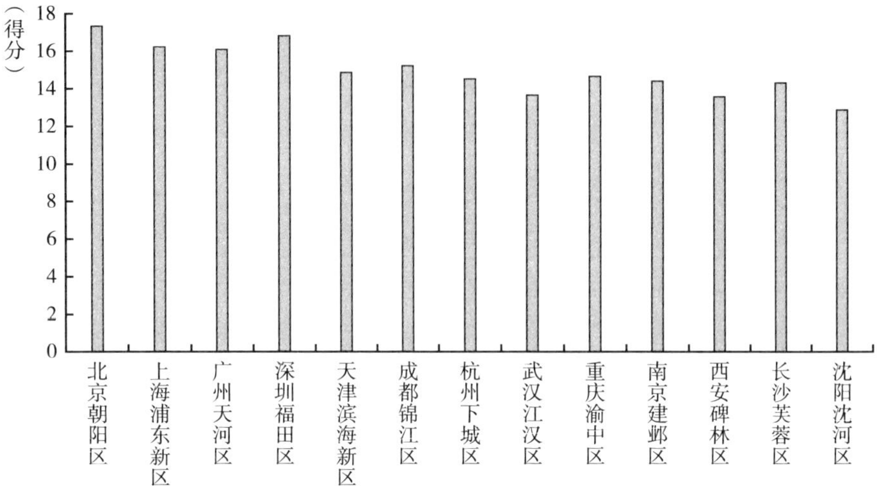

图2　2018年13个CBD所在城区区域辐射指数

（二）辐射能力分指数

2016～2018年13个CBD所在城区辐射能力分指数见表3。

表3　2016～2018年13个CBD所在城区辐射能力分指数

单位：得分

城市分类	CBD所在城区	辐射能力分指数		
		2016年	2017年	2018年
一线城市	北京朝阳区	5.4298	5.4630	5.3878
	上海浦东新区	5.8602	5.9712	5.9788
	广州天河区	4.9582	5.0406	5.2911
	深圳福田区	5.2950	5.5235	5.5455
新一线城市	天津滨海新区	5.6439	5.3908	5.2130
	成都锦江区	5.1615	5.1761	5.2359
	杭州下城区	5.2533	5.2149	5.1497
	武汉江汉区	4.4590	4.4916	4.4896
	重庆渝中区	4.4085	4.4109	4.4282
	南京建邺区	4.8188	4.8422	4.8223
	西安碑林区	5.0137	4.7015	4.7140
	长沙芙蓉区	4.2347	4.2555	4.2206
	沈阳沈河区	4.4634	4.5181	4.5235

首先，从 13 个 CBD 的辐射能力分指数来看（见图 3），2016 ~ 2018 年，一线城市中上海浦东新区的辐射能力分指数最高，连续三年位居第一。新一线城市中，天津滨海新区、成都锦江区和杭州下城区三个城区的辐射能力分指数连续三年都位于前列。从指数增长率来看，上海浦东新区、广州天河区、深圳福田区、成都锦江区、重庆渝中区和沈阳沈河区六个城区的辐射能力分指数连续三年增长。天津滨海新区和杭州下城区两个城区的辐射能力分指数三年内连续下降，其中天津滨海新区 CBD 辐射指数下降与 2018 年天津滨海新区调整了 2016 年和 2017 年的 GDP 数据有一定关系。2018 年 1 月 11 日，天津滨海新区政府主动调整，2016 年的 GDP 总量从超万亿元调整为 6654 亿元。其他 CBD 所在城区的辐射能力分指数变化不规律。

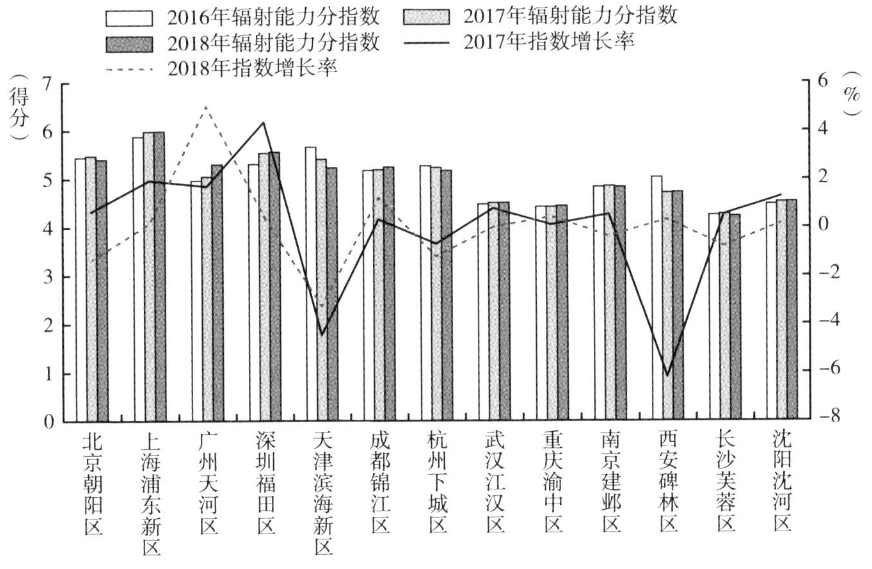

图 3　2016 ~ 2018 年 13 个 CBD 所在城区辐射能力分指数

从 2018 年 13 个 CBD 所在城区辐射能力分指数来看（见图 4），一线城市 CBD 所在城区的指数排名靠前，其中上海浦东新区 CBD 的辐射能力分指数最高，为 5.9788，第二名为深圳福田区 CBD，其指数是 5.5455，北京朝阳区 CBD 的辐射指数为 5.3878，位居第三。新一线城市中成都锦江区的辐射能力分指数最高，达到 5.2359，天津滨海新区的辐射能力分指数得分为 5.2130，位居第二，杭州下城区的辐射能力分指数得分为 5.1497，位居第三。其他区域的辐射指数与一线城市、新一线城市有差距，成长空间都很大，需要不断提升自身的经济实力才能提升城市之间的竞争力。

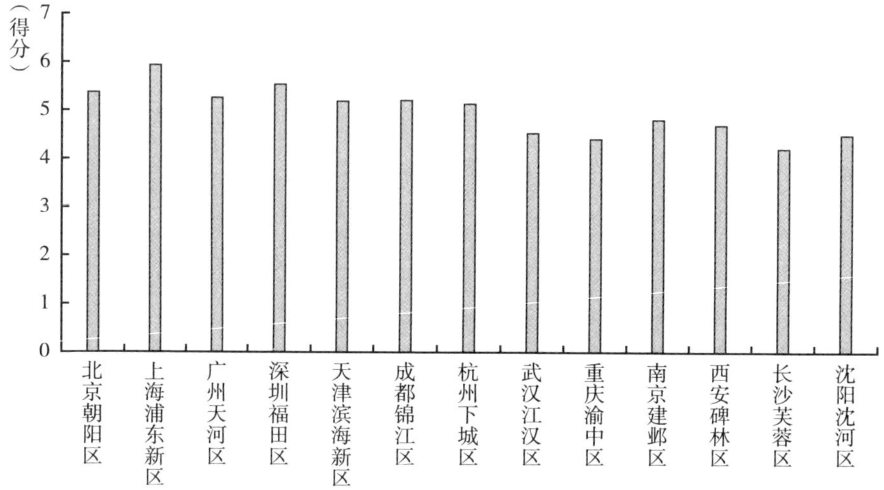

图 4　2018 年 13 个 CBD 所在城区辐射能力分指数

其次，从辐射能力分指数的二级指标分项权重来看（见图 5），2016 ~ 2018 年连续三年 13 个 CBD 所在城区的总体经济能力、政府行为能力、区域创新能力和区域联通能力的权重基本都在 0.24 以上。总体来看，区域辐射能力的指标发展相对平稳。其中区域创新能力和区域联通能力的指标权重高于总体经济能力和政府行为能力，这表明这两项指标对辐射能力分指数的影响较大，与当前各级政府积极鼓励和提倡大众创业、万众创新，积极改善各地的营商环境有很大关系。同时也可以看出，辐射能力分指数中，政府行为能力指标的权重整体较低。

最后，13 个 CBD 所在城区辐射能力分指数二级指标的具体情况如下。

1. 总体经济能力

2016 ~ 2018 年 13 个城区的 GDP 总量（见 B2 报告图 6）都是逐年增加。其中，一线城市 GDP 总量都在 4000 亿元以上，明显高于除天津滨海新区之

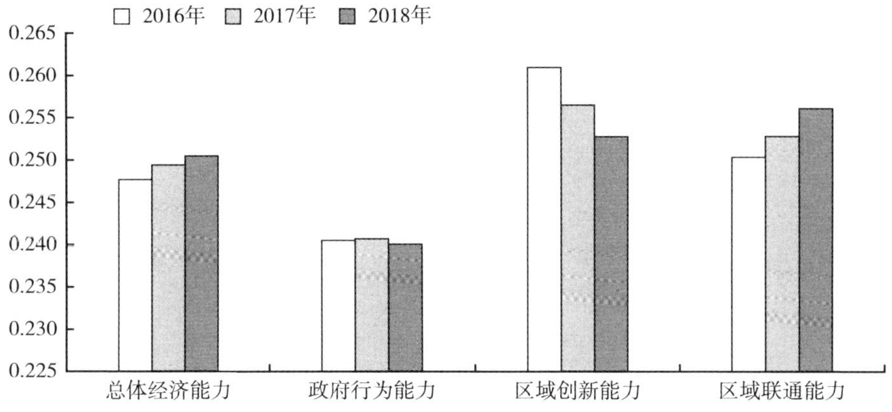

图 5　2016～2018 年 13 个 CBD 所在城区辐射能力分指数二级指标分项权重

外的新一线城市，新一线城市 CBD 所在城区之间的 GDP 总量差距较小（天津滨海新区除外），可以看出一线城市 CBD 所在城区与新一线城市 CBD 所在城区存在经济总量发展不平衡的现象。另外，一线城市 2018 年 GDP 增长率明显低于 2017 年 GDP 增长率。新一线城市除天津滨海新区、长沙芙蓉区和西安碑林区 2018 年 GDP 增长率较 2017 年有所下滑外，其他新一线城市 CBD 所在城区 2018 年 GDP 增长率都较 2017 年有所增加。

2. 政府行为能力

从地方一般预算收入的总量来看，2016～2018 年，北京朝阳区、上海浦东新区和天津滨海新区的地方一般预算收入总量较高，均超过 400 亿元，可以看出三个地区区域经济发展潜力大，税源基础稳固，税收收入相对稳定。

从地方一般预算收入总量（见 B2 报告图 8）的变化来看，2016～2018 年 13 个 CBD 所在城区地方一般预算收入变化可以分为两类：第一类是逐年增加的城区，如北京朝阳区、上海浦东新区、广州天河区、深圳福田区、成都锦江区、杭州下城区、武汉江汉区和南京建邺区，财政收入的增长得益于各地政府供给侧结构改革深入推进、创新驱动发展战略的实施、科技和实体经济的支撑作用不断增强。第二类是逐年减少的城区：天津滨海新区、重庆渝中区、长沙芙蓉区和沈阳沈河区。天津滨海新区的地方一般预算收入在 2017 年出现下滑的现象，这与天津滨海新区政府调整了 GDP 总量有关。西安碑林区 2017 年的地方一般预算收入总量比 2016 年有所减少，但 2018 年比 2017 年又有所增加。

3. 区域创新能力

2016~2018 年 13 个 CBD 所在城区区域创新水平（见图 6）如下。一线城市每万人专利授权量连续三年增加，总量增长比较平稳，2017 年和 2018 年的指数增长率也逐年提高。部分新一线城市的创新能力在逐渐增强，其中杭州下城区、武汉江汉区、南京建邺区、长沙芙蓉区和沈阳沈河区的每万人专利授权量总量连续三年增加。成都锦江区、重庆渝中区和西安碑林区的每万人专利授权量的增长率波动大，这三个地区 2017 年的指数增长率均为负值，2018 年指数增长为正值，表明这些地区的区域创新能力发展不稳定。

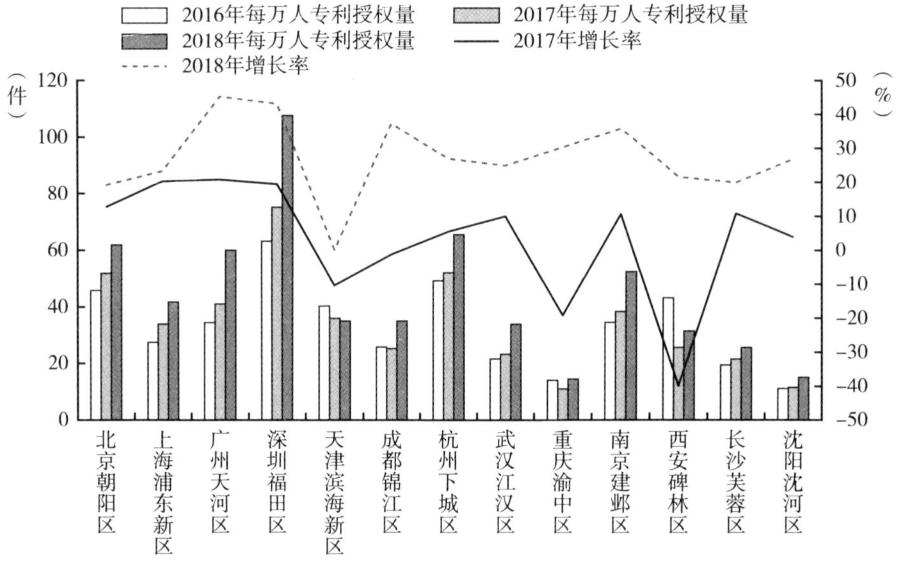

图 6　2016~2018 年 13 个 CBD 所在城区区域创新水平

4. 区域联通能力

本报告选取 CBD 所在城区的城市道路总长度作为衡量指标，衡量 CBD 的交通便利程度和城市之间的联通能力。2016~2018 年 13 个 CBD 所在城区的区域联通能力情况见图 7。首先，一线城市的区域联通能力总体较强，城市道路总长度较高。其中上海浦东新区的城市道路总长度连续三年比其他三个一线城市高，广州天河区的城市道路总长度连续三年增加，2018 年比上年急剧增长了 79.14%。新一线城市的区域联通能力也逐渐增强，城市道路总长度都相对较大，城市之间交通便利程度也在提高，其中成都锦江区、天津滨海新区和杭州下城区的城市道路总长度较大且位于前列，除南京建邺区、天津滨海新区和长沙芙蓉区外，其他几个新一线城市的城市道路总长度连续三年增加。

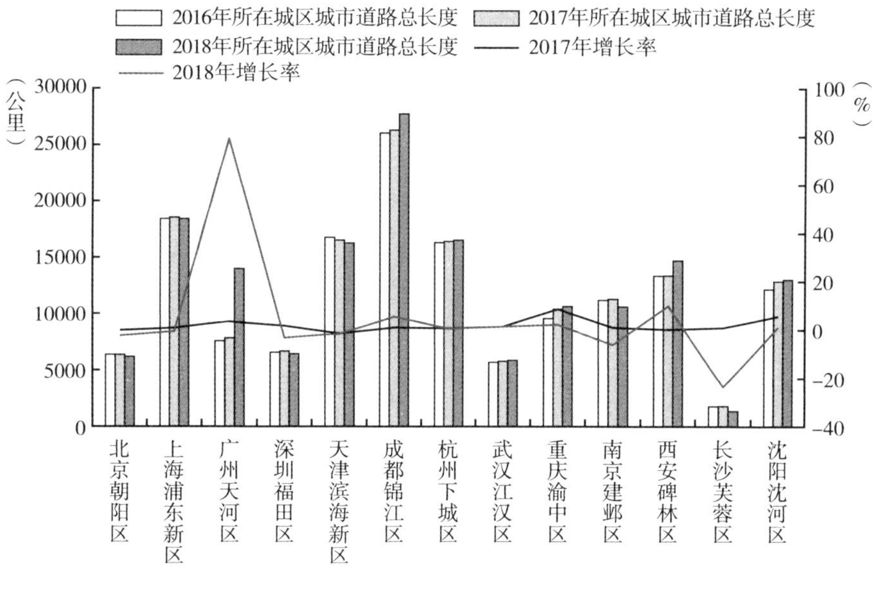

图 7　2016～2018 年 13 个 CBD 所在城区区域联通能力

（三）辐射行动分指数

2016～2018 年 13 个 CBD 所在城区辐射行动分指数见表 4。

首先，从辐射行动分指数得分来看，2016～2018 年，一线城市中，北京朝阳区和上海浦东新区的辐射行动分指数得分一直位居前列。新一线城市中，天津滨海新区的辐射行动比较强劲，其辐射行动分指数 2016 年、2017 年位居第一，2018 年辐射行动分指数虽居第二位，但与第一位成都锦江区差距不大。从 2018 年 13 个 CBD 所在城区的辐射行动分指数得分来看，四个

表4　2016～2018年13个CBD所在城区辐射行动分指数

单位：得分

城市分类	CBD所在城区	辐射行动分指数		
		2016年	2017年	2018年
一线城市	北京朝阳区	6.7920	6.4578	6.7067
	上海浦东新区	6.6189	6.2570	6.1513
	广州天河区	4.9667	5.4001	5.0918
	深圳福田区	5.3019	5.6254	5.7547
新一线城市	天津滨海新区	5.4546	5.3739	5.0058
	成都锦江区	4.9515	5.0090	5.0415
	杭州下城区	4.5218	4.5213	4.6335
	武汉江汉区	4.4456	4.4338	4.5340
	重庆渝中区	4.7048	4.6239	4.6056
	南京建邺区	4.6078	4.6463	4.7165
	西安碑林区	4.1968	4.2086	4.1916
	长沙芙蓉区	4.4446	4.4556	4.5097
	沈阳沈河区	3.9930	3.9874	4.0572

一线城市CBD所在城区的辐射行动分指数得分（见图8）明显高于新一线城市CBD所在城区，其中北京朝阳区CBD所在城区的辐射行动分指数得分最高，为6.7067，第二名为上海浦东新区（6.1513），第三名是深圳福田区（5.7547）。在新一线城市中，成都锦江区和天津滨海新区的辐射行动分指数得分比较突出，分别为5.0415、5.0058。其他CBD所在城区的辐射行动分指数得分都在5以下，与上述提及地区的指数存在一定的差距。

其次，从辐射行动分指数（见图9）的变动情况来看，深圳福田区、成都锦江区、南京建邺区和长沙芙蓉区的辐射行动分指数得分连续三年提高。深圳福田区辐射行动分指数得分2017年和2018的增长率分别为6.1%和2.3%，成都锦江区区辐射行动分指数得分2017年和2018的增长率分别为1.16%和0.65%，南京建邺区辐射行动分指数得分2017年和2018的增长率分别为0.84%和1.51%，长沙芙蓉区辐射行动分指数得分2017年和2018的增长率分别为0.25%和1.21%。上海浦东新区、天津滨海新区和重庆渝中区辐射行动分指数得分连续三年下降。上海浦东新区的辐射行动分指数得

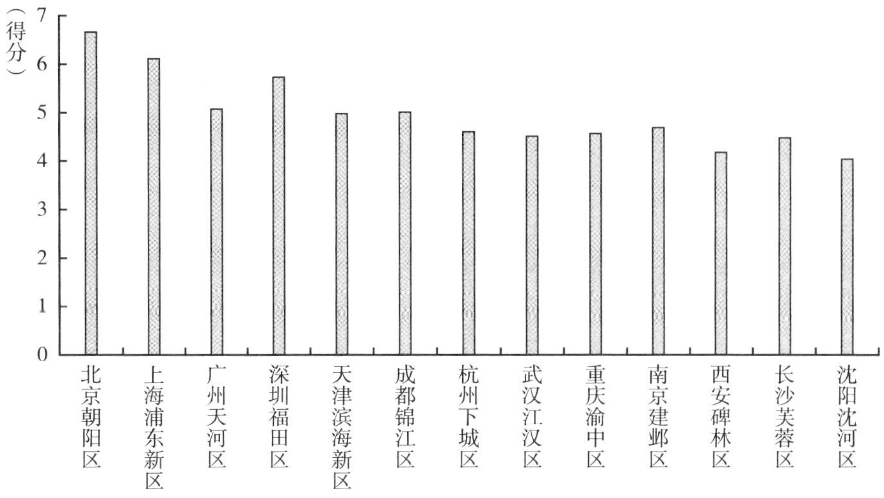

图 8 2018 年 13 个 CBD 所在城区辐射行动分指数

分 2017 年和 2018 的增长率分别为 -5.47% 和 -1.69%，天津滨海新区分别为 -1.48% 和 -6.85%，重庆渝中区分别为 -1.72% 和 -0.40%。其他城区的辐射行动分指数得分变化不稳定。

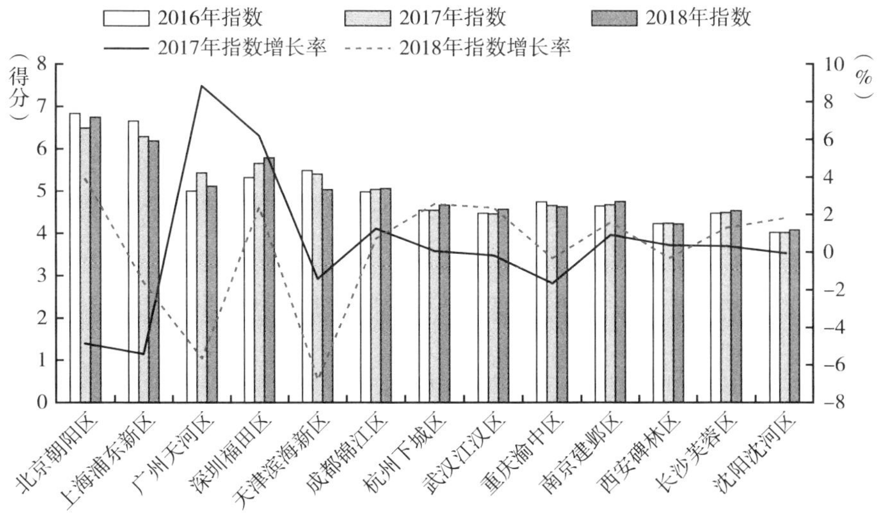

图 9 2016～2018 年 13 个 CBD 所在城区辐射行动分指数

最后，13 个 CBD 所在城区辐射行动分指数二级指标的具体情况如下。

1. 政府辐射行动分析

政府的辐射行动用政府开放程度来衡量，各 CBD 所在城区实际利用外资金额与 GDP 的比值反映了该地区政府的开放程度。由图 10 可以看出，2016～2018 年各 CBD 政府开放程度差别较大，其中一线城市中北京朝阳区和上海浦东新区的政府开放程度较高，新一线城市中成都锦江的政府开放程度连续三年总体水平位居 13 个 CBD 所在城区之首，充分显示了成都锦江区政府在贯彻国家财税支持政策，激发投资活力，积极推动外商投资管理体制改革，构筑法治化、国际化、便利化、自由化的营商环境方面做出了大量工作，促进了外商投资的稳步增长。

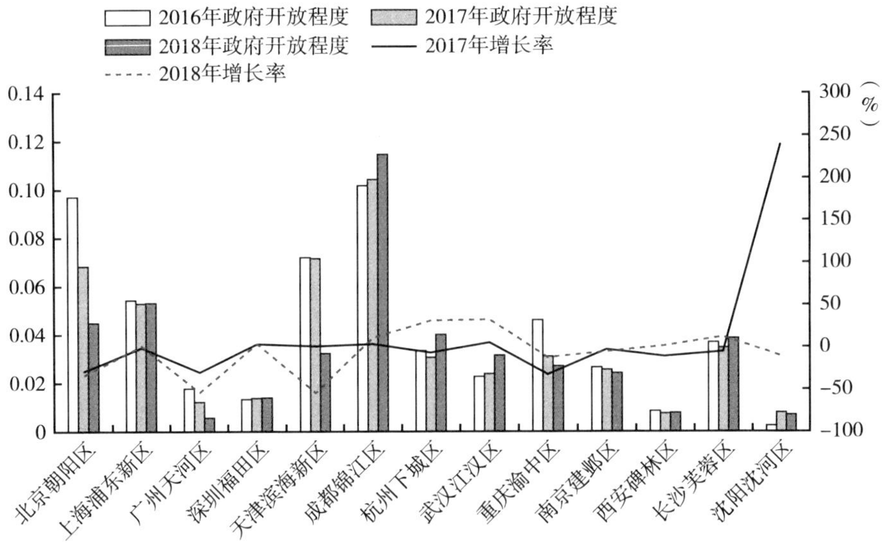

图 10　2016～2018 年 13 个 CBD 所在城区政府开放程度

2. 居民辐射行动分析

从居民辐射行动来看，2016～2018 年除上海浦东新区和天津滨海新区外，11 个 CBD 所在城区城镇单位在岗职工平均工资（见图 11 和表 5）都有不同程度的上涨，这与各地政府通过各项减税措施增加城镇职工工资收入有关，同时也反映出 CBD 的发展吸引集聚了大量人才，为当地经济发展做出了突出的贡献。

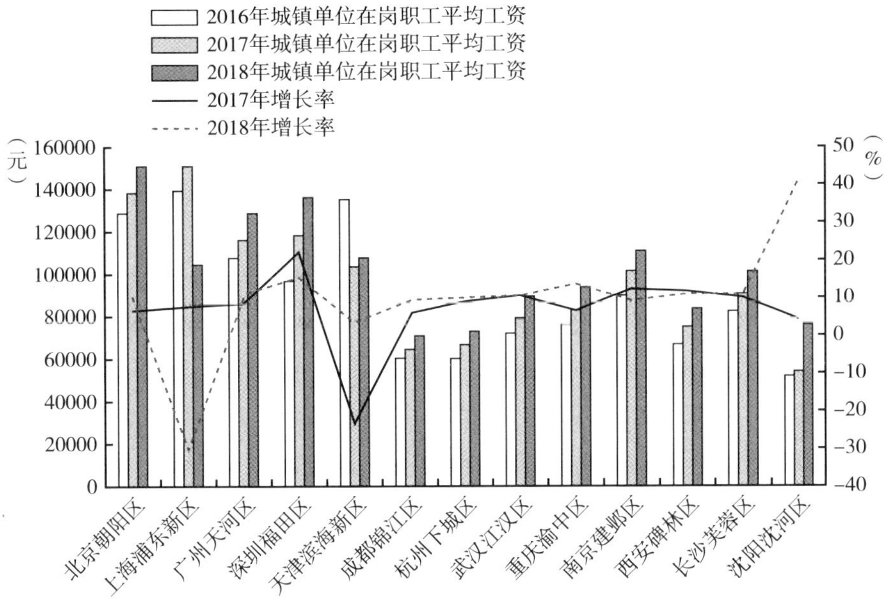

图 11　2016～2018 年 13 个 CBD 所在城区城镇单位在岗职工平均工资

表 5　2016～2018 年 13 个 CBD 所在城区城镇单位在岗职工平均工资情况

单位：元，%

城市分类	CBD 所在城区	2016 年	2017 年	2018 年	2017 年增长率	2018 年增长率
一线城市	北京朝阳区	129536	138128	151037	6.63	9.35
	上海浦东新区	140014	150799	105176	7.70	-30.25
	广州天河区	107750	116817	129217	8.41	10.61
	深圳福田区	97183	118335	136521	21.77	15.37
新一线城市	天津滨海新区	135809	104178	107870	-23.29	3.54
	成都锦江区	61330	65098	71300	6.14	9.53
	杭州下城区	61174	67047	73678	9.60	9.89
	武汉江汉区	71963	79684	88449[1]	10.73	11.00
	重庆渝中区	76880	82099	93218	6.79	13.54
	南京建邺区	90191	101503	111071	12.54	9.43
	西安碑林区	67205	75262	83821	11.99	11.37
	长沙芙蓉区	83138	91522	101488	10.08	10.89
	沈阳沈河区	51931	54490	76599	4.93	40.57

注：2018 年武汉市城镇在岗职工平均工资数据是根据前三年的数据增长速度估算出来的。

3. 企业辐射行动分析

企业辐射行动主要通过 CBD 所在城区跨地区股权投资和对内吸收资金的状况体现，资金的流向反映了 CBD 对周边城市的辐射带动状况，具体分析如下。

（1）跨地区股权投资分析

首先，2016 ~ 2018 年跨地区股权投资总额。2016 ~ 2018 年 13 个 CBD 所在城区跨地区股权投资的特点是总量规模不均衡，总量增减变化较大。

在总量规模上，一线城市 CBD 所在城区跨地区股权投资总额较高，北京朝阳区、上海浦东新区、广州天河区、深圳福田区的跨地区股权投资总额都超过 1000 亿元。新一线城市 CBD 所在城区跨地区股权投资总额与一线城市 CBD 所在城区差距较大，新一线城市中除天津滨海新区可以与一线城市媲美外，其他新一线城市远远低于一线城市。

在总量增减变化上，由图 12、图 13 可以看出，2016 ~ 2018 年杭州下城区和西安碑林区 CBD 所在城区企业跨地区股权投资总额连续三年稳定增长，这充分显示了两个 CBD 所在城区的企业自身实力逐渐增强，跨地区股权投资与经济往来活跃。上海浦东新区、武汉江汉区和重庆渝中区跨地区股权投资总额连续三年呈下降趋势。其他城区的跨地区股权投资总量变化不稳定，可以看出各地要保持跨地区股权投资规模稳定增长，既要注重跨地区股权投资的结构优化，又要注重跨地区股权投资的高质量发展，才能改变单纯靠规模扩张的跨地区股权投资模式。

其次，2018 年 13 个 CBD 所在城区跨地区股权投资的具体行业分析。由表 6 可知，2018 年四个一线城市 CBD 所在城区跨地区股权投资的龙头行业都是租赁和商务服务业，其中深圳福田区跨地区股权投资金额是 2528.23 亿元，位居榜首。在新一线城市中，天津滨海新区和武汉江汉区跨地区股权投资的龙头行业是金融业，成都锦江区、杭州下城区、南京建邺区和沈阳沈河区跨地区股权投资龙头行业是租赁和商务服务业，重庆渝中区跨地区股权投资龙头行业是批发和零售业，西安碑林区跨地区股权投资龙头行业是建筑业，长沙芙蓉区跨地区股权投资龙头行业是房地产业。

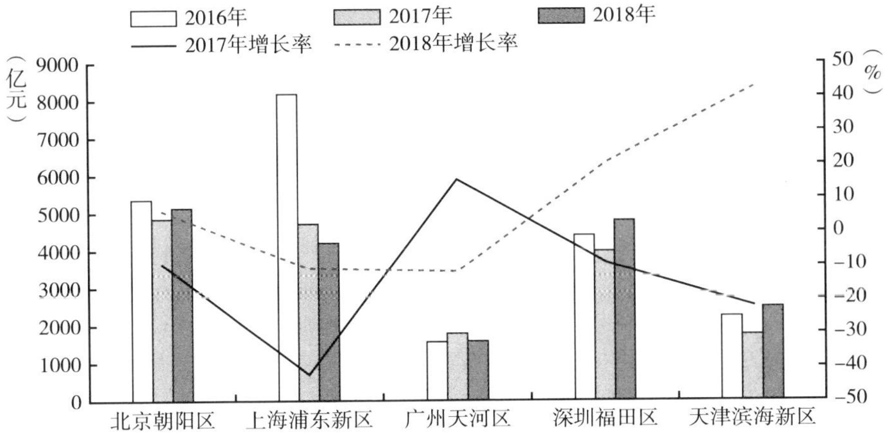

图 12　2016～2018 年各 CBD 企业跨地区股权投资总额（超千亿元的城区）及增长率

资料来源：量子数聚（北京）科技有限公司。

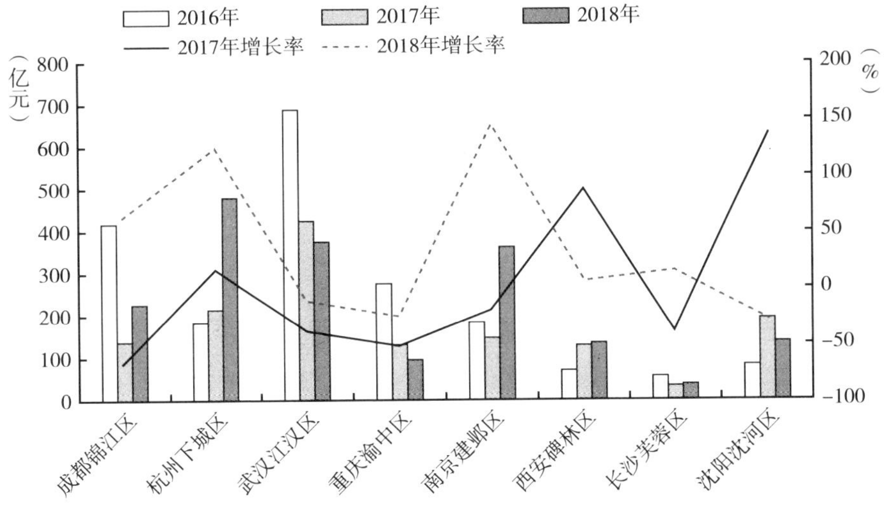

图 13　2016～2018 年各 CBD 企业跨地区股权投资总额（低于千亿元的城区）及增长率

资料来源：量子数聚（北京）科技有限公司。

表6 2018～2019年13个CBD所在城区吸收资金和跨地区股权投资的龙头行业

单位：亿元

CBD所在城区	2018年				2019年			
	吸收资金龙头行业	金额	跨地区股权投资龙头行业	金额	吸收资金龙头行业	金额	跨地区股权投资的龙头行业	金额
北京朝阳区	科学研究和技术服务业	1242.44	租赁和商务服务业	2133.37	制造业	3275.44	租赁和商务服务业	1643.51
上海浦东新区	租赁和商务服务业	1206.36	租赁和商务服务业	2378.52	制造业	2075.40	租赁和商务服务业	2033.30
广州天河区	租赁和商务服务业	926.66	租赁和商务服务业	366.94	金融业	1080.51	房地产业	588.67
深圳福田区	金融业	1557.52	租赁和商务服务业	2528.23	租赁和商务服务业	946.83	金融业	939.47
天津滨海新区	金融业	2625.37	金融业	647.99	科学研究和技术服务业	770.40	租赁和商务服务业	445.95
成都锦江区	建筑业	415.73	租赁和商务服务业	73.55	建筑业	348.26	租赁和商务服务业	193.59
杭州下城区	租赁和商务服务业	187.5	租赁和商务服务业	316.72	信息传输、软件和信息技术服务业	148.85	租赁和商务服务业	354.49
武汉江汉区	金融业	185.11	金融业	191.59	房地产业	58.16	金融业	126.14
重庆渝中区	金融业	271.78	批发和零售业	25.78	批发和零售业	192.21	租赁和商务服务业	50.76
南京建邺区	金融业	142.34	租赁和商务服务业	113.73	租赁和商务服务业	212.66	金融业	166.62
西安碑林区	建筑业	208.57	建筑业	51.97	建筑业	186.99	建筑业	21.58
长沙芙蓉区	金融业	112.1	房地产业	10.66	房地产业	164.52	农、林、牧、渔业	27.76
沈阳沈河区	金融业	94.07	租赁和商务服务业	51.01	科学研究和技术服务业	32.32	租赁和商务服务业	78.65

最后，从表6中可以看出，2019年13个CBD所在城区跨地区股权投资状况较2018年有了较大变化。四个一线城市中，北京朝阳区和上海浦东新区的跨地区股权投资龙头行业仍然是租赁和商务服务业，广州天河区和深圳福田区的跨地区股权投资龙头产业由2018年的租赁和商务服务业变为房地

产业和金融业。新一线城市中除了天津滨海新区、重庆渝中区、南京建邺区和长沙芙蓉区跨地区股权投资龙头行业发生变化外，其他几个 CBD 所在城区的跨地区股权投资龙头行业与 2018 年保持一致。其中天津滨海新区跨地区股权投资龙头行业由 2018 年的金融业变为租赁和商务服务业（2019 年），重庆渝中区由 2018 年的批发和零售业变为租赁和商务服务业（2019 年），南京建邺区由 2018 年的租赁和商务服务业变为金融业（2019 年），长沙芙蓉区由 2018 年的房地产业变为农、林、牧、渔业（2019 年）。

（2）吸收资金分析

首先，分析 2016～2018 年 13 个 CBD 所在城区吸收资金的总量。由图 14 可以看出，2016～2018 年四个一线城市 CBD 所在城区和天津滨海新区吸收资金的总量规模较大，均在 2700 亿元以上，可以看出一线城市和天津滨海新区在吸引外来投资方面还是比较有竞争力的，同时也看到深圳福田区和广州天河区 2018 年吸收资金额数量较 2017 年下滑比较明显。图 15 中其他新一线城市 CBD 所在城区吸收资金的规模虽然不能与一线城市 CBD 所在城区媲美，但基本上都超过 200 亿元，其中成都锦江区、武汉江汉区和西安碑林区吸收资金的规模连续三年增长，显示出这几个新一线城市 CBD 所在城区吸收资金的实力在逐渐增强。2018 年成都锦江区、南京建邺区和长沙芙蓉区吸收资金的总量较 2017 年增长的幅度较大，分别为 192.12%、126.68% 和 173.28%。

其次，分析 2018 年 13 个 CBD 所在城区吸收资金龙头行业分布情况。表 6 中 2018 年一线城市各 CBD 所在城区吸收资金龙头行业主要以高端现代服务业为主。北京朝阳区吸收资金龙头行业是科学研究和技术服务业，这与北京的高校和科研机构比较集中有一定关系；上海浦东新区、广州天河区吸收资金龙头行业是租赁和商务服务业，深圳福田区吸收资金龙头行业是金融业。新一线城市中天津滨海新区、武汉江汉区、重庆渝中区、南京建邺区、长沙芙蓉区和沈阳沈河区吸收资金龙头行业是金融业，杭州下城区吸收资金龙头行业是租赁和商务服务业，西安碑林区吸收资金龙头行业是建筑业，可见高端现代服务业是 CBD 吸引资金的主要行业。

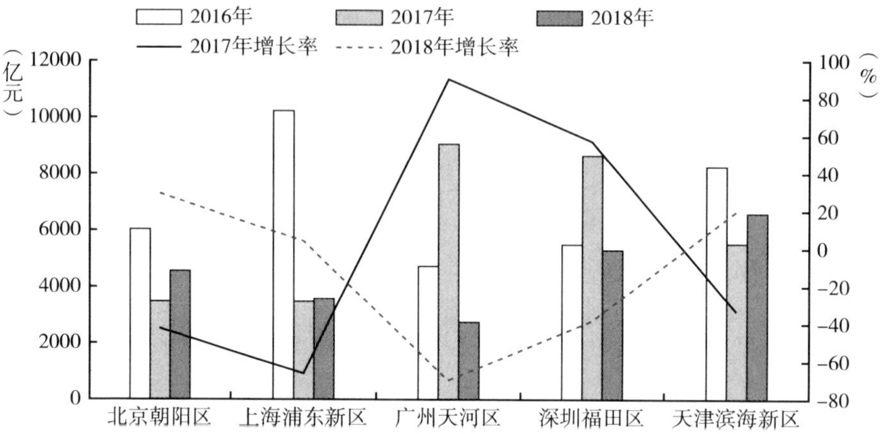

图14　2016～2018年一线城市CBD所在城区和天津滨海新区吸收资金的情况

资料来源：量子数聚（北京）科技有限公司。

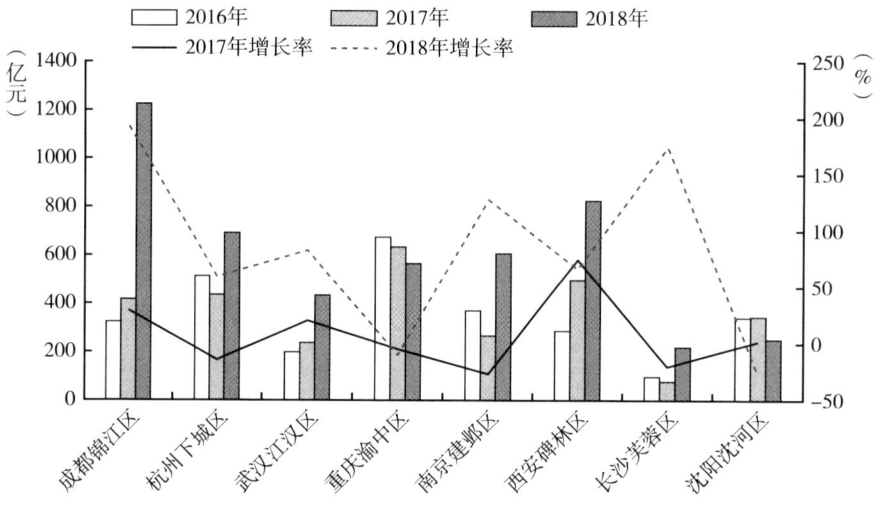

图15　2016～2018年新一线城市8个城区吸收资金情况

资料来源：量子数聚（北京）科技有限公司。

2019年，13个CBD所在城区吸收资金的龙头行业比较分散。一线城市中，北京朝阳区和上海浦东新区吸收资金龙头行业是制造业，广州天河区是金融业，深圳福田区是租赁和商务服务业。新一线城市吸收资金龙头行业各有不同，详情见表6。

（3）资金净值

本文将吸收资金与跨地区股权投资的差额定义为资金净值。

首先，分析 2016～2018 年一线城市 CBD 所在城区和天津滨海新区 CBD 的资金净值情况。由图 16 可知，广州天河区、深圳福田区和天津滨海新区 CBD 所在城区连续三年资金净值为正值，显示三个城区的区域竞争力强，政府创造培养的营商环境有利于源源不断的资金注入，为当地经济发展做出了一定的贡献，同时也看到天津滨海新区的资金净值逐年减少。相比 2016 年，北京朝阳区和上海浦东新区的资金净值在 2017 年和 2018 年出现负值，可以看出，两地 2017 年和 2018 年对外投资的金额超过吸收资金的金额。

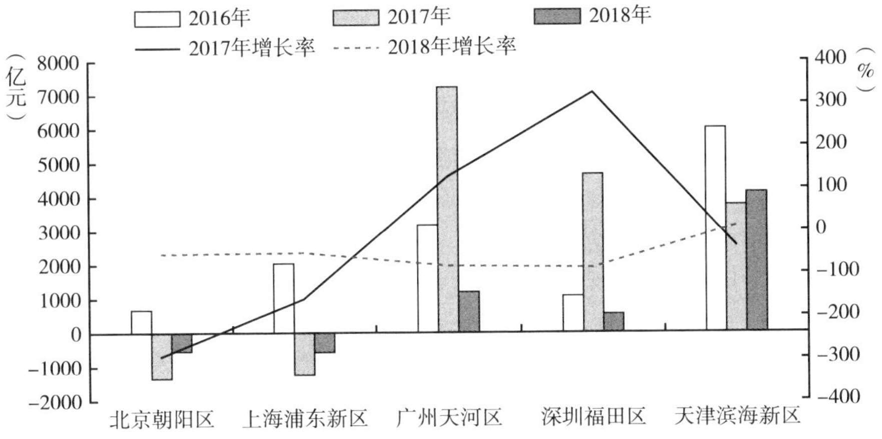

图 16　2016～2018 年一线城市和天津滨海新区 CBD 所在城区资金净值情况

其次，分析 2016～2018 年新一线城市 CBD 所在城区的资金净值状况。新一线城市中除了天津滨海新区 CBD 的资金净值超过千亿元外，其他城市均在千亿元以下。图 17 中长沙芙蓉区和西安碑林区资金净值为正值且连续三年稳定增加，这两个城市 CBD 的营商环境和城市吸引力较强，能吸引大量外来资金。武汉江汉区连续三年资金净值为负值，呈资金净流出状态，一定程度上说明武汉江汉区要不断加强 CBD 对外招商引资的宣传，提高城市的吸引力。成都锦江区 CBD 的资金净值增长较快，2016 年资金净值为负值，2017 年、2018 年均为正值且增长幅度较大，其中 2018 年资金净值的增长率为 255.13%。

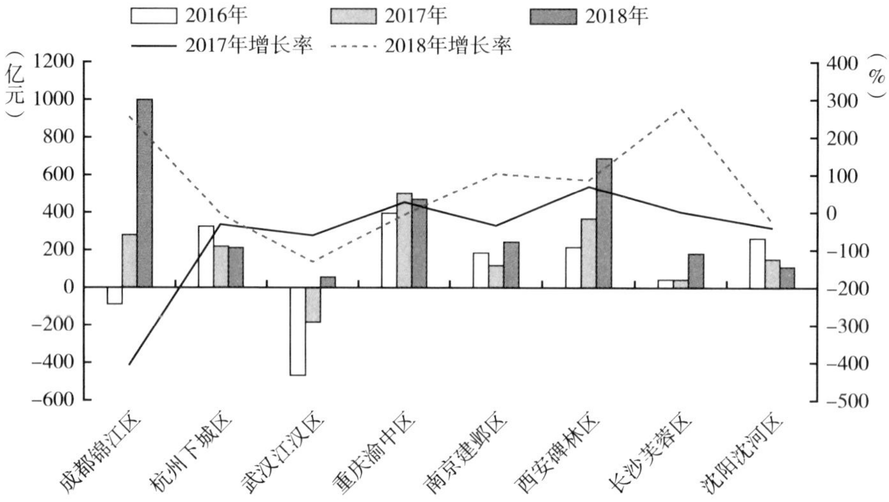

图 17　2016～2018 年新一线城市 8 个 CBD 所在城区资金净值情况

4. 金融机构辐射行动分析

金融机构辐射行动用 CBD 所在城市金融机构本外币存款余额和金融机构本外币贷款余额来表示。从数据来看，13 个 CBD 所在城区金融机构本外币存款余额和金融机构本外币贷款余额均呈稳定增长的趋势。在金融机构本外币存款余额方面（见图 18），2016～2018 年，北京朝阳区和上海浦东新区的金融机构本外币存款余额远高于其他城区；在金融机构本外币存款余额增长率方面，2017 年成都锦江区、武汉江汉区和长沙芙蓉区的金融机构本外币存款余额增速都超过 10%，其中成都锦江区的增速高达 13%。2018 年，南京建邺区和沈阳沈河区的增速都超过 12%。在金融机构本外币贷款余额方面（见图 19），2016～2018 年，北京朝阳区和上海浦东新区始终遥遥领先，2018 年上海浦东新区金融机构本外币贷款余额位居第一；在金融机构本外币贷款余额增长率方面，2017 年成都锦江区的金融机构贷款余额增长率高达 17.23%，排名第一，2018 年杭州下城区的金融机构本外币贷款余额增长率高达 25.03%，充分表明这些区的金融机构对外辐射行动能力强。

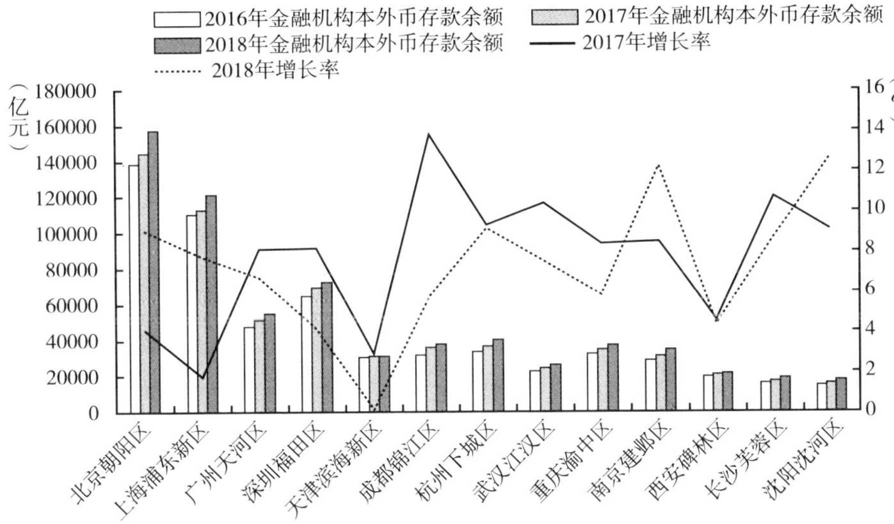

图 18　2016～2018 年 13 个 CBD 所在城区金融机构本外币存款余额情况

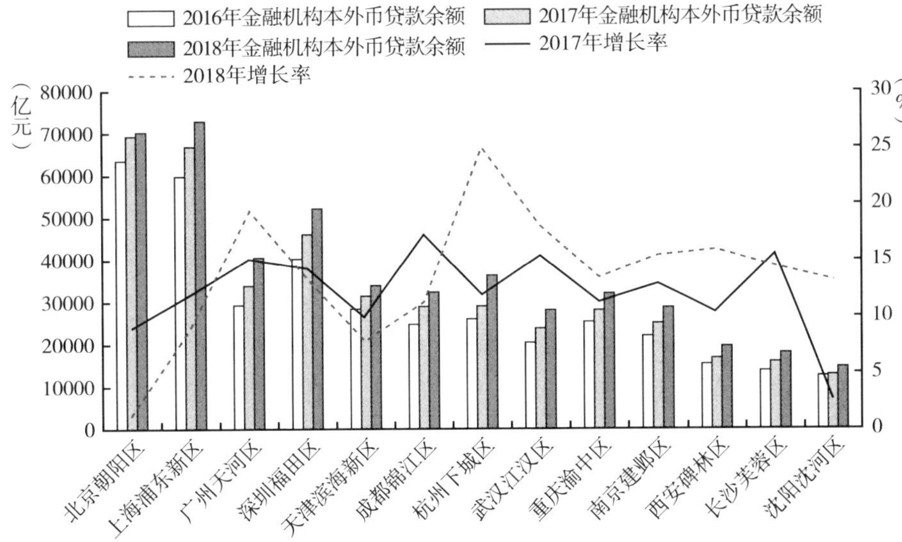

图 19　2016～2018 年 13 个 CBD 所在城区金融机构本外币贷款余额情况

（四）辐射绩效分指数

辐射绩效是 CBD 发展的价值和目标。2016～2018 年，13 个 CBD 所在城区辐射绩效分指数见表 7。

表 7　2016～2018 年 13 个 CBD 所在城区辐射绩效分指数

单位：得分

城市分类	CBD 所在城区	辐射绩效分指数		
		2016 年	2017 年	2018 年
一线城市	北京朝阳区	5.2600	5.3000	5.3097
	上海浦东新区	4.0583	4.2011	4.1734
	广州天河区	5.3792	5.4825	5.7279
	深圳福田区	5.5641	5.4405	5.5478
新一线城市	天津滨海新区	4.5392	4.4976	4.6889
	成都锦江区	5.0469	5.0842	4.9623
	杭州下城区	4.8164	4.7183	4.7809
	武汉江汉区	4.6554	4.6675	4.6346
	重庆渝中区	5.7328	5.6822	5.6818
	南京建邺区	4.9295	4.9343	4.9067
	西安碑林区	5.1517	4.9965	4.6835
	长沙芙蓉区	5.1775	5.6418	5.5839
	沈阳沈河区	4.6891	4.3537	4.3187

首先，从辐射绩效分指数的得分来看，2016～2018 年，13 个 CBD 所在城区的辐射绩效指数相差不大，其中新一线城市中重庆渝中区 2016 年、2017 年连续两年辐射绩效分指数得分排名第一，分别为 5.7328、5.6822，2018 年辐射绩效分指数得分位居第二，为 5.6818，这与重庆渝中区相对比较重视经济、社会和环境方面的发展有一定关系。2018 年，13 个 CBD 所在城区的辐射绩效分指数（见图 20）中，广州天河区、重庆渝中区、长沙芙蓉区和深圳福田区 4 个城区的辐射绩效分指数得分相对较高。其中，一线城市中广州天河区的辐射绩效分指数得分高达 5.7279，新一线城市中重庆渝中区的辐射绩效分指数得分为 5.6818，长沙芙蓉区辐射绩效分指数位列第二，得分为 5.5839。

其次，从辐射绩效分指数的增长状况来看（见图 21），2016～2018 年，北京朝阳区和广州天河区的辐射绩效分指数连续三年增加，其中北京朝阳区 2017 年和 2018 年的指数同比增长率分别为 0.76% 和 0.18%，广州天河区 2017 年和 2018 年的指数同比增长率分别为 1.92% 和 4.48%。重庆渝中区、

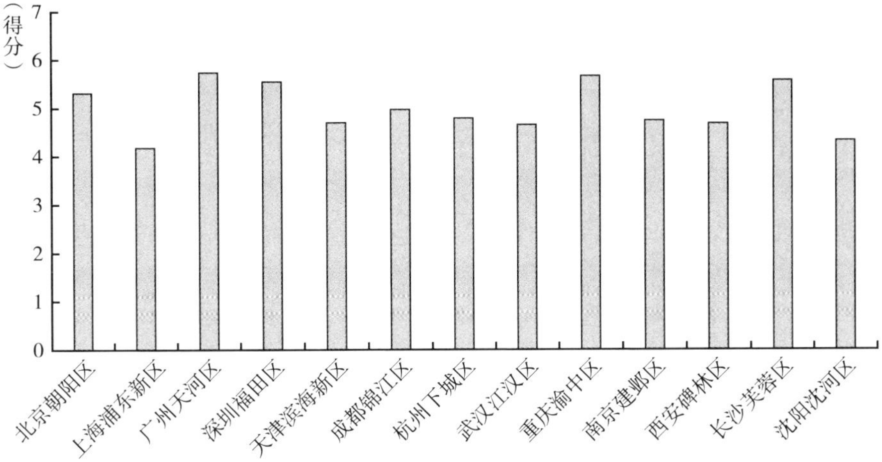

图 20　2018 年 13 个 CBD 所在城区辐射绩效分指数

西安碑林区和沈阳沈河区的辐射绩效分指数得分连续三年减少，其他城区的指数变动没有规律。

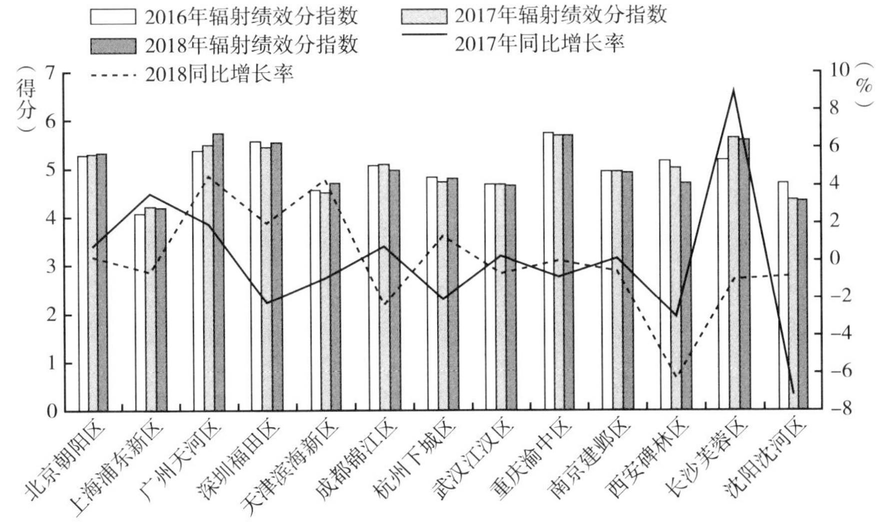

图 21　2016～2018 年 13 个 CBD 所在城区辐射绩效分指数

最后，从辐射绩效分指数的二级指标分项权重来看（见图 22），环境绩效的权重最高，显示出 13 个 CBD 所在城区的建成区绿化覆盖率对 CBD 的辐射影响最大，各地政府比较重视生态环境治理和城市绿化对城市发展的影响。社会绩效在整个权重占比稍微低一些，这表明各地区的社会服务保障服务水平仍需要进一步提升。

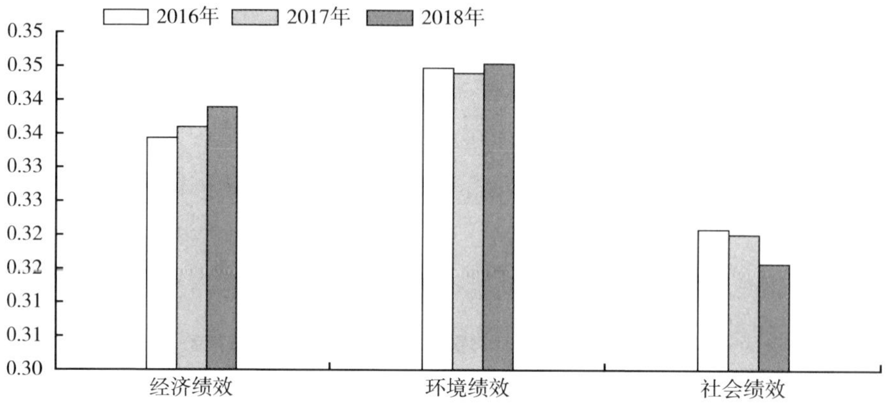

图 22　2016～2018 年 13 个 CBD 所在城区辐射绩效分指数二级指标权重

辐射绩效分指数的二级指标具体情况如下。

（1）经济绩效。2016～2018 年，13 个 CBD 所在城区的人均 GDP 都是连续三年增长，这与各 CBD（见 B2 报告图 7）所在城区经济高质量发展、人民生活水平逐渐提高有关。一线城市中广州天河区和深圳福田区的人均 GDP 绝对值高于北京朝阳区和上海浦东新区，新一线城市中天津滨海新区和长沙芙蓉区的人均 GDP 比其他几个城市高，显示出天津滨海新区 CBD 和长沙芙蓉区 CBD 的经济发展水平相对较高，其他新一线城市的经济发展还有更高的提升空间。各 CBD 所在城区经济发展不平衡，所在城区人均 GDP 水平也存在不平衡的现象。

（2）环境绩效。城市绿化与居民生活息息相关，城市绿化能有效改善居民的生活环境质量。建成区绿化覆盖率是衡量政府公共环境绿化情况的重要指标。由图 23 可以看出，13 个 CBD 所在城区的建成区绿化覆盖率都比较高，北京朝阳区的建成区绿化覆盖率水平最高，广州天河区、深圳福田区、南京建邺区和长沙芙蓉区的建成区绿化覆盖率逐年提升，表明各地政府都通过多项绿化工程积极整治和改善人居环境，提高城市绿化水平。

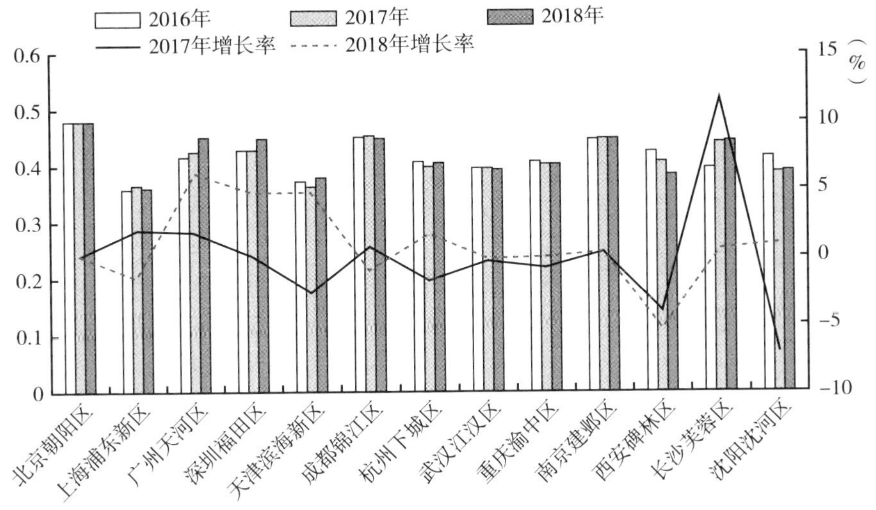

图 23　2016～2018 年 13 个 CBD 所在城区建成区绿化覆盖率

（3）社会绩效。由图 24 可知，2016～2018 年，大多数 CBD 所在城区每千人医疗卫生机构床位数处于逐年提高的状态，北京朝阳区、上海浦东新

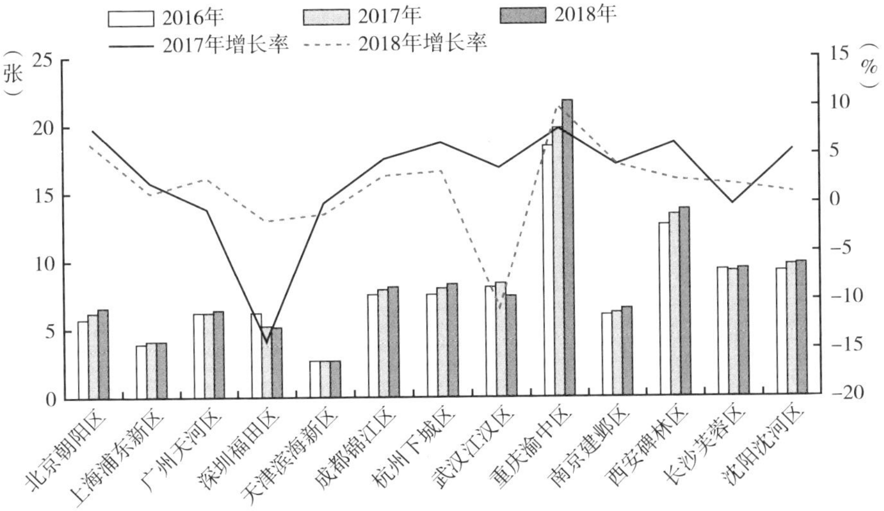

图 24　2016～2018 年 13 个 CBD 所在城区每千人医疗卫生机构床位数

注：由于数据缺失，广州天河区、成都锦江区、杭州下城区、南京建邺区、武汉江汉区、长沙芙蓉区使用所在城市的数据，其他 CBD 城区使用区级数据。

区、成都锦江区、杭州下城区、重庆渝中区、南京建邺区、西安碑林区和沈阳沈河区 CBD 所在城区的每千人医疗卫生机构床位数连续三年逐年提高，而深圳福田区 CBD 所在城区的每千人医疗卫生机构床位数连续三年逐年降低。一线城市受常住人口较多影响，其每千人医疗卫生机构床位数明显少于新一线城市（天津滨海新区除外），新一线城市中重庆渝中区、西安碑林区的每千人医疗卫生机构床位数较高，卫生服务的可及性高。由于中国人口分布不均，一线城市人口集中度较高，城市医疗资源和政府部门配置医疗床位的压力较大，医疗卫生服务的可及性就显得不如新一线城市。

三　基本结论和对策建议

本文采用熵值法对 13 个 CBD 所在城区 2016～2018 年的区域辐射指数进行计算测度，结论如下。

从区域辐射指数来看，2016～2018 年，13 个 CBD 所在城区区域辐射指数发展不平衡，一线城市 CBD 所在城区的区域辐射指数明显高于新一线城市，其他新一线城市 CBD 的区域辐射指数与一线城市 CBD 存在一定差距，这表明各个 CBD 区域辐射效应在地区之间差距较大。其中广州天河区、深圳福田区、武汉江汉区和南京建邺区区域辐射指数连续三年稳定增长，而上海浦东新区、天津滨海新区和西安碑林区的区域辐射指数连续三年小幅下降，其他 CBD 所在城区区域辐射指数变化不规律。

从分项指标指数来看，2018 年，在辐射能力分指数中，一线城市中上海浦东新区、新一线城市中成都锦江区指数得分最高；在辐射行动分指数中，一线城市中北京朝阳区、新一线城市中成都锦江区指数得分最高；在辐射绩效分指数中，一线城市中广州天河区、新一线城市中重庆渝中区指数得分最高。综上所述，本文认为 CBD 要高水平开放推动区域经济的发展，要充分发挥 CBD 辐射能力，提高 CBD 辐射行动水平和辐射绩效水平，因此提出以下建议。

（一）坚持 CBD 创新驱动发展，持续发挥 CBD 的辐射带动作用

中央商务区继续坚持创新驱动发展的理念，不断优化经济结构，发展新动能，积极培育战略性新兴产业，打造产业新高地，争做技术创新、制度创新、管理创新和市场创新的前沿阵地，努力把中央商务区打造成一个全方位、国际化的城市名片。

充分发挥 CBD 对区域的带动和影响作用，增强 CBD 自身对外的辐射能力。继续打造区域“高精尖”的经济结构，培育“高精尖”的产业结构，形成以高端服务业为龙头的现代服务业产业链，不断强化高端生产要素集聚的功能，提高其全社会资源配置的能力。加强与周边外部地区高端现代服务业的合作，实现跨区域的投资与合作，从而实现区域范围内的经济一体化，更好地发挥 CBD 的辐射和集聚作用。

（二）坚持开放共享绿色的发展战略，提高 CBD 综合发展水平

坚持经济增长与综合环境绿色协调可持续发展已经成为共识。CBD 要继续坚持新的发展理念，将开放、共享、绿色作为发展战略，继续改善和优化营商环境，改善“交通拥堵、生态破坏”等一系列问题，不断深化 CBD 与周边地区的互利合作，进一步建立互利共赢的区域合作与经济协同发展。

建立健全配套设施，保障 CBD 高质量高水平的发展，一是要注重区域内交通体系的建设，顺应国际上主流绿色环保的理念，坚持公共交通为主的设计思路，完善地铁、陆上公交、停车场所的建设，形成便捷高效的交通网络；二是要做好 CBD 区域内合理的医疗、教育、商业、休闲和娱乐等配套设施建设，不断完善商务区的服务功能；三是要健全公共服务市场化改革，通过综合试点改革，逐步缩小区间公共服务的差距，提升公共服务市场化的效率与质量；四是引进国内外高精尖机构、人才和先进的管理经验，加强技术及创新成果等方面的资源共享，实现与外围区域的共赢发展，打造国际化服务平台，提高 CBD 国际竞争力。

（三）强化 CBD 区域创新引领作用，为 CBD 发展注入新活力

CBD 是现代高端服务业的集聚区，具有总部企业集中、知识密集、产业专业化程度高的特点，对知识、技术外溢（或扩散）到周边地区具有明显的示范和助推作用，进而提升整个区域的创新能力。强化 CBD 的创新引领的作用，加强 CBD 与科研院所的合作，推动省、市、区三级科技创新资源在 CBD 的整合，搭建成果转化、技术转移等科技服务体系，建设一批国家、省级重点实验室及科技成果转化中心，加速科技成果在 CBD 转化，为 CBD 发展注入新活力。

参考文献

［1］包晓雯、唐琦：《面向长三角经济一体化的陆家嘴 CBD 发展研究》，《上海经济研究》2016 年第 12 期。

［2］丁苑春：《基于引力模型的长三角城市金融辐射力研究》，《河南商业高等专科学校学报》2012 年第 5 期。

［3］郭亮、单菁菁主编《中国商务中心区发展报告 No. 5（2019）：营造 CBD 国际一流营商环境》，社会科学文献出版社，2019。

［4］贾生华、聂冲、温海珍：《城市 CBD 功能成熟度评价指标体系的构建——以杭州钱江新城 CBD 为例》，《地理研究》2008 年第 3 期。

［5］蒋三庚、张杰等：《中央商务区产业发展报告（2019）：以高水平开放推动区域发展》，社会科学文献出版社，2019。

［6］蒋三庚等：《中国特大城市中央商务区（CBD）经济社会发展研究》，首都经济贸易大学出版社，2017。

［7］王征、吴苓：《当前我国中央商务区构建方式探讨——基于中外发展经验的分析》，《中共山西省直机关党校学报》2017 年第 2 期。

［8］郑雨楠：《八年奋进铸就辉煌：天河 CBD 沿着高质量发展道路奋勇前行》，《南方都市报》2019 年 4 月 1 日。

［9］祝合良、叶堂林等：《京津冀发展报告（2019）：打造创新驱动经济增长新引擎》，社会科学文献出版社，2019。

［10］Boudevile, J. R., *Problems of Regional Economic Planning* (Edinburgh University

Press, 1966).

[11] Friedmann, J. R. P., *A General Theory of Polarized Development* (The Free Press, 1972).

[12] Lasuén, J. R., "Urbanization and Development—the Temporal Interaction between Geographical and Sectoral Clusters," *Urban Studies* 10 (2) (1973).

B.4

中央商务区楼宇经济指数分析（2020）

成思思*

摘　要： 楼宇经济是近年来中国城市经济发展中涌现的高级经济形态，尤其是CBD的商务楼宇，聚集了众多的金融、保险、商务服务等现代服务业企业，带动周边众多行业发展，进而推动城市产业的升级。虽然CBD楼宇经济整体发展态势迅猛，但依然存在一些突出问题，如商办楼宇库存量偏高、楼宇经济发展水平差异大、楼宇经济信息监测不足、楼宇经济发展规划和发展政策缺失、生产性服务业发展仍需提速、部分CBD楼宇经济集聚区首位度不高、楼宇经济精准服务水平有待提升等。本报告选取了税收贡献额、总部企业数、税收亿元楼数、商务楼宇数、重大项目数、楼宇空置率、楼宇租金等指标，构建了评价楼宇经济发展情况的指标体系，通过对15个城市的CBD楼宇经济进行分析测度，科学评价楼宇经济发展水平，把握当前各CBD楼宇经济发展态势、所处阶段、影响因素和优势短板。结论表明，3.0时代的楼宇经济总体发展趋势平稳，一线城市与新一线城市差异依然显著，一线城市商务楼宇总体指标都远高于新一线城市；而新一线城市中天津、武汉、杭州、成都、重庆总体发展趋势更为强劲，而未来因为受到宏观经济发展等多种不确定因素的影响，以及近年来大量甲级写字楼新增供应压力，新一线城市的差异将更为明

* 成思思，首都经济贸易大学博士研究生，北京市哲学社会科学CBD发展研究基地特聘研究员，主要研究领域为金融理论与政策。

显。由此，本报告对3.0时代的楼宇经济提出了完善楼宇服务政策、加强楼宇经济监测、加快提升楼宇品质、培育特色楼宇经济聚集区、创新楼宇管理机制等发展对策。

关键词： 中央商务区 楼宇经济 总部经济

楼宇经济是经济学新术语，该术语的出现源于城市办公楼宇的集中，大量金融、科技、服务、商贸、文化创意企业汇聚于此，形成一定的经济体量，即楼宇经济。城市商业中心楼宇开发时，通过招商引资、科学研究、提供现代服务、楼宇出租等多种方式，带动城市经济发展。通过对楼宇经济定义的分析可知，该经济以商业楼宇为载体，融合各类商贸企业，构成经济复合体。楼宇经济以现代服务业为核心，如银行、证券、保险、金融、教育、培训等，通过将现代化服务整合，楼宇经济体发挥出集聚效应，并对外产生一定的经济辐射效果。楼宇经济的发展为政府税收带来了巨大红利，楼宇经济集合了高新科技产业与现代化企业，每年会缴纳大量税款。随着我国经济体量的不断增加，楼宇经济不再局限于国内市场，应当寻求新的发展路径，持续推动楼宇经济国际化发展。

一 中央商务区楼宇经济的发展路径

（一）经济集群

楼宇经济的发展汇集着城市主要市场经济主体，通过对楼宇经济进行集聚，为企业合作、人才交流、信息共享构建平台，以提高资源的利用效率，创建高水平现代化楼宇经济。通过对楼宇经济的分析，多数楼宇经济都局限于区域，由于楼宇经济商业附加值不足，楼宇经济发展的后续动力不足。在经济集群发展策略下，分散的楼宇经济逐渐集群，形成商业街区、产业园区、CBD 等特色楼宇经济模式。特色楼宇经济模式的形成为未来楼宇社区发展奠定坚实基础，推动商业楼宇社区的规模化发展。

（二）特色产业

楼宇经济发展过程中需突出特色产业优势，以推动楼宇经济的特色化发展。为此，可通过内引外联、补齐短板、盘活存量等措施，不断提高楼宇经济的智能化与科技化水平，为企业提供更加高效优质的服务，以挖掘出楼宇经济发展潜力。例如，在商业街区、城市商务综合体、写字楼等楼宇开发时，应当基于国际发展视域，对楼宇经济做出战略规划，准确定位楼宇经济的特色优势，以实现专业化、特色化楼宇的经济发展。基于特色产业集群优势，吸引海内外优秀企业的入驻，融合不同行业资源，为企业合作提供新平台。同时，在进行楼宇经济建设发展时，可推出特色楼宇经济体，即挖掘产业集群的市场潜能，构建楼宇经济新模式。

（三）规划设计

在未来智慧城市建设过程中，楼宇经济社区将得以实现，基于城市规划对城市楼宇经济资源进行整合，可推动楼宇经济的有效融合，提高楼宇经济的市场影响力，该项工作的开展，离不开楼宇经济的规划设计。

楼宇经济是城市发展的重要组成部分，合理对楼宇经济进行设计规划，有助于实现区域楼宇经济的辐射区域衔接，提高楼宇经济商业影响力。通过城市规划模型的建构，分析楼宇经济的未来发展趋势，打造特色国际化楼宇经济体，开发楼宇经济潜在价值。

（四）智慧服务

智慧楼宇社区服务工作的开展，对楼宇经济活动运行具有重要意义。为实现对楼宇经济的智慧化服务，应当对楼宇入驻企业的详细信息、物管单位、税收归属、业绩变化等进行全面了解，以实现对楼宇经济的动态监管，分析楼宇经济发展的潜在趋势，开展科学招商、精准入驻，提高楼宇内部资源利用效率，发挥出楼宇经济体应有价值。

（五）政策导引

为加快社会经济转型、推动社会结构升级、提高土地资源利用效率，政府应当推动楼宇经济体发展，将其作为城市经济发展新方向。楼宇经济作为新兴市场产物，若没有一定的政策引导，低规模的产业聚集与恶性竞争将导致楼宇经济发展陷入困境。为避免该类问题出现，国家政府应当出台相关政策进行引导，构建现代化楼宇经济发展体系，确保楼宇经济科学性、合理性、系统化可持续发展。例如，对政府职能进行明确，对楼宇经济社会责任进行界定，以确保楼宇经济发挥出最大社会经济效益。政府部门提供相关服务时，应当对工商、税收、招商等信息资源进行整合，以打造城市楼宇综合服务平台，为楼宇经济发展提供机遇。政府进行政策导引时，应当为楼宇经济明确目标并进行准确定位，基于重点特色楼宇经济、国际化楼宇经济、城市楼宇经济等特征进行战略布局规划。政府在进行城市规划引导时，应当突出楼宇经济的功能特征，合理进行楼宇选址，推动产业布局、物业服务、楼宇聚集等工作落实。而在楼宇空间资源规划利用时，应当突出楼宇社区的建设，充分利用楼宇经济体的空间资源。楼宇经济体作为特殊的城市经济风向标，政府在进行产业结构调整时，应侧重对楼宇经济的产业链打造，基于楼宇经济的特色专业，吸引更多专业资源，打造完善健全的产业链，发挥出楼宇经济的集聚效应。

二　国内主要 CBD 楼宇经济发展的情况研究

国内楼宇经济发展历经三个重要阶段（见表1）。楼宇经济 1.0 时代：楼宇经济发展早期，楼宇一般作为经济发展的硬件载体，业态及功能单一，主要满足商业及企业商务办公基本场地需求；楼宇的形态保守、品质要求不高，市场竞争处于早期阶段，市场供应不充分，以单楼宇之间的空间及价格竞争为主，与产业无明显关联。楼宇经济 2.0 时代：楼宇经济在快速发展过程中，集办公、零售、酒店、公寓等多业态综合开发，成为国内城市商业地产开发范本，并大规模铺开，从一、二线城市快速下沉至能级更低的城市，楼宇的建筑设计、外观形态、功能用途等不断提升；市场竞争突破空间竞争，演变为“空间 + 配套”的二元竞争模式；楼宇与经济的结合显著提升，各个业态逐步互补融合，产业、招商等经济活动层面日趋活跃。楼宇经济 3.0 时代：在此阶段，楼宇经济实现上下游产业链的整合，在科技革新驱动下，楼宇已经变为一种能驱动经济增长的产业，楼宇经济的驱动因素从市场开发转向科技驱动，科技、共享、多元、绿色等趋势逐步融入楼宇经济；楼宇经济多产业的紧密融合，突破了楼宇作为经济的硬件载体的基本属性，对推动经济增长、增加财政税收、提高就业等有积极促进作用。

表 1　国内楼宇经济发展阶段划分

阶段	第一阶段 （楼宇经济 1.0 时代）	第二阶段 （楼宇经济 2.0 时代）	第三阶段 （楼宇经济 3.0 时代）
时间段	1992 ~ 2002 年	二线城市过去 5 ~ 10 年 一线城市过去 15 ~ 20 年	一线城市和部分先进二线城市 2018 年起
经济背景	经济起步期	经济高速增长期	经济结构调整降速期
房地产市场背景	房屋商品化	商业地产规模化	商业地产科技化
与经济关系	相对独立	楼宇 + 经济	楼宇经济 +
融合模式	相对独立	业态融合	上下游产业链融合
融合度	低	中	融为一体
市场焦点	单一业态开发	复合业态、综合体及区域开发	科技、共享、绿色、多元等新趋势
区位焦点	城市核心区	城市核心 + 新区	城市多核心 + 多新区 + 近郊 + 社区生态
竞争焦点	空间，单一维度竞争	空间 + 配套，二元竞争	空间 + 配套 + 运营全方位竞争
发展机遇	先发优势	规模优势	科技优势

资料来源：戴德梁行，https://www.cushmanwakefield.com.cn/images/upload/3/EC08BFD6C94F4503A620FFC5ED2D2C35.pdf。

三　国内 CBD 楼宇经济指标构建与评价方法

本文将通过对 15 个城市的 CBD 楼宇近年发展状况的分析测度构建 CBD 楼宇经济指标，科学地评价全区楼宇经济发展水平，把握当前各地楼宇经济发展态势、所处阶段、影响因素和优势短板，对 3.0 时代楼宇经济如何转型升级进行探讨和研究。

（一）构建意义

近年来，土地、空间、资源、环保等要素对经济发展的制约作用进一步显现，大力发展楼宇经济，已成为各地集约利用资源、发展现代服务业、打造“生活品质之城”的迫切要求和紧迫任务。因此，制定一个科学、有效的楼宇经济发展评价方法，对落实科学的发展观，更好地指导楼宇经济发展意义重大。构建楼宇经济发展指标的优点表现在以下几方面。

（1）有利于全面了解楼宇经济水平。楼宇经济发展指数能够生动描述楼宇经济的发展状况、综合指标，楼宇经济的实际发展水平得以在宏观和整体上进行观测。

（2）有利于科学规划，制定扶持政策。能够科学地测度和计量楼宇经济的发展程度，动态地跟踪楼宇经济的进展情况，准确了解和把握实际发展过程中的各方面状况，找出楼宇经济发展过程中的薄弱环节及存在的问题和不足，并提出对策和措施，为编制楼宇经济规划有关政策提供科学依据。

（3）有利于进一步推进楼宇经济的快速发展。楼宇经济发展指数与普通的单项工作目标考核不同，其具有总体性、概括性、趋势性特点，是对区域内楼宇经济发展成果的全面综合反映。单项工作目标考核是对楼宇经济发展目标的事先具体、细致的逐项分解，两者相辅相成，更有利于推进楼宇经济的快速发展。

（二）数据来源

本报告对我国15个主要中央商务区的楼宇经济发展指数进行评估，根据中国城市商业魅力排行榜数据，将选取的主要CBD分为一线城市CBD和新一线城市CBD进行区分研究。报告选取的一线城市有北京、上海、广州、深圳4个城市。新一线城市有成都、杭州、武汉、南京、重庆、天津、西安、长沙、沈阳、银川10个城市。另选取了近年楼宇经济发展迅速的青岛CBD作为研究对象。

通过对2017～2019年15个CBD中最具代表性的区域进行分析，反映了楼宇经济在CBD发展中所扮演的重要角色。本文以北京CBD、上海陆家嘴CBD、广州天河CBD、深圳福田CBD、天津滨海新区CBD、成都锦江区CBD、杭州武林CBD、武汉王家墩CBD、重庆解放碑CBD、南京河西CBD、西安长安路CBD、长沙芙蓉CBD、沈阳金融商贸CBD、银川阅海湾CBD、青岛CBD为研究对象（见表2），对CBD内由楼宇经济所带来的金融、商务、商业、文化创意产业的产业集聚度做出整理，并通过横向和纵向的比较，来了解这15个CBD楼宇经济在这三年的演变趋势，分析影响其发展的各种因素，结合其实际情况给出合理的建议。

表2　样本CBD名录

城市分类	序号	名称	所在城区	序号	名称	所在城区
一线城市	1	北京CBD	北京朝阳区	2	上海陆家嘴CBD	上海浦东新区
	3	广州天河CBD	广州天河区	4	深圳福田CBD	深圳福田区
新一线城市	5	天津滨海新区CBD	天津滨海新区	6	成都锦江CBD	成都锦江区
	7	杭州武林CBD	杭州下城区	8	武汉王家墩CBD	武汉江汉区
	9	重庆解放碑CBD	重庆渝中区	10	南京河西CBD	南京建邺区
	11	西安长安路CBD	西安碑林区	12	长沙芙蓉CBD	长沙芙蓉区
	13	沈阳金融商贸CBD	沈阳沈河区	14	银川阅海湾CBD	银川金凤区
	15	青岛CBD	青岛市北区			

报告中所采用的数据均来自公开统计资料，主要来源于 CBD 发展研究基地历年对城市 CBD 数据的搜集与整理及 2017～2019 年 15 个城市的《统计年鉴》和《中国城市统计年鉴》等，个别缺失数据从各地政府工作报告及 2016～2019 年《中国商务中心区发展报告》和 2018～2019 年《中央商务区产业发展报告》中获取。

（三）构建原则

本报告将楼宇所在城市 CBD 按一线城市 CBD 和新一线城市 CBD 进行区分。其构建遵循了以下原则。

第一，客观性。所选指标能客观反映该区域楼宇经济的发展现状、变化趋势，对该区域的楼宇经济指标发展测度比较客观、公正、准确。

第二，完整性、可比性。充分考虑指标的可得性、可测性，用指标的相对来衡量，以保持指数的可比性和连续性。同时考虑指标的动态对比以保证楼宇经济发展指数的完整。

第三，代表性。所选指标必须和楼宇经济相关联，能反映楼宇经济在 CBD 发展中所起到的关键重要因素。

（四）指标体系

基于楼宇经济承载的高经济效益与高聚集效应，显示性指标选取了税收贡献额、总部经济（总部企业数）、世界 500 强企业数、税收亿元楼数、商务楼宇数、重大项目数等，作为评价指标，见表 3。

表 3　CBD 楼宇经济指数

指标选取	单位	指标选取	单位
税收贡献额	亿元	重大项目数	个
总部经济（总部企业数）	家	楼宇空置率	%
世界 500 强企业数	家	楼宇租金	元/（平方米·月）
税收亿元楼数	座	续存企业数	家
商务楼宇数	座		

对选取指标解释如下。

（1）税收贡献额：指纳入统计口径的报告期内样本城市所观测区域税收贡献额。

（2）总部经济（总部企业数）：指纳入统计口径的报告期内企业总部或区域性总部个数，该指标用于反映 CBD 吸引总部企业的能力。

（3）世界 500 强企业数：指纳入统计口径的报告期内世界 500 强企业落户样本城市观测区域个数，该指标用于反映 CBD 外资吸引能力。

（4）税收亿元楼数：指进驻 CBD 的企业一年创造的税收总额超过 1 亿元的楼宇数量，客观衡量了楼宇的税收贡献影响力。税收亿元楼主要有两种类型：一种是一座楼宇就是一家企业的总部，另一种是专业化楼宇。CBD 的税收亿元楼主要是指后者，是真正的楼宇经济。税收亿元楼数反映了 CBD 培育重点税源的成效。

（5）商务楼宇数：指纳入统计口径期限内已建成并用于提供各类商务活动的楼宇数量，该指标用于反映 CBD 楼宇的集聚形式。

（6）重大项目数：指纳入统计口径期限内该区域所规划的重大项目数量，该指标用于反映 CBD 楼宇的经济吸收能力。

（7）楼宇空置率：指纳入统计口径期限内甲级写字楼空置率，该指标反映商务区库存压力。

（8）楼宇租金：指纳入统计口径期限内甲级写字楼平均租金，该指标反映楼宇价值变化。

（9）续存企业数：指纳入统计口径期限内各区域分行业企业个数，该指标反映商务区行业变化。

四　楼宇经济状况分析

（一）税收贡献额

CBD 商务楼宇汇聚财富，税收贡献显著，楼宇经济通过集群效应带动产业发展，具有聚集财富、促进税收贡献的作用。

北京 CBD 经过多年楼宇经济发展，综合体现了楼宇经济发展在朝阳区综合发展中的引领和带动作用。如表 4 所示，2018 年，北京 CBD 核心区纳税总额由十年前的 49 亿元增长至 428.7 亿元，增长了近 9 倍，贡献了全区 1/5 左右的 GDP、营业收入和税收。广州天河 CBD 纳税总额为 685.83 亿元，功能区 GDP 达到了 3182.54 亿元，约占全市 GDP 的 13.92%，在一线城市地区经济贡献显著。深圳福田 CBD 纳税总额达 1800 亿元，地区税收贡献突出。上海陆家嘴金融城楼宇内企业产生的税收超过 700 亿元，地均税收贡献率超过了 100 亿元/平方公里。

表 4　2018 年中国部分 CBD 纳税额比较

城市分类	CBD	CBD 面积（平方公里）	2018 年 CBD 纳税总额（亿元）	CBD 的 GDP 总量（亿元）	占全市 GDP 的比重（%）
一线城市	北京 CBD	3.99（核心区）；6.99（功能区）	428.7（核心区）	3380（2019 年，功能区）	/
	上海陆家嘴 CBD	6.89	700	/	/
	广州天河 CBD	6.19（规划面积 20）	685.83	3182.54	13.92
	深圳福田 CBD	全域面积 78.8	1800	4018.26	17
新一线城市	天津滨海新区 CBD	3.44.（全域面积 42）	200	1041.98	5.62
	重庆解放碑 CBD	1.61（规划面积 3.5）	/	717	3.68
	武汉王家墩 CBD	7.41（规划面积 28.29）	165.19	1304.18	9.73
	杭州武林 CBD	4.02（全域面积 31.46）	/	928.91	7.99
	南京河西 CBD	3.5（规划面积 22）	/	178.2	1.52
	郑州郑东新区 CBD	4.75	57	233.43	4.33
	银川阅海湾 CBD	2.2	23.2	274	24.82

注：部分 CBD 由于数据缺乏未纳入评价。

资料来源：郭亮、单菁菁主编《中国商务中心区发展报告 No.5（2019）：营造 CBD 国际一流营商环境》，社会科学文献出版社，2019。北京朝阳 CBD 数据来源于北京市政府信息公开专栏。

2018 年新一线城市中天津滨海新区 CBD 获得税收高达 200 亿元，为新一线城市之首，而 2018 年武汉王家墩 CBD 的 GDP 达到 1304.18 亿元，成为武汉市的经济引擎。银川阅海湾 CBD 以 2.2 平方公里的面积贡献了全市 24.82% 的 GDP。

（二）总部经济

近年来国内主要城市 CBD 一直把发展区域总部经济作为优化产业结构、扩大对外开放、提高城市竞争力的重要举措，所以值得关注的是 2015～2018 年各地区 CBD 总部企业增长率。由图 1 可知，2015～2018 年越来越多的企业选择城市 CBD 作为其总部。其中一线城市中北京 CBD、上海陆家嘴 CBD 和深圳福田 CBD 总部企业数量增加最为明显。新一线城市中天津滨海新区 CBD 总部企业数增速最为明显，2015～2018 年新增总部企业数达 102 家。

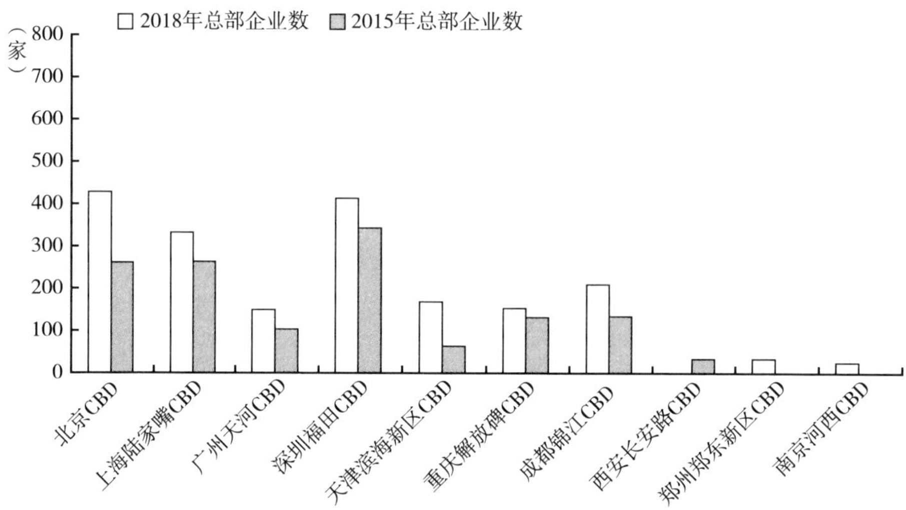

图 1　2015 年及 2018 年各 CBD 总部企业数比较

资料来源：郭亮、单菁菁主编《中国商务中心区发展报告 No. 5（2019）：营造 CBD 国际一流营商环境》，社会科学文献出版社，2019。

发展总部经济是目前国内各大城市推进高质量发展的重要抓手，是推动产业转型升级的重要条件。各地 CBD 都将发展总部经济与现代产业体系互动发展列入自身规划。

总部经济一直是北京 CBD 楼宇经济发展的亮点，2019 年，北京 CBD 积极引导克诺尔集团、爱特思集团等企业设立跨国公司总部，其中克诺尔集团成立了轨道车辆系统板块中国区总部。由表 5 可以看出，世界 500 强企业的地区总部有 170 家在 CBD 核心区落户，北京 CBD 总部企业数量为全国之首。东部沿海地区吸引总部企业的优势依然明显，2018 年深圳福田 CBD 拥有总部企业多达 413 个，总部企业占该区企业的比重高达 4.21%，是“最受总部青睐的”沿海城市，同时深圳福田 CBD 还吸引了 98 家世界 500 强企业地区总部在该区落户。上海陆家嘴 CBD 对吸引企业总部具有很强的竞争力，除全球最大造船集团中国船舶集团、首家外商独资船舶代理公司伟明特（上海）国际船舶代理有限公司等一批企业和机构落户外，累计有 332 家总部企业到该区落户，同时有 90 家世界 500 强地区总部选择落户上海陆家嘴 CBD。更多的世界 500 强地区总部选择了广州天河 CBD，由表 5 可见，广州天河区拥有全国最多的世界 500 强地区总部，达到 201 家，远超另外三个一线城市。

表 5　2018 年主要 CBD 总部企业及世界 500 强数量

CBD 所在城区	2018 年该区企业总量（家）	2018 年总部企业数（家）	世界 500 强地区总部数（家）	总部企业数量占比（%）
北京朝阳区	50830	428	170	0.84
上海浦东新区	/	332	90	/
广州天河区	70000	149（跨国公司）	201	0.22
深圳福田区	9800	413	98	4.21
天津滨海新区	30000	167	145	0.56
重庆渝中区	9684	150	78	1.55
成都锦江区	/	209	133	/
西安碑林区	7169	33	26（中国 500 强企业）	0.46
郑州郑东新区	8345	34	53	0.41
南京建邺区	4262	26	29	0.61
青岛市北区	4000	11	/	0.28
银川阅海湾商务中心区	1648	50	8	3.03

资料来源：上海浦东新区、广州天河区、天津滨海新区、重庆渝中区、成都锦江区部分数据来源于政府工作报告；其余来自郭亮、单菁菁主编《中国商务中心区发展报告 No.5（2019）：营造 CBD 国际一流营商环境》，社会科学文献出版社，2019。

新一线城市中成都锦江区担任了西部地区重要的总部经济集聚地，有209家总部企业落户成都锦江区CBD及周边地区，同时该区还拥有133家世界500强企业地区总部。值得关注的是，同样作为西部城市的重庆解放碑CBD总部企业数高达150个，虽然总部企业数非新一线城市之首，但是其总部企业数占CBD企业总量的1.55%，远高于其他新一线城市CBD。值得一提的是银川阅海湾CBD作为2010年才开始筹备建设的CBD，自建设以来入驻的总部企业已经达到50家，在推动区域经济高质量发展方面贡献显著。同样的，青岛CBD筹建时间虽短，但是总部企业数已达11个，充分发挥了产业生态的积极效用，协同带动周边区域可持续发展。

（三）楼宇数量情况

近年越来越多的城市开始重视楼宇经济的作用，并且在楼宇标准制定、楼宇品质改善、楼宇效益提升方面进行了积极的探索和不断的创新。

如图2所示，2018年各CBD的商务楼宇数除武汉王家墩CBD和成都锦江CBD外，都超过了100座。其中北京CBD拥有写字楼140座，超甲级写字楼14座，税收达428.7亿元；税收过亿元楼宇有52座，9座楼宇创造税收超过10亿元，税收亿元楼占比高达37%。截至2019年，上海陆家嘴CBD及周边区域商务楼宇达285座，其中超甲级和甲级写字楼分别超过50座。楼宇内企业产生的税收超过700亿元，税收亿元楼达102座。其中，税收10亿元楼30座，税收50亿元以上楼宇4座，分别是上海环球金融中心、交银金融大厦、国金中心、上海银行大厦。2018年广州天河CBD和深圳福田CBD拥有的商务楼宇分别为121座和129座；税收过亿元楼宇分别达到71座和65座，占比均超出50%。不难看出，一线城市CBD核心区商务楼宇含金量并未因为新增入市楼宇的加入而降低，反而越来越高。

新一线城市中天津滨海新区CBD商务楼宇数高达129座，税收过亿元楼宇达到了29座，税收过亿元楼宇的占比为22.5%。截至2018年，杭州武林CBD商务楼宇数为123栋，与天津滨海新区CBD相仿，但是其税收亿元楼高达54座，占比接近44%，与一线城市持平。

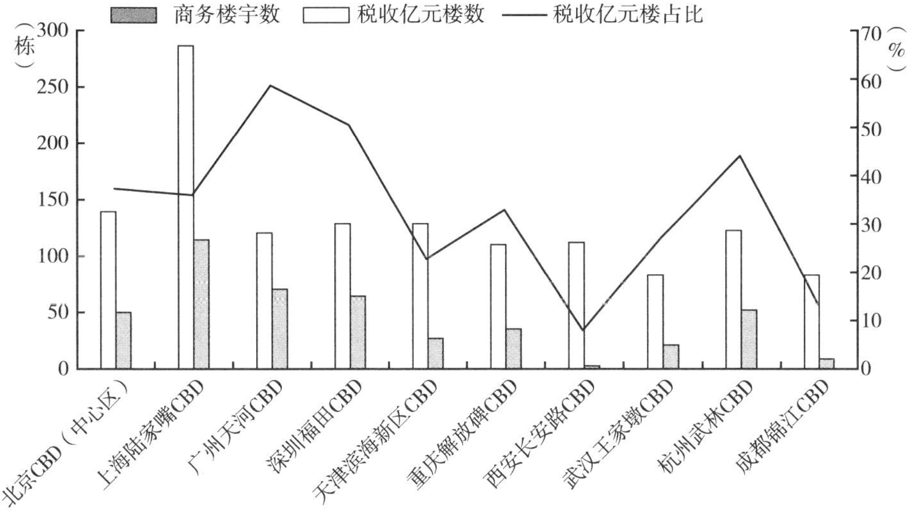

图 2　2018 年中国部分 CBD 楼宇经济情况

资料来源：上海陆家嘴 CBD、广州天河 CBD、天津滨海新区 CBD、重庆解放碑 CBD、成都锦江 CBD 部分数据来源于政府工作报告；其余来自郭亮、单菁菁主编《中国商务中心区发展报告 No. 5（2019）：营造 CBD 国际一流营商环境》，社会科学文献出版社，2019。

2015～2018 年，各地商务楼宇数均有明显上涨，楼宇由于财税贡献高依然被视为 CBD 经济增长的核心发展物，所观测的 15 个 CBD 的楼宇数量及税收亿元楼数量总体仍呈上升趋势。如图 3 所示，截至 2018 年，广州天河 CBD 税收亿元楼增加了 21 座，达到 71 座；北京 CBD 税收亿元楼增加 5 座。新一线城市中杭州武林 CBD 新增税收亿元楼 11 座，重庆解放碑 CBD 新增税收亿元楼 3 座。从增长趋势来看，除广州天河区 CBD 和杭州武林 CBD 外，其他地区税收亿元楼增速都稍有放缓。

值得注意的是，2015～2018 年一线城市的 CBD 新增入市楼宇数量稀少。4 年间北京 CBD、广州天河 CBD 及深圳福田 CBD 楼宇增量分别为 21 座、11 座和 19 座。相较新一线城市的新增数量，增长量明显放缓。2015～2018 年新一线城市的新增商务楼宇数增长依然巨大。截至 2018 年底，西安长安路 CBD、武汉王家墩 CBD、杭州武林 CBD 新入市商务楼宇均超过 45 座。

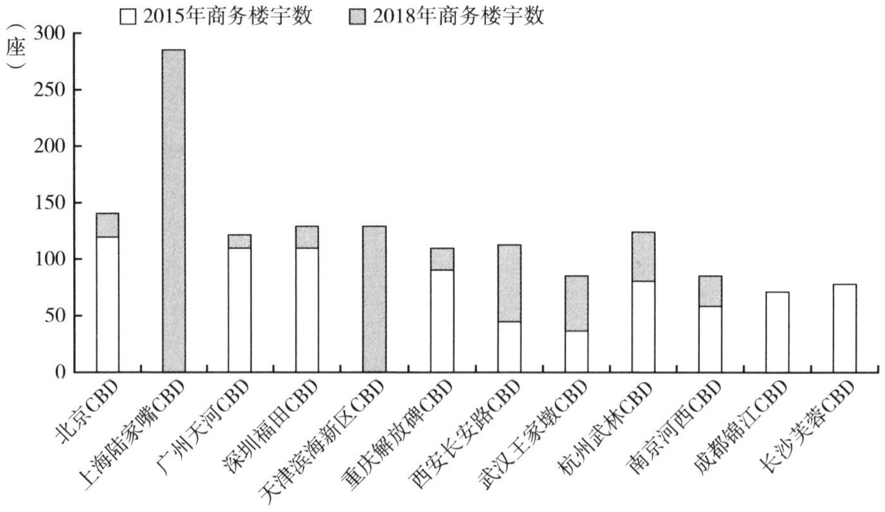

图3　2015～2018年中国部分CBD楼宇经济情况

资料来源：上海陆家嘴CBD、广州天河CBD、天津滨海新区CBD、重庆解放碑CBD、成都锦江CBD部分数据来源于政府工作报告；其余来自郭亮、单菁菁主编《中国商务中心区发展报告No.5（2019）：营造CBD国际一流营商环境》，社会科学文献出版社，2019。

（四）重大项目情况分析

2019年北京CBD国际化提升三年行动计划105项任务全面启动，36项任务取得明显进展，招商服务大厅启用，核心区中信大厦等5个项目建成，郎家园110千伏变电站和移动变电站实现电力供应，城市森林公园建成开园。2020年上半年，CBD核心区有8个项目正式开工，其中国寿、正大、清华等5个项目已完成竣工验收备案，泰康、阳光等3个项目正在施工。2019年上海陆家嘴CBD所在区域重大项目取得成果，张江科学城建设加快推进，张江复旦国际创新中心、交大张江科学园正式揭牌；同济大学上海自主智能无人系统科学中心投入使用；微软人工智能和物联网实验室、阿里巴巴上海研发中心、强生JLABS实现运营；PNP（Plug&Play）孵化器长三角总部正式启用。2019年深圳福田CBD签约引进百行征信、京东物流及同方全球人寿总部等56个亿元以上内资项目，以及6500万美元以上外资项目。高端平台相继落成，引进深圳文交所、岭南园林等文化平台和企业。广州天河CBD新开工33个区重点项目，完工21个，完成年度投资133.7亿元，年度投资完成率达110%。强化招商引资工作，新落户重点招商项目42个，其中世界500强投资项目10个。2019年天津滨海新区CBD承接北京非首都功能疏解取得新成效，中国核工业大学等开工建设，中国电信京津冀数据中心、中车金融租赁等一批项目引进落地。2019年，西安长安路CBD所在的碑林区项目建设成效显著。重大项目集中开工3次，开工项目23个，总投资74.53亿元。西安长安路CBD积极推动重点项目建设，特色街区项目完成投资1300万元，粉巷了街特色街区项目完成投资1600万元。武汉王家墩CBD所在江汉区持续扩大有效投资，汉阳科技总部港、国华金融中心等551个投资亿元以上项目开工，云尚武汉国际时尚中心、小米武汉总部、泰康楚园等一批投资亿元以上项目投产投用。杭州武林CBD重点项目推进有力，杭州恒隆广场、商储、京诚万城地块等总投资628亿元的57个项目开工，此外，丽笙酒店等23个项目竣工、交付。成都锦江CBD白鹭湾新经济总部小镇起步区顺利开工，锦江文化创意产业中心等24个重大产业项目加快建设，新增产业载体50万平方米。优化完善产业政策体系，入驻头部企业、平台型机构和配套关联企业70家。2019年长沙芙蓉CBD及所在的芙蓉区全年铺排各类重点项目155个，完成投资153亿元。2019年沈阳沈河CBD亿元以上签约项目109个，投资额超600亿元。82个亿元以上项目全部开复工，完成投资193亿元，23个京沈对口合作项目签约落地。郑州郑东新区CBD入“两区”库的产业类项目共33个，共完成固定资产投资53.53亿元。其中，龙湖金融岛内环项目金融一区、二区项目装修及机电工程进度均超过80%，累计投资3.4亿元，项目预计年初完工；三区项目前6栋写字楼主体基本完工，预计年初达到交房条件；四区项目已完成工程总投资的95%，预计年初整体工程完工。外环项目中的人保大厦、郑州银行综合业务大楼、中原银行项目、中国工商银行股份有限公司河南省分行综合营业大楼、威斯汀酒店项目、百瑞国际金融大厦项目目前在建设前期，其中百瑞信托已投入资金1.5亿元。运河两侧目前共引进项目11个，总投资约120亿元。其中，涉外机构项目1个（卢森堡1号地）、总部项目3个、金融项目4个、酒店项目2个。其中，农投国际中心、航空经济服务中心已建设完成并投入使用，分别入驻办公企业2家、15家；中瑞金融总部、邮储银行河南分行、河南卢森堡中心、正商凯悦酒店现场正在有序推进。①

青岛CBD历经17年发展，规划建设项目完成了80%。2019年青岛CBD启动国际航运中心、卓越世纪中心一号楼、青房财富地带、中广宜景湾、二十二世纪大厦5个新建成楼宇的招商工作。2019年底，富尔玛国际家居博览中心项目完成主体及周边环境施工、浪潮大数据产业园工程进度整体达到40%、青岛科技创新园二期基坑开挖，同时国际航运中心、丽海明都、中城嘉汇网点等总建筑面积40余万平方米的高端楼宇相继竣工。②

（五）楼宇租金及空置率

受到宏观经济发展等多种不确定因素的影响，以及大量甲级写字楼新增供应压力，国内写字楼市场正在面临一场挑战。但是同时，大量新增写字楼空间也让租户有了更多选择。

预计在未来几年，中国几个主要城市的甲级写字楼将继续迎来供应高峰，但是项目入市会出现一定延迟，拉长这一供应周期时间。从需求层面来看，随着国家经济重心转移到高附加值产业，以及长三角一体化、粤港澳大湾区协调发展等规划的不断深化实施，未来各种企业对甲级写字楼的需求还是会不断增长的。

戴德梁行2020年1月出具的《大中华区写字楼供应/需求核心趋势》③

① 资料来源：以上数据来源于各区2019年政府工作报告。

② 资料来源：2019年青岛市北区政府工作报告。

③ 资料来源：戴德梁行，https://www.cushmanwakefield.com.cn/images/upload/3/EC08BFD6C94F4503A620FFC5ED2D2C35.pdf。

显示，截至2019年第四季度中国主要城市的写字楼存量总数约比2018年同期增长8%。如表6所示，2019年深圳福田CBD因新增入市楼宇，所以核心商圈商务楼宇平均空置率偏高，达到19.5%，而广州天河CBD核心商圈商务楼宇平均空置率最低，为3.6%。租金方面，北京CBD核心商圈商务楼宇平均租金为全国最高，2019年全年平均租金达到433.6元/（平方米·月）。新一线城市楼宇空置率普遍偏高，从表6中不难发现，2019年9个关注的新一线城市中，7个空置率均高于20%，其中长沙芙蓉CBD空置率一度达到40%左右，新一线城市中空置率最低的为成都锦江CBD核心商圈的商务楼宇，为14.8%。2019年新一线城市中杭州武林CBD商务楼宇的平均租金最高，为155.1元/（平方米·月），沈阳沈河CBD平均租金最低，为84.6元/（平方米·月）（见表6）。

表6 2019年中国部分CBD写字楼空置率及平均租金

城市分类	CBD	楼宇空置率(商务楼宇平均,%)	楼宇租金[元/(平方米·月)]
一线城市	北京CBD	5.6	433.6
	上海陆家嘴CBD	12.9	302.7
	广州天河CBD	3.6	201.3
	深圳福田CBD	19.5	251.3
新一线城市	天津滨海新区CBD	38.6	97.7
	重庆解放碑CBD	32.0	89
	西安长安路CBD	28.8	92.9
	武汉王家墩CBD	27.0	120.7
	杭州武林CBD	16.3	155.1
	南京河西CBD	20.4	138
	成都锦江CBD	14.8	116.5
	长沙芙蓉CBD	40.2	101.9
	沈阳沈河CBD	35.4	84.6

资料来源：戴德梁行，https://www.cushmanwakefield.com.cn/images/upload/3/EC08BFD6C94F4503A620FFC5ED2D2C35.pdf。

与2015年相比，2019年一线城市CBD的空置率总体变化不大，北京CBD的空置率由2015年的5%上升到2019年的5.6%，租金由409.5元/(平方米·月)上涨至433.6元/(平方米·月)；上海陆家嘴CBD的空置率由2.4%上涨至12.9%，但是其每平方米租金稍有下跌，从316.5元/(平方米·月)降至302.7元/(平方米·月)，租金下降原因之一是近年新增供应增多，原因之二是2018年下半年，国家开始对P2P（peer-to-peer）类企业的严格监管，导致写字楼市场金融企业的租赁成交萎缩严重。广州天河CBD空置率由2015年14.3%下降到3.6%，同时租金在四年间上涨了32.5元/(平方米·月)，是一线城市中租金上涨最多的城市，其原因可能是近年来天河区放缓楼宇新增供应量，使库存慢慢稀释。2019年，深圳福田CBD空置率稍有上升，相较于2015年空置率上涨6.2个百分点，租金上涨了3.32元/(平方米·月)，与2015年几乎持平。

2015~2019年，新一线城市CBD楼宇空置率变动较大的有重庆解放碑CBD、成都锦江CBD及长沙芙蓉CBD；重庆解放碑CBD空置率下降了12.8个百分点，2019年空置率为32%；成都锦江CBD空置率下降也较为明显，从2015年的35.41%下降至14.80%，而楼宇空置率上升较为明显的城市为长沙芙蓉CBD，空置率在4年间上升了11.7个百分点。仅次于长沙芙蓉CBD的是南京河西CBD，其空置率从9.4%上升至20.4%，去库存压力迫切。租金方面，变化比较明显的有天津滨海新区CBD，该区域租金从2015年的111.9元/(平方米·月)下降至97.7元/(平方米·月)，降幅达12.7%，长沙芙蓉CBD租金降幅也比较明显，每月每平方米租金下降了7.2元，虽然租金降低，但其空置率依然居高不下。租金上涨比较明显的两个城市是成都锦江CBD和杭州武林CBD，涨幅分别为11%和5.5%。除此之外其他新一线城市变化不明显（见图4）。

（六）主要城市CBD写字楼需求趋势分析

本文选取五个城市CBD写字楼租赁情况进行分析，从中可以看出CBD产业发展的态势。

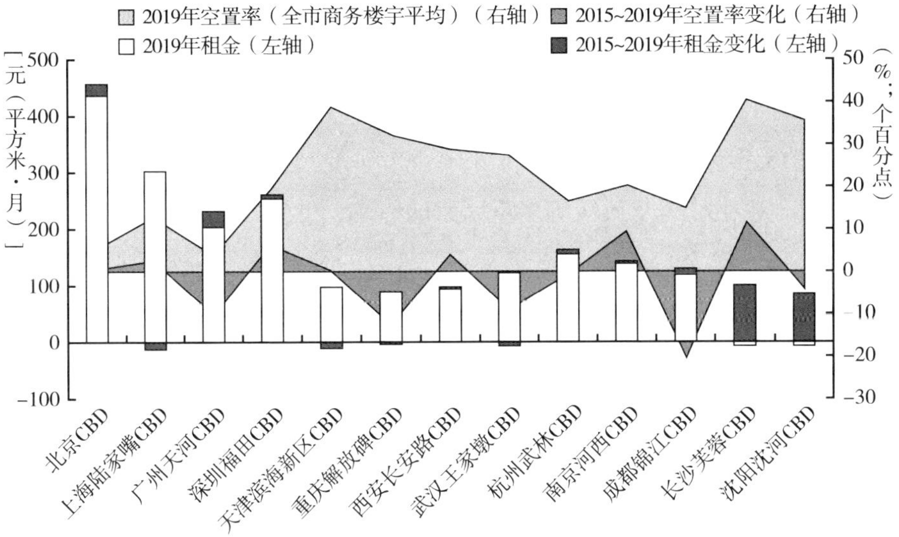

图 4　2015～2019 年部分 CBD 楼宇空置率及租金变化

资料来源：戴德梁行，https：//www. cushmanwakefield. com. cn/images/upload/3/EC08BF D6C94F4503A620FFC5ED2D2C35. pdf。

（1）北京的中央商务区

2018 年第四季度到 2019 年第三季度，CBD 长期以来一直是 TMT（Technology、Media、Telecom，是科技、媒体和通信三个英文单词缩写的第一个字母）行业成交密集的区域，在此期间的成交面积占 TMT 企业总成交面积的 14.6%，从专业服务业的成交租赁来看，联合办公已不再是专业服务业的主要支撑产业。过去一年中，专业服务业的主要支撑产业来自律师事务所、会计师事务所和咨询管理等类型公司。目前 CBD 依然是专业服务行业办公选址最为偏好的区域。2018 年第四季度到 2019 年第三季度，新租和搬迁至 CBD 的专业服务业企业成交面积占专业服务业企业总成交面积的比重最高，达 33.6%。截至 2019 年第三季度，CBD 现有专业服务业企业租户占比高达 26.0%。典型代表租户如麦肯锡、普华永道、德勤、盈科律师事务所等。CBD 作为北京的国际交往中心，也吸引了大量外资金融企业入驻，截至 2019 年第三季度，CBD 现有金融企业租户占比高达 31.4%。典型代表租户如花旗银行、渣打银行、德意志银行和弘睿投资等。2018 年第四季度到 2019 年第三季度，新租和搬迁至 CBD 金融类企业成交面积占金融企业总成交面积的 18.7%。

从 2018 年第四季度到 2019 年第三季度，受经济走势的不明朗以及金融和互联网行业租赁需求放缓等多重因素的影响，北京写字楼市场租赁成交较上一年同期下降 39.5%。一直以来，TMT、专业服务业和金融业为北京写字楼市场成交的三大主力行业，2018 年第四季度到 2019 年第三季度，三大行业成交面积之和占北京写字楼市场总成交面积的 77.3%。其中 TMT 行业在所有租赁成交占比中继续领跑，达 36.1%（见图 5）。2018 年下半年开始，由于受到联合办公资本力量撤出和品牌扩张意愿放缓等因素影响，2018 年第四季度到 2019 年第三季度，专业服务业租赁成交占比较去年同期下降 3.8 个百分点，为 23.4%。即便如此，由于律所类和咨询管理类公司租赁需求较大，专业服务业在所有行业租赁成交占比中仍居第二位。2018 年下半年开始，由于国家开始了对 P2P 类企业的严格监管导致北京写字楼市场金融企业的租赁成交开始萎缩，2018 年第四季度到 2019 年第三季度，金融业租赁成交占比较上一年同期下降 3.9 个百分点，达 17.8%。最后，能源、医药及医疗器械、批发和零售、制造业、房地产开发与建筑和物流与运输成交面积之和约占过去一年中北京写字楼市场总成交面积的 22.7%。

未来 TMT、专业服务和金融这三大传统主力行业仍将继续领跑北京写字楼租赁市场。随着北京服务业扩大开放试点工作的持续进行，未来 3～5 年北京高端服务业将进一步发展，同时写字楼市场也将更加繁荣与活跃。另外，科技金融、工业互联网、5G、人工智能、文旅等新兴领域的快速发展也将为相关企业和北京写字楼市场带来更多发展机遇。但短期来看，在大量新兴商圈的新增供应和经济形势尚未出现回暖的背景下，预计未来一年租赁成交放缓迹象或将持续。

（2）上海的商务区

2019～2020 年，由于种种市场不确定因素，如整体宏观经济增速放缓、中美贸易摩擦等，上海甲级写字楼整体租赁需求下降。2018 年上半年，上

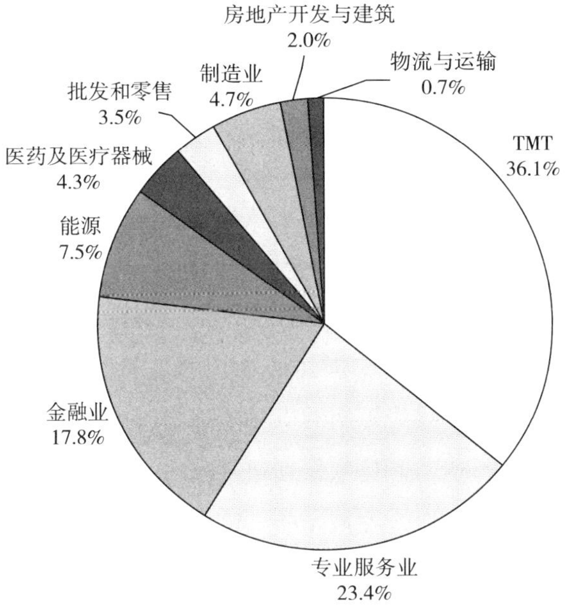

图 5　北京甲级写字楼成交租赁面积——按产业
（2018 年第四季度至 2019 年第三季度）

注：受所得数据来源影响，本部分所分析数据均为地区平均，非 CBD 平均。
资料来源：戴德梁行，https：//www. cushmanwake field. com. cn/research - repor。

海的联合办公品牌快速扩张，进而促进了专业服务业企业的租赁需求增长。然而，在 2019 年，多个联合办公品牌都开始减小扩张的步伐，导致联合办公不再是驱动专业服务业租赁需求的主要行业板块。即便如此，专业服务业的租赁面积占比仍然达到 22%，是所有行业中租赁面积占比最大的。其中，律师事务所、教育机构等类型的公司都有较大的租赁需求。另外两个重要的写字楼需求来源是 TMT 行业和金融业，二者吸纳的面积各自占整体市场的 20% 和 15%，与宏观经济升级的大步调保持一致（从劳动密集型产业向创新驱动增长转变）。2019 年 6 月科创板在上交所正式开市，将对人工智能、无人驾驶、新能源汽车等类型的新兴高科技企业产生积极促进作用。最后，物流与运输、房地产开发与建筑、制造业、批发和零售、医药及医疗器械、能源约占 2018 年第四季度至 2019 年第三季度上海甲级写字楼成交租赁面积的41%（见图6）。2018年第四季度至2019年第三季度，竹园子市场作为陆家嘴的金融前台部分，静安非核心子市场作为大数据、广告传媒公司集聚地，都分别吸引了TMT企业前来，这两个子市场在过去一年中占总租赁交易面积的22%左右。对于陆家嘴和黄浦这两个历来受到金融企业欢迎的商圈来说，在外滩被定位成金融集聚带之后，上海金融“一城一带”核心区的地位奠定，使得陆家嘴金融城在2019年拥有了28%的租赁交易量。随着我国经济由高速增长阶段转向高质量发展阶段，以及长三角一体化上升为国家战略，未来上海将成为推动中国经济增长的主要引擎。2020年上半年受到新冠肺炎疫情的影响，某些短期的市场不确定因素对上海甲级写字楼的整体租赁需求造成一定影响。但是从长远角度来看，上海仍然是中国的一个关键市场，是各类企业集聚活跃度最高的城市之一，将来必定会推动整体甲级写字楼租赁市场的发展。未来全市将有大量甲级写字楼供应，尤其集中在新

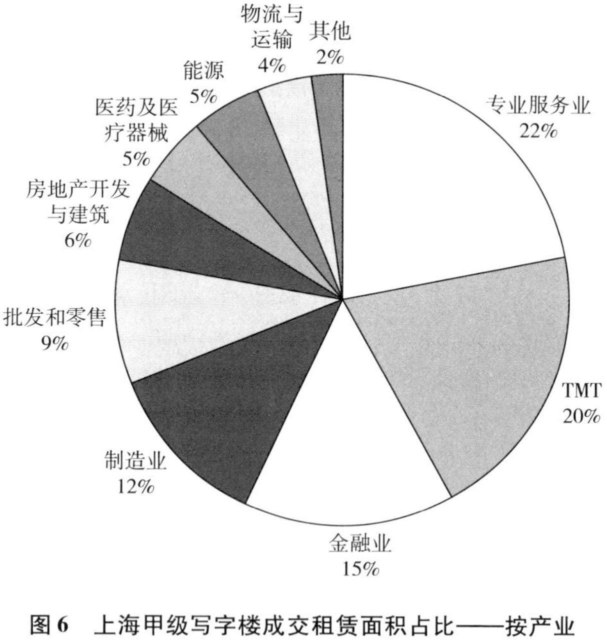

图6　上海甲级写字楼成交租赁面积占比——按产业
（2018年第四季度至2019年第三季度）

注：受所得数据来源影响，本部分所分析数据均为地区平均，非CBD平均。
资料来源：戴德梁行，https：//www. cushmanwakefield. com. cn/research - repor。

兴商圈，这将加剧业主之间的竞争，并进而导致空置率升高、租金下降等一系列连锁反应。但是同时，租户市场又将吸引更多企业租户前来寻找扩租机会，扩张企业规模，租赁更大面积的办公场所，并锁定有吸引力的租金签下长期租约。

（3）深圳的中央商务区

2019 年，受到宏观经济增速下行影响，深圳甲级写字楼整体租赁需求回落。金融监管收紧、中美贸易摩擦等因素令金融、TMT 等传统甲级写字楼租户的租赁需求均有所放缓。

2019 年，全市甲级写字楼租赁面积占比居首位的是金融业，占总租赁成交面积的 35.1%（见图 7）。金融业作为深圳的四大产业之一，一直以来是深圳甲级写字楼租赁需求的重要支撑。但近年来受金融监管收紧、金融去杠杆的影响，部分金融企业面临较大的资金压力，企业新租及扩租非常谨慎，金融企业的租赁活动中多数都是换租的需求。受粤港澳大湾区及深圳建设中国特色社会主义先行示范区等政策利好，有实力的金融企业依然看好深圳未来发展，寻求核心区优质物业。另外两个相对活跃的写字楼需求来自 TMT 及专业服务业，二者租赁面积分别占整体市场的 20.4%、19.7%。律师事务所及各类代理咨询公司是专业服务的主力需求，受资本浪潮褪去的影响，部分实力较弱的 TMT 类企业则选择搬迁至租金更低的研发类物业，其在整体租赁面积中的占比有所下降。整体而言，受宏观经济下行影响，企业出于成本考量，换租或缩小租赁面积的现象有所增多，并且预计这种趋势仍将持续。最后，制造业、批发和零售、房地产开发与建筑、医药及医疗器械、物流与运输成交约占过去一年深圳甲级写字楼市场租赁交易面积的 22%。2018 年第四季度至 2019 年第三季度，深圳福田 CBD 是专业服务业企业最优先选择的办公选址区域，占全市专业服务业租赁面积成交的 49%。作为深交所的所在地，深圳福田 CBD 依然是最吸引金融行业的片区，金融业中约 50% 的租赁成交面积集中于该片区。

过去几年，片区成熟度越来越高，租金也随着高品质新项目的入市而水涨船高。但经济下行的压力直接作用于金融业，众多金融企业缩减租赁面积

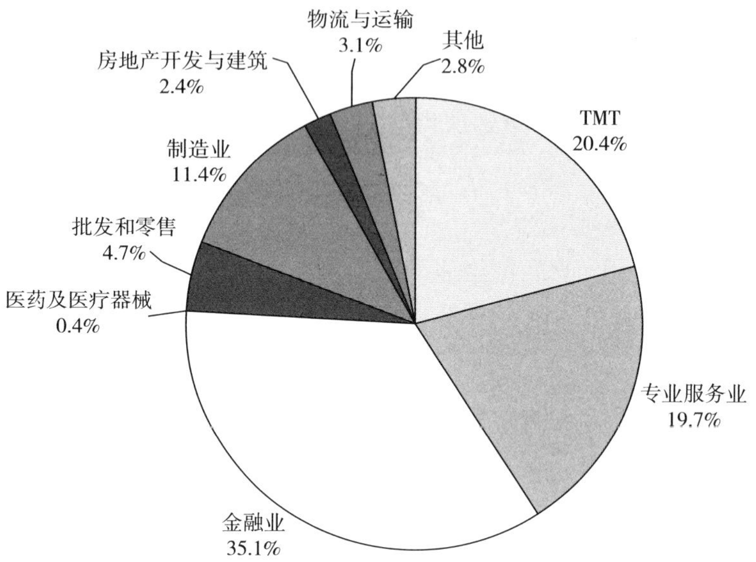

图 7　深圳甲级写字楼成交租赁面积——按产业
（2018 年第四季度至 2019 年第三季度）

注：受所得数据来源影响，本部分所分析数据均为地区平均，非 CBD 平均。
资料来源：戴德梁行，https：//www. cushmanwakefield. com. cn/research - repor。

以应对高额的租赁成本，使深圳福田 CBD 空置率持续上升。而部分投资公司、资产管理公司等则倾向于租金更低且片区也相对成熟的后海及科技园片区。粤港澳大湾区规划纲要的正式出台为粤港澳大湾区未来发展指明了方向，国家支持深圳建设中国特色社会主义先行示范区更是突出深圳在粤港澳大湾区发展中的重要地位及使命，深圳未来有望成为有影响力的国际都市。面对全球经济衰退及国内经济下行压力，甲级写字楼需求不振，海量新供应压力下租金或将继续回调，利好企业换租需求，但在当前的经济环境下，企业通过换租而缩减租赁面积的现象还将持续，未来整体市场去化及吸纳量仍存压力。

（4）广州的中央商务区

来自外部宏观环境不确定性因素的影响持续，广州甲级写字楼的租赁需求整体呈下降态势，租户升级搬迁和扩租的租赁决策更为谨慎，甚至出现部分中小型企业退租的情况。TMT 企业是广州写字楼租赁成交的吸纳主力，

2018 年第四季度至 2019 年第三季度的成交面积占比达 31.2%（见图 8）。TMT 行业的发展势头保持强劲，企业升级搬迁的租赁需求占主导，且租赁的办公空间普遍较大。专业服务业租赁以 23.4% 的比重排名第二，其中联合办公和商务空间运营商依然是专业服务业扩张的主力，占专业服务业总成交量的 43.1%。例如，联合办公品牌 WeWork 在广州继续拓点、FUNWORK 入驻天盈广场首进广州市场，除此以外，律师事务所的租赁表现同样抢眼。尽管面临行业监管趋严的大环境，金融机构依然积极在广州寻求机会，其租赁成交面积占比达到 18%，较上一统计期回升 7.5 个百分点。究其原因，一方面，广州作为华南地区政治文化中心，继续吸引众多金融机构开设区域分部，如新三板广州服务基地、上交所南方中心和深交所广州服务基地均于 2019 年在广州新设点。另一方面，广州及各区人民政府均在今年发布推动金融业发展的相关政策，如广州市人民政府在 2019 年初修订《关于支持广州区域金融中心建设的若干规定》，增加对新迁入的保险中介服务机构的奖励。从行业选址偏好来看，TMT 企业的选址较为集中，2018 年第四季度至 2019 年第三季度，超过 80% 的 TMT 企业落户琶洲商圈。琶洲作为广深港澳科技创新走廊的重要节点，多个互联网龙头企业的总部项目聚集于此，行业集聚效益日益突显，因此成为 TMT 企业的首选地址。专业服务业企业选址珠江新城 CBD 和琶洲商圈的比例相当，占总成交面积的比重分别为 49.4% 和 40.7%。选址珠江新城 CBD 的专业服务业公司类型更多样化，除联合办公和商务空间运营商外，还包括律师事务所、广告咨询、人力资源、专业咨询等公司。而琶洲商圈则由于优质新入市项目品质良好，且可供选择的租赁空间相对充足，因此吸引了有大面积租赁需求的企业落户于此。珠江新城 CBD 凭借其高度集中的经济资源、优越的地理位置及成熟的商务配套，成为最受金融企业青睐的商圈。2018 年第四季度至 2019 年第三季度，新租和搬迁至珠江新城 CBD 的金融企业成交面积占比为 42.9%。琶洲作为广州近年来发展速度最快的新兴商圈，周边配套逐步完善，吸引了约 28.5% 的金融企业选址落户。面对来自外部经济环境的挑战，广州市人民政府继续落实和深化减税降费政策，并加大对特定行业的租金补贴力度，以减轻企业的经营成本。同时，业主为吸引并留住优质客户，也会在租金和租赁条款上做出相应的让步。长期来看，尽管经济下行压力加大，广州甲级写字楼市场的租赁需求仍将有所支撑。一方面，中国对外开放政策持续深化，提升专业服务业和金融业等重要行业的开放程度，包括放宽股权比例、资本要求、业务范围的限制；另一方面，专业服务企业及金融机构将迎来新的发展契机，从而催生更多的甲级写字楼办公租赁需求。

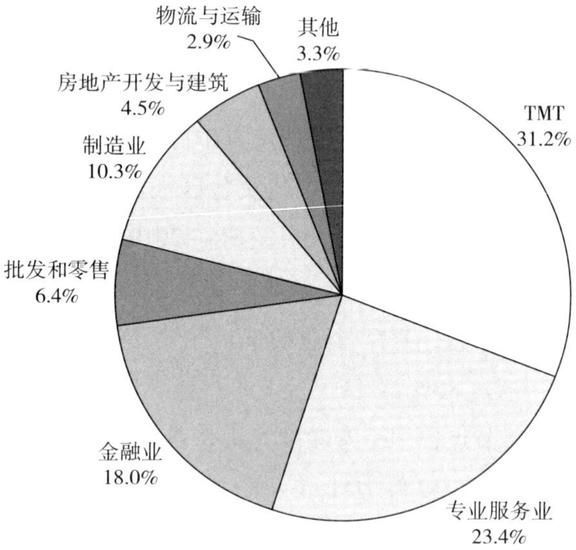

图 8　广州甲级写字楼成交租赁面积——按产业（2018 年第四季度至 2019 年第三季度）

注：受所得数据来源影响，本部分所分析数据均为地区平均，非 CBD 平均。

资料来源：戴德梁行，https：//www. cushmanwakefield. com. cn/research - repor。

（5）成都的中央商务区

2019 年，联合办公扩张放缓、经济下行压力等因素导致成都市甲级写字楼市场整体需求量回落。为减少不利影响，成都市大力培育科技创新企业，出台鼓励政策，推动 TMT 行业占比持续增长，截至 2019 年第三季度，需求占比达 33. 7% 。另外两个重要的写字楼需求来源是专业服务业和金融业，二者吸纳的面积各自占到整体市场的 24. 1% 和 22. 8% （见图 9）。

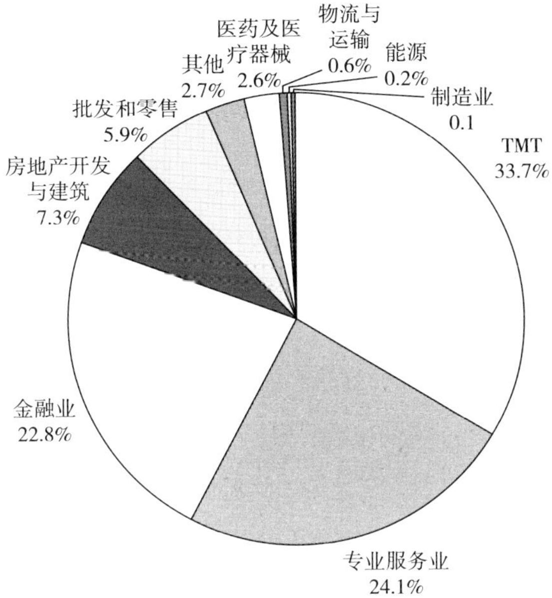

图9　成都甲级写字楼成交租赁面积——按产业
（2018 年第四季度至 2019 年第三季度）

注：受所得数据来源影响，本部分所分析数据均为地区平均，非 CBD 平均。
资料来源：戴德梁行，https：//www. cushmanwake field. com. cn/research - repor。

2018 年下半年，成都市的联合办公品牌从快速扩张转而开始变缓。即便如此，专业服务业的租赁面积占比仍然达到 24%。在法律法规越发完善的背景下，部分中小 P2P 金融企业受到冲击较大，但实力背景较强的金融企业依旧保持坚挺，金融业占比仍是最大的，达到 23%，是成都甲级写字楼市场需求主力军。除此之外，房地产开发与建筑成交活跃，从而推动其相关企业需求衍生，吸纳的面积占 7. 3%。制造业、批发和零售、医药及医疗器械和其他行业约占过去一年中成都甲级写字楼市场租赁交易面积的 12. 1%。2018 年第四季度至 2019 年第三季度，对专业服务业企业来说，联合办公和咨询行业为专业服务需求的主力军，其中交通便捷、氛围良好的东大街商务商圈是最受偏好的办公选址区域，获得 41% 的成交租赁量；而逐步成熟的金融城区域也吸引了大量专业服务类企业的入驻，预计未来区域内专业服务占比将持续增加。对金融业而言，过去一年中最受欢迎的办公选址地点是传统的 CBD 区域。受益于区域商务成熟度较高、金融氛围浓厚等因素，CBD 区域租赁成交面积位居榜首，达到需求面积的 17%。成都甲级写字楼未来供应主要集中在 2022～2023 年，并且主要集中于发展中的金融城、大源、天府总部商务区及城东地区。位于核心板块的锦江 CBD 区域，得益于区域位置优势、商务氛围浓厚、交通便捷等优势，需求持续释放，预计未来各项指标维持稳定健康发展。短期内，超过 10 万平方米的新增供应将提高甲级写字楼整体空置率，给租金水平带来一定下行压力。但是，成都市引进企业政策利好扶持力度较大，对企业的吸引力较大，预计未来持续有企业入驻，成都市各 CBD 甲级写字楼市场活跃度将保持在相对稳定的水平。

五　基本结论与政策建议

近年来，尽管 CBD 楼宇经济整体呈现持续、快速发展态势，部分特大城市楼宇经济发展势头较好，但仍存在较突出的问题：商办楼宇库存量仍然偏高、楼宇经济发展水平差异大、楼宇经济信息监测不足、楼宇经济发展规划和发展政策缺失、生产性服务业发展仍需提速、部分 CBD 楼宇经济集聚区首位度不高、楼宇经济精准服务水平有待提升等。因此，提出以下对策建议。

（一）完善楼宇服务政策

科学规划牵引作用，出台楼宇经济服务政策。一是加强引导楼宇经济向特色化、品质化方向发展，提升楼宇经济整体水平。二是对楼宇经济发展做出合理规划布局，科学谋划楼宇经济的发展目标、发展思路、产业导向、空间布局和各楼宇功能区划分等，明确楼宇经济发展格局。三是完善楼宇经济服务政策。着力物业管理提升、楼宇业主扶持、楼宇改造扶持、特色楼宇扶持、政府服务提升等方面工作，建立完善楼宇经济服务政策。

（二）加强楼宇经济监测

当前，以“数字经济、智能经济、绿色经济、创意经济、流量经济、共享经济、楼宇经济”为代表的新经济形态快速发展。以楼宇经济评价统计指标体系为切入点，推动建立面向新经济形态的监测和统计模式。统筹考虑新经济形态的发展特点，联合统计、工业与信息化、发展改革、税务、工商等职能部门，加紧研究楼宇经济评价统计指标体系，构建CBD楼宇经济统计网络，推动建立新经济形态监测和统计模式，建立楼宇经济政务、企业数据交换制度，形成楼宇经济数据共享机制。

（三）加快提升楼宇品质

针对部分CBD商务楼宇库存量较大问题，要严格筛选优化增量。首先，对商务楼宇库存量较大的城市，控制新建商业、办公楼宇项目数量，楼宇项目须符合城市产业发展导向，引导项目建设用地转型使用，用于国家支持的战略性新兴产业、高端服务业、众创空间等项目。优先审批符合产业导向、绑定产业战略合作伙伴的楼宇开发项目，限制以产业开发名义进行房地产开发的行为。其次，在调研存量楼宇资源的基础上，对各楼宇基础信息进行系统梳理。定期向社会公布存量楼宇招租政策、产业导向、准入要求和招商信息。最后，提升存量楼宇品质。根据CBD所在城市能级，因地制宜地制定出台相应的政策，支持老旧商务楼宇升级改造，打造一批功能性楼宇、特色楼宇、品质商务楼宇。此外，结合CBD商圈优化楼宇周边环境，加快楼宇周边公共交通、停车场等公共设施的建设，打通楼宇间、载体平台间动态交通，使楼宇人流、物流、信息流顺畅流动。

（四）培育特色楼宇经济聚集区

生产性服务业和工业制造业商务部分是楼宇经济发展的内生动力，应紧紧围绕CBD重点产业布局发展具有特色的楼宇经济。强化楼宇经济发展中的产业引导作用，打造楼宇经济聚集区。根据CBD具体情况，明确楼宇经济总体格局、业态布局、楼宇空间布局，促进空间资源优化整合，形成若干专业楼宇经济发展圈（带）。重点加强特色产业植入、重点特色楼宇培育，形成有产业特色的楼宇经济生态圈。

参考文献

［1］戴德梁行：《2019 年大中华区写字楼供应/需求核心趋势》，http：//www.cushmanwakefield.com.cn/images/upload/2/6BFB94C8F9B849988FF2F55A9CA4D461.pdf，2020 年 1 月。

［2］郭亮、单菁菁主编《中国商务中心区发展报告 No.5（2019）：营造 CBD 国际一流营商环境》，社会科学文献出版社，2019。

［3］黄鹤群：《“互联网+”：楼宇经济转型升级的新空间——以南通市主城区楼宇经济发展为例》，《现代经济探讨》2017 年第 4 期。

［4］蒋三庚主编《中央商务区产业发展报告（2018）：CBD 推动区域高质量协调发展》，社会科学文献出版社，2018。

［5］李立杉、蒋三庚等：《中国特大城市中央商务区（CBD）发展指数研究：北京市哲学社会科学 CBD 发展研究基地 2016 年度报告》，首都经济贸易大学出版社，2017。

［6］李明超：《政府导向的楼宇经济社区化发展模式与提升策略——基于政府经济学视角》，《湖北社会科学》2017 年第 11 期。

［7］刘建新：《中央商务区楼宇经济研究——以杭州钱江新城 CBD 为例》，《当代经济》2016 年第 20 期。

［8］王燕青、杜倩倩、赵福军、杜悦英：《北京 CBD 发展之路回顾与解析》，《中国发展观察》2019 年第 5 期。

［9］徐宜先：《楼宇经济的发展路径分析》，《住宅与房地产》2020 年第 5 期。

［10］仲量联行：《楼宇经济成全新产业模式　四大趋势指引楼宇标准化未来》，《房产瞭望》2019 年第 6 期。

B.5
中央商务区营商环境指数分析（2020）

王雪祺*

摘　要： 目前，优化营商环境已成为增强市场活力、提升企业创新能力的关键词之一。CBD作为城市商业核心，更需要稳定、公平与透明的营商环境。本报告以我国一线城市、新一线城市的CBD作为研究对象，通过构建与评价CBD营商环境指数，对国内CBD进行评价。报告认为，诸多CBD做了大量有效工作，提高了营商环境质量。根据对CBD营商环境的评判，报告提出了对标国际标准、深化营商环境改革、加强法治化建设及提升营商环境品质等建议。

关键词： 中央商务区　营商环境　法治化发展

党的十八大以来，政府深入推进“放管服”改革，持续营造良好的营商环境，不断推出有效政策与相关行政法规。2019年10月23日，国务院发布《优化营商环境条例》，成为首个国家级优化营商环境行政法规，该法规从市场主体保护、市场环境、政务服务、监管执法等方面对如何持续优化营商环境，不断解放和发展生产力做出专门规定。如何评价营商环境成为一个地区改善营商环境的前提。目前营商环境评价体系多以国家、省份和城市为单位，而CBD是城市的商业核心，是城市商业活动和企业经营的重要区域，对CBD营商环境指数进行计算与评价，更能准确地、针对性地进一步提出改善营商环境的对策。

* 王雪祺，首都经济贸易大学博士研究生，河北金融学院讲师，主要研究领域为区域金融、劳动关系。

一　理论基础与分析

（一）营商环境的基本概念

世界银行较早提出营商环境的概念，认为其是企业在开办过程中开立、经营、办理其他业务等耗用的时间或成本。世界银行从2004年起每年发布《全球营商环境报告》，依据该定义构建指标在各国进行调研，并公布排名。我国国务院2019年10月发布的《优化营商环境条例》对营商环境有如下界定："指企业等市场主体在市场经济活动中所涉及的体制机制性因素和条件。"

本文认为营商环境可以简单地概括为区域内企业开办、经营活动所面临的一系列制度、经济、政治等环境，内涵广泛，对企业活动有关键性的影响。具体来说，营商环境是指企业外部影响企业经营发展的各种因素的总称。从企业角度看，该地区的宏观经济环境必然对企业经营产生影响，包括经济发展、产业结构环境和人口与生活环境，营商环境还可能从以下几个方面影响企业活动：一是对企业经营的便利程度的影响，包括企业开办、纳税、上市等发展环节及程序，其最终影响该区域内企业的经营效率；二是对金融资源获取和使用的便利程度的影响，包括借贷的便利，多层次资本市场的利用效率，天使投资、风险投资的引入程度，产业基金的发展程度等，企业发展离不开融资，发达完善的金融体系，是营商环境中的重要方面；三是该地区的对外开放程度，尤其对外商企业具有重要影响；四是该地区的交通与运输条件，同时还包括政府对改善营商环境的支持力度等。

（二）营商环境指数构建

在国际上影响较大的是世界银行的营商环境指数构建。世界银行建立了10个能够代表一个地区营商环境的重要指标，通过调研，计算各国各地区的营商环境排名，这10个指标分别是开办企业、申请建筑许可、获得电力供应、注册财产、获得信贷、投资者保护、缴纳税款、跨境贸易、合同执行和办理破产。2019 年 10 月，世界银行发布最新一期全球营商环境报告，即《全球营商环境报告 2020》。通过对 190 个国家和地区进行调研，列出各国营商环境排名。世界银行将北京、上海两地作为样本，权重分别为 45% 和 55%。报告显示在 2018 年 5 月到 2019 年 5 月的 12 个月中，中国位列第 31，较上年上升 15 位。我国自 2017 年以来，营商环境排名有了较大的提升（见图 1）。

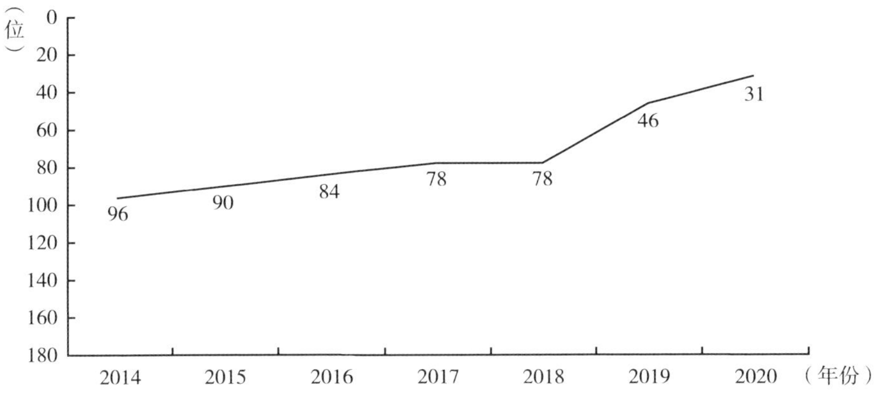

图 1　2014～2020 年中国在世界银行营商环境报告中的排名

注：《全球营商环境报告》使用该报告发布年份前一年至发布年份数据，而非报告名称年份的数据。如《全球营商环境报告 2020》使用 2018 年 5 月至 2019 年 5 月的数据计算排名。

资料来源：世界银行：2014～2020 年《全球营商环境报告》，http：//chinese. doingbusiness. org。

国内研究一部分基于世界银行调查数据，如夏后学等（2019）利用二值选择模型，对营商环境、企业寻租与市场创新的关系做出解释，认为营商环境的提升有利于优化企业的创新环境。此外，也有对营商环境指数评价体系的重新构建，如张三保等（2020）对我国省份营商环境做出评价，从市场、政务、法律政策、人文四方面构建营商环境指标，认为各省份营商环境出现层次化特征。李志军（2019）从政府效率、人力资源、金融服务、公共服务、市场环境、创新环境六方面构建中国城市营商环境指标体系，对中国部分城市的营商环境进行评价。

除理论研究外，许多企业与研究机构对中国城市营商环境进行了指标体系的建设和测度。大多数是对于个别区域和个别城市的营商环境测度，如普华永道中国公司联合财新智库、数联铭品机构和新经济发展研究院等机构从政府服务优化维度、产业转型升级维度、城市功能完善维度、人力资本集聚维度等方面对中国城市营商环境进行了评价。中央广播电视总台从基础设施、人力资源、金融服务、政务环境、法制环境、创新环境、社会环境等方面对城市进行了评价。

二　营商环境指数构建

（一）样本选取

本文确定了13个城市CBD作为营商指数构建的目标城市CBD，包括4个一线城市CBD、9个新一线城市CBD。

（二）数据来源和说明

如前文所示，为了保持数据的权威性和研究的科学性，本报告采用的数据主要来自13个城市与部分CBD所在城区年度《统计年鉴》和《中国城市统计年鉴》，部分缺失数据通过13个城市与部分CBD所在城区的《国民经济和社会发展统计公报》进行填补，个别数据来源于该城区政府工作报告。

（三）营商环境指数的指标遴选

根据第一部分理论基础分析，本文认为可以从经济发展与产业结构、人口与生活、商业运作三个维度来对CBD进行营商环境的指数构建。兼顾13个CBD实际情况和数据的可得性，本文在《中央商务区产业发展报告（2019）》中“中央商务区营商环境指数分析”的基础上进行指标与数据的补充和修正，将营商环境指数分为经济与产业结构环境指标、人口与生活环境指标及商业运作环境指标。涵盖3个一级指标和12个二级指标，如表1所示。除特别说明外，研究中所采用的都是CBD所在城区指标。

表 1　CBD 营商环境指数指标体系

一级指标	二级指标	指标解释
经济与产业结构环境指数	GDP 总量	CBD 所在城区的生产总值
	人均 GDP	CBD 所在城区生产总值/常住人口
	第三产业增加值占 GDP 的比重	第三产业增加值/GDP
	每万人专利授权量	在一定程度上反映了技术要素市场的发育程度，专利授权量/常住人口
人口与生活环境指数	常住人口	全年经常在家或在家居住 5 个月以上，也包括在所在的城市居住的流动人口
	城镇居民人均可支配收入	在一定程度上反映该地区消费能力
	建成区绿化覆盖率	一定程度上反映该地区生态环境及政府提升生态环境的力度
	每千人医疗卫生机构床位数	该地区医疗卫生机构床位数/常住人口，一定程度上反映该地区的医疗条件
商业运作环境指数	实际利用外资金额	在一定程度上反映该地区对外开放程度
	商务区所在城市金融机构本外币贷款余额	在一定程度上反映企业融资难度，是表现资本要素市场的正向指标
	财政收入支持力度	地方一般预算收入/GDP，反映该地区为提升营商环境能够使用的资金支持能力
	商务区所在城市货物运输总量	反映了一定程度上该地区的交通便利和物流运输情况

下面是指标的相关具体说明。

1. 经济与产业结构环境指数

经济与产业结构环境指数是营商环境指数的重要衡量指标之一，反映该地区经济运行情况和产业结构是否合理。

（1）GDP 总量是反映一个地区经济运行情况的重要指标，该指标一般采用中央商务区所在城区的数据来进行计算，反映该地区的经济总体规模，为正向指标。

（2）人均 GDP 一般为 GDP 总量与该地区的常住人口之比，它在一定程度上反映了社会公平，该指标为正向指标，指标越大，说明人均生产效率越高。

（3）第三产业增加值占 GDP 的比重。CBD 区域属于高端商务区，以第三产业为特征，该指标能够较好地反映 CBD 地区的产业结构情况，该指标为正向指标，指标越大，产业机构越优化。

（4）每万人专利授权量为正向指标，在一定程度上反映了技术要素市场的发育程度。每万人专利授权量越大，说明该地区科技创新潜力越大，产业结构进一步优化的潜力越大。

2. 人口与生活环境指数

人口与生活环境指数反映该地区的人口环境和生活居住环境情况，包括常住人口、城镇居民人均可支配收入、建成区绿化覆盖率、每千人医疗卫生机构床位数四个方面的指标。对企业开展经营，尤其是对企业员工日常生活有重要影响，进一步影响该区域的招商引资情况。

（1）常住人口。常住人口指全年经常在家或在家居住 5 个月以上的人口，也包括在城市居住的流动人口。常住人口在一定程度上能够反映该地区劳动力情况和消费潜力情况，为正向指标。

（2）城镇居民人均可支配收入是反映该地区的消费潜力的指标，为正向指标。

（3）建成区绿化覆盖率一般为城市建成区的绿化覆盖面积占建成区的百分比，该指标在一定程度上反映了该城区生态环境及政府提升生态环境的力度，为正向指标。

（4）每千人医疗卫生机构床位数的计算方法为该地区医疗卫生机构床位数/常住人口，该指标在一定程度上反映了该地区的医疗条件和医疗资源，是企业员工生活环境的重要影响指标之一，为正向指标。

3. 商业运作环境指数

商业运作环境指数反映该地区的整体商业运作环境，包括对外资的利用环境、金融环境、财政收入支持环境、物流环境等。

（1）实际利用外资金额。实际利用外资金额是指在和外商签订合同后，实际到达的外资款项。一个地区实际利用外资金额规模越大，该地区国际贸易可能越发达，对外开放程度、国际化程度可能越高。实际利用外资金额指标为正向指标。

（2）商务区所在城市金融机构本外币贷款余额。该指标在一定程度上反映了社会融资规模和企业融资难度，是表现资本要素市场的正向指标，为商务区所在城市数据。

（3）财政收入支持力度的计算方法为地方一般预算收入/GDP，该指标反映该地区为提升营商环境能够使用的资金支持能力，为正向指标。

（4）商务区所在城市货物运输总量为正向指标。城市货物运输量规模越大，说明该地区交通、物流情况可能越发达。

三　营商环境指数测度结果与分析

（一）营商环境指数总体测度结果分析

本文采用熵值法计算指标权重与指数。表2为按熵值法计算的2016～2018年的13个CBD所在城区营商环境指数及分项指数。

表2　2016～2018年13个CBD所在城区营商环境指数及分项指数

单位：得分

年份	城市分类	CBD所在城区	经济与产业结构环境指数	人口与生活环境指数	商业运作环境指数	营商环境指数	排名
2016	一线城市	北京朝阳区	5.5573	5.7024	5.6543	16.9140	2
		上海浦东新区	5.5942	5.5265	5.5265	16.9675	1
		广州天河区	5.6593	5.4336	5.3849	16.4778	4
		深圳福田区	5.8036	5.5094	5.2103	16.5234	3
	新一线城市	天津滨海新区	5.5770	5.2565	5.2565	16.4313	1
		西安碑林区	5.3073	5.2813	5.0859	15.6745	8
		成都锦江区	5.2837	5.2706	5.1844	15.7387	7
		杭州下城区	5.4817	5.3169	5.3169	16.0118	3
		南京建邺区	5.1904	5.3313	5.2638	15.7854	6
		沈阳沈河区	5.1732	5.2532	5.1226	15.5490	9
		武汉江汉区	5.3315	5.2434	5.2813	15.8562	5
		长沙芙蓉区	5.4212	5.3452	5.1000	15.8665	4
		重庆渝中区	5.3614	5.2920	5.3864	16.0398	2

续表

年份	城市分类	CBD 所在城区	经济与产业结构环境指数	人口与生活环境指数	商业运作环境指数	营商环境指数	排名
2017	一线城市	北京朝阳区	5.5824	5.7082	5.5550	16.8456	2
		上海浦东新区	5.6127	5.5163	5.8581	16.9870	1
		广州天河区	5.6948	5.4563	5.3960	16.5471	3
		深圳福田区	5.7923	5.5019	5.2175	16.5116	4
	新一线城市	天津滨海新区	5.5302	5.2246	5.5525	16.3072	1
		西安碑林区	5.2496	5.2513	5.0608	15.5618	8
		成都锦江区	5.3006	5.2927	5.1903	15.7836	7
		杭州下城区	5.4641	5.302	5.2075	15.9735	3
		南京建邺区	5.1975	5.3516	5.2617	15.8108	6
		沈阳沈河区	5.1781	5.2251	5.0902	15.4933	9
		武汉江汉区	5.3590	5.242	5.2777	15.8786	5
		长沙芙蓉区	5.4420	5.3547	5.1016	15.8984	4
		重庆渝中区	5.3629	5.2862	5.3820	16.0311	2
2018	一线城市	北京朝阳区	5.5774	5.7087	5.4483	16.7345	2
		上海浦东新区	5.6209	5.5105	5.8537	16.9852	1
		广州天河区	5.6981	5.5226	5.4554	16.6762	3
		深圳福田区	5.7683	5.5177	5.2464	16.5325	4
	新一线城市	天津滨海新区	5.4821	5.2526	5.3348	16.0695	2
		西安碑林区	5.2391	5.1989	5.0714	15.5094	8
		成都锦江区	5.3106	5.2644	5.2368	15.8119	7
		杭州下城区	5.4542	5.3214	5.2533	16.0290	3
		南京建邺区	5.2103	5.3611	5.3127	15.8841	6
		沈阳沈河区	5.1898	5.2194	5.0895	15.4988	9
		武汉江汉区	5.3773	5.2310	5.3376	15.9459	4
		长沙芙蓉区	5.4534	5.3553	5.1129	15.9216	5
		重庆渝中区	5.3634	5.2796	5.4565	16.0995	1

注：金融机构本外币贷款余额、城市货运总量指标为城市数据；除部分商务区某些指标缺失使用城市数据外，其余指标皆为中央商务区数据。

1. 一线城市排名稳定，营商环境水平优秀

2016～2018 年营商环境指数得分排名显示，北上广深四个城市 CBD 营商环境水平明显优于新一线城市，得分均高于其他 CBD，其他分指数得分也表现较为优秀。一线城市内部总体表现出上海浦东新区、北京朝阳区两区领跑的趋势。

上海浦东新区位居第一，北京朝阳区紧随其后，且与广、深表现出一定差距。两城区经济与产业结构环境指数、人口与生活环境指数及商业运作环境指数得分均排名前列，上海浦东新区商业运作环境指数得分排名第一，北京朝阳区人口与生活环境指数得分表现突出。深圳福田区经济与产业结构环境指数得分表现优秀，主要得益于优良的产业结构和科技创新环境。

2. 新一线城市亮点突出，营商环境水平有一定差距

新一线城市中，9 个城市 CBD 营商环境存在一定差距，但皆有亮点与短板。天津滨海新区、重庆渝中区、杭州下城区属于新一线城市中的第一梯队，得分较高。天津滨海新区经济与产业结构环境指数三年位列新一线城市中第一，GDP 总量与人均 GDP 领先。重庆渝中区商业运作环境较优，尤其城市货物运输量体现了较好的交通与运输条件。杭州下城区经济与产业结构环境较好。长沙芙蓉区经济与产业机构环境和人口与生活环境领先，但商业运作环境有提升空间。2016～2018 年南京建邺区排名稳定，人口与生活环境表现较好，但经济与产业结构环境仍需优化。西安碑林区、沈阳沈河区在商业运作环境上存在一定短板。

（二）经济与产业结构环境指数

营商环境中经济与产业结构环境指数由 GDP 总量、人均 GDP、第三产业增加值占 GDP 的比重和每万人专利授权量构成。GDP 总量反映该地区经济总量规模。人均 GDP 考虑了该地区的常住人口，对该地区社会发展及收入分配有一定程度上的映射。第三产业增加值占 GDP 的比重反映了该地区产业结构情况。每万人专利授权量在一定程度上考察了该地区的科技创新情

况，是产业结构进一步优化的重要指标。

从经济与产业结构环境指数得分（见表3）看，2016～2018年排名变化不明显。在一线城市中，深圳福田区在人均GDP、第三产业增加值占GDP的比重、每万人专利授权量指标上表现优异，处于领跑地位，这反映了深圳福田区经济环境较优，产业结构合理。从2018年指标来看，上海浦东新区GDP总量得分最大，广州天河区人均GDP得分最高，深圳福田区在第三产业增加值占GDP的比重、每万人专利授权量上得分最高，尤其是每万人专利授权量相比其他地区优势明显，表现出良好的产业结构环境和创新环境。

表3　2016～2018年13个CBD所在城区经济与产业结构环境指数

单位：得分

年份	城市分类	CBD所在城区	GDP总量	人均GDP	第三产业增加值占GDP的比重	每万人专利授权量	经济与产业结构环境指数	排名
2016	一线城市	北京朝阳区	1.5964	1.4709	1.2827	1.2074	5.5573	4
		上海浦东新区	1.7226	1.5329	1.2054	1.1334	5.5942	3
		广州天河区	1.5478	1.6831	1.2694	1.1590	5.6593	2
		深圳福田区	1.5392	1.7009	1.2864	1.2772	5.8036	1
	新一线城市	天津滨海新区	1.6489	1.6613	1.0828	1.1840	5.5770	1
		西安碑林区	1.4394	1.4467	1.2252	1.1959	5.3073	6
		成都锦江区	1.4427	1.4532	1.2637	1.1241	5.2837	7
		杭州下城区	1.4425	1.5256	1.2934	1.2201	5.4817	2
		南京建邺区	1.4355	1.4693	1.1250	1.1606	5.1904	8
		沈阳沈河区	1.4433	1.4174	1.2481	1.0643	5.1732	9
		武汉江汉区	1.4498	1.4987	1.2780	1.1050	5.3315	5
		长沙芙蓉区	1.4542	1.6192	1.2501	1.0977	5.4212	3
		重庆渝中区	1.4503	1.5370	1.2993	1.0748	5.3614	4
2017	一线城市	北京朝阳区	1.6105	1.4531	1.3599	1.1589	5.5824	4
		上海浦东新区	1.7402	1.4984	1.2731	1.1009	5.6127	3
		广州天河区	1.5670	1.6462	1.3563	1.1254	5.6948	2
		深圳福田区	1.5519	1.6406	1.3659	1.2338	5.7923	1

续表

年份	城市分类	CBD 所在城区	GDP 总量	人均 GDP	第三产业增加值占 GDP 的比重	每万人专利授权量	经济与产业结构环境指数	排名
2017	新一线城市	天津滨海新区	1.6563	1.6157	1.1498	1.1083	5.5302	1
		西安碑林区	1.4568	1.4214	1.2959	1.0756	5.2496	7
		成都锦江区	1.4587	1.4276	1.3401	1.0742	5.3006	6
		杭州下城区	1.4564	1.4746	1.3745	1.1586	5.4641	2
		南京建邺区	1.4502	1.4358	1.1960	1.1156	5.1975	8
		沈阳沈河区	1.4582	1.3718	1.3179	1.0302	5.1781	9
		武汉江汉区	1.4655	1.4643	1.3620	1.0672	5.3590	5
		长沙芙蓉区	1.4706	1.5820	1.3279	1.0615	5.4420	3
		重庆渝中区	1.4642	1.4907	1.3797	1.0282	5.3629	4
2018	一线城市	北京朝阳区	1.6449	1.4071	1.3838	1.1416	5.5774	4
		上海浦东新区	1.7782	1.4422	1.3037	1.0969	5.6209	3
		广州天河区	1.5996	1.5784	1.3821	1.1380	5.6981	2
		深圳福田区	1.5816	1.5560	1.3870	1.2437	5.7683	1
	新一线城市	天津滨海新区	1.6837	1.5476	1.1665	1.0843	5.4821	1
		西安碑林区	1.4885	1.3583	1.3182	1.0741	5.2391	7
		成都锦江区	1.4910	1.3664	1.3713	1.0819	5.3106	6
		杭州下城区	1.4874	1.4207	1.3958	1.1503	5.4542	2
		南京建邺区	1.4818	1.3772	1.2312	1.1201	5.2103	8
		沈阳沈河区	1.4897	1.3153	1.3476	1.0373	5.1898	9
		武汉江汉区	1.4988	1.4246	1.3851	1.0688	5.3773	4
		长沙芙蓉区	1.4995	1.5083	1.3841	1.0615	5.4534	3
		重庆渝中区	1.4958	1.4315	1.3998	1.0364	5.3634	5

新一线城市经济与产业结构环境排名变动不大。天津滨海新区 3 年得分均高于其他新一线城市，GDP 总量和人均 GDP 优势较为突出。杭州下城区紧随其后，第三产业增加值占 GDP 的比重和每万人专利授权量指标表现较好，拥有较优秀的产业结构和良好的创新环境。南京建邺区、沈阳沈河区在产业结构优化及加快创新方面有待进一步提高。

1. GDP 总量

GDP 总量是考量一个地区经济发展的最重要指标之一，其对该地区营商环境有着重要影响。

2016～2018 年，13 个城区 GPD 总量基本保持逐年增长趋势，上海浦东新区优势明显，四个一线城市城区、天津滨海新区与其他新一线城市城区仍存在较大差距。天津滨海新区 GDP 总量在 2016 年调整为 6554 亿元，2017 年、2018 年保持上升趋势。2018 年，上海浦东新区 GDP 总量突破万亿元，北京朝阳区 GDP 总量突破 6000 亿元。广州天河区、深圳福田区 GDP 突破 4000 亿元。新一线城市除天津滨海新区外，GDP 规模均在千亿元左右，见 B2 报告图 6。

2. 人均 GDP

从人均 GDP 情况来看（见 B2 报告图 7），一线城市 CBD 所在城区优势不明显。广州天河区、深圳福田区、天津滨海新区、长沙芙蓉区处于前列，2016 年以后均达到 20 万元以上。2018 年，广州天河区人均 GDP 高达 26 万元，居首位。北京朝阳区和上海浦东新区由于人口基数大，人均 GDP 未在前列。

3. 第三产业增加值占 GDP 的比重

一国或者一个地区产业结构由第一产业向第二产业和第三产业逐步转移的过程，往往是产业结构优化的过程。中央商务区一般承载着城市发展现代服务业的职能，以金融服务、计算机软件服务等第三产业为主导应为其主要产业特征。第三产业增加值占 GDP 的比重应高于其他地区。

就13 个 CBD 所在城区的统计数据来看（见图 2），第三产业增加值总体规模存在较大差异，一线城市领跑，上海浦东新区、北京朝阳区总规模突出，2015～2018 年总体基本呈上升趋势。但从占比情况来看（见图 3），第三产业增加值占 GDP 的比重 2015～2018 年基本保持平稳，北京朝阳区、广州天河区、深圳福田区、杭州下城区、武汉江汉区、长沙芙蓉区、重庆渝中区均达到 90% 以上，长沙芙蓉区增速明显，上海浦东新区仅达到 75% 左右，打破了其他指标一线城市领跑的格局。2018 年天津滨海新区第三产业增加值占 GDP 的比重为 45.8%，低于全国水平（52%）。

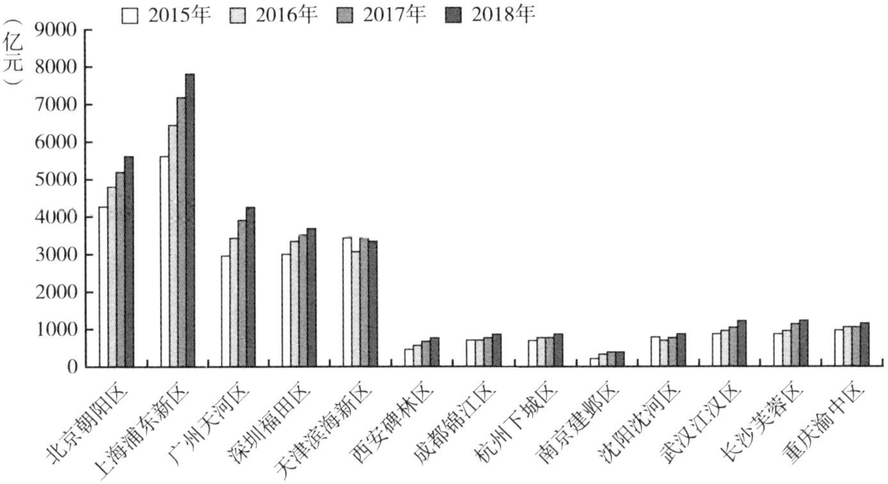

图 2　2015～2018 年 13 个 CBD 所在城区第三产业增加值比较

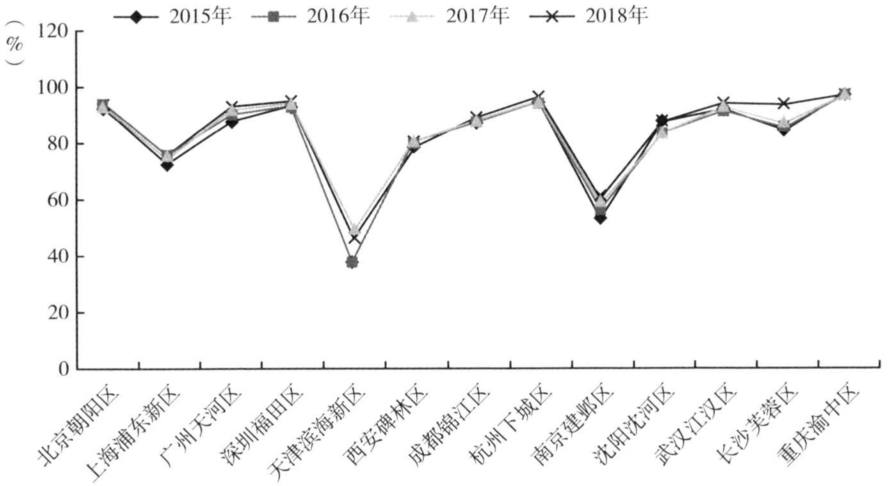

图 3　2015～2018 年 13 个 CBD 地区第三产业增加值占 GDP 的比重比较

4. 每万人专利授权量

每万人专利授权量是指每万人拥有经国内外知识产权行政部门授权且在有效期内的发明专利数，是衡量一个国家或地区科研产出质量和市场应用水平的综合指标。从13个CBD所在城区综合情况（见B3报告图6）看，各城区差距较为明显，深圳福田区明显优于其他地区。2018年，深圳福田区每万人专利授权量涨幅明显，达到107.63件，见表4。杭州下城区、北京朝阳区、广州天河区也达到60件以上。南京建邺区增速较快。

表4　2015～2018年每万人专利授权量比较

单位：件

CBD所在城区	2015年	2016年	2017年	2018年
深圳福田区	63.38	63.02	75.23	107.63
杭州下城区	56.19	49.19	51.85	65.76
北京朝阳区	40.71	46.11	51.93	61.87
广州天河区	29.50	34.40	41.52	60.27
南京建邺区	34.13	34.80	38.48	52.26
上海浦东新区	24.29	28.20	33.92	41.83

（三）人口与生活环境指数

常住人口和城镇居民人均可支配收入从某种角度上反映了该地区人力资源和消费环境，而随着生活条件的提升和人民对生活质量要求的提高，城市绿化环境、医疗条件等成为影响居民生活的重要指标，也直接影响企业开办后员工的积极性与工作的可持续性。这四个指标从人口与生活环境方面影响着中央商务区的持续发展和后续动力。

2016～2018年，一线城市CBD所在城区人口与生活环境指数得分均高于新一线城市，且排名较为稳定（见表5）。北京朝阳区以无短板的指标得分和突出的建成区绿化覆盖率排名第一。2018年，广州天河区排名上升至第二，人口与生活环境有所改善，上海浦东新区排名下降。指标显示，上海浦东新区常住人口优势明显，但在建成区绿化覆盖率、每千人医疗卫生机构床位数上与其他各地区存在差距，反映其在居民生活环境方面存在一定的改进空间。深圳福田区城镇居民人均可支配收入得分排名第一。

表5　2016～2018年13个CBD所在城区人口与生活环境指数

单位：得分

年份	城市分类	CBD所在城区	常住人口	城镇居民人均可支配收入	建成区绿化覆盖率	每千人医疗卫生机构床位数	人口与生活环境指数	排名
2016	一线城市	北京朝阳区	1.7348	1.6509	1.2930	1.0238	5.7024	1
		上海浦东新区	1.8367	1.6103	1.0775	1.0020	5.5265	2
		广州天河区	1.6010	1.6243	1.1783	1.0300	5.4336	4
		深圳福田区	1.5932	1.6878	1.1992	1.0293	5.5094	3
	新一线城市	天津滨海新区	1.6830	1.4880	1.1001	0.9854	5.2565	7
		西安碑林区	1.5413	1.4375	1.1917	1.1108	5.2813	5
		成都锦江区	1.5421	1.4444	1.2374	1.0468	5.2706	6
		杭州下城区	1.5351	1.5763	1.1592	1.0463	5.3169	3
		南京建邺区	1.5306	1.5440	1.2296	1.0271	5.3313	2
		沈阳沈河区	1.5456	1.4966	1.1436	1.0674	5.2532	8
		武汉江汉区	1.5468	1.5024	1.1409	1.0533	5.2434	9
		长沙芙蓉区	1.5375	1.5213	1.2179	1.0684	5.3452	1
		重庆渝中区	1.5424	1.4065	1.1606	1.1825	5.2920	4
2017	一线城市	北京朝阳区	1.6299	1.6196	1.4569	1.0019	5.7082	1
		上海浦东新区	1.7320	1.5839	1.2221	0.9783	5.5163	2
		广州天河区	1.5133	1.6016	1.3393	1.0021	5.4563	4
		深圳福田区	1.5055	1.6560	1.3485	0.9918	5.5019	3
	新一线城市	天津滨海新区	1.5868	1.4613	1.2141	0.9626	5.2246	9
		西安碑林区	1.4536	1.4100	1.3042	1.0836	5.2513	6
		成都锦江区	1.4553	1.4172	1.3987	1.0214	5.2927	4
		杭州下城区	1.4467	1.5454	1.2875	1.0223	5.3020	3
		南京建邺区	1.4434	1.5189	1.3866	1.0027	5.3516	2
		沈阳沈河区	1.4570	1.4605	1.2658	1.0418	5.2251	8
		武汉江汉区	1.4580	1.4779	1.2793	1.0267	5.2420	7
		长沙芙蓉区	1.4504	1.4927	1.3748	1.0368	5.3547	1
		重庆渝中区	1.4540	1.3800	1.2971	1.1551	5.2862	5

续表

年份	城市分类	CBD 所在城区	常住人口	城镇居民人均可支配收入	建成区绿化覆盖率	每千人医疗卫生机构床位数	人口与生活环境指数	排名
2018	一线城市	北京朝阳区	1.5606	1.7288	1.4564	0.9629	5.7087	1
		上海浦东新区	1.6675	1.6900	1.2137	0.9394	5.5105	4
		广州天河区	1.4586	1.7111	1.3919	0.9610	5.5226	2
		深圳福田区	1.4524	1.7659	1.3499	0.9496	5.5177	3
	新一线城市	天津滨海新区	1.5265	1.5491	1.2518	0.9252	5.2526	6
		西安碑林区	1.4000	1.5047	1.2617	1.0326	5.1989	9
		成都锦江区	1.4016	1.4855	1.3992	0.9781	5.2644	5
		杭州下城区	1.3915	1.6474	1.3031	0.9794	5.3214	3
		南京建邺区	1.3896	1.6187	1.3905	0.9624	5.3611	1
		沈阳沈河区	1.4019	1.5485	1.2755	0.9936	5.2194	8
		武汉江汉区	1.4027	1.5766	1.2800	0.9716	5.2310	7
		长沙芙蓉区	1.3950	1.5895	1.3799	0.9910	5.3553	2
		重庆渝中区	1.3989	1.4716	1.2990	1.1102	5.2796	4

从新一线城市来看，2016~2018 年 CBD 城区人口与生活环境指数得分排名变化较大。南京建邺区、长沙芙蓉区、杭州下城区得分排在前列，四项指标均表现较好，说明人口与生活环境较优。重庆渝中区、成都锦江区位于第二梯队，尤其是重庆渝中区，其在每千人医疗卫生机构床位数方面表现突出，但城镇居民人均可支配收入是明显短板。天津滨海新区常住人口较多，但建成区绿化覆盖率、每千人医疗卫生机构床位数有待进一步提高，政府应对改善环境、增加医疗资源进一步加大投入。

1. 常住人口

从常住人口（见图 4 和表 6）看，规模差距较大。2018 年，上海浦东新区常住人口为 555.02 万人，北京朝阳区为 360.50 万人，而除北上广深津五城市城区外，其余城区常住人口均未超过 100 万人。上海浦东新区在该指标上优势明显，从趋势看，常住人口变动较小，基本处于稳定状态，在一定程度上反映了该地区的劳动力情况与消费潜力。

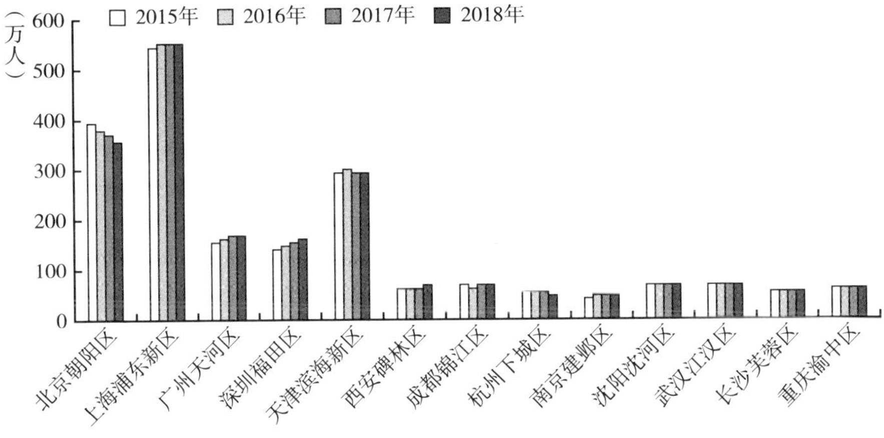

图4　2015～2018 年 13 个 CBD 所在城区常住人口比较

注：沈阳沈河区由于指标数据缺失，使用户籍人口数据。

表 6　2015～2018 年常住人口比较

单位：万人

CBD 所在城区	2015 年	2016 年	2017 年	2018 年
北京朝阳区	395.50	385.60	373.90	360.5
上海浦东新区	547.49	555.10	552.84	555.02
广州天河区	154.57	163.10	169.79	174.66
深圳福田区	144.06	150.17	156.12	163.37
天津滨海新区	297.01	299.42	298.42	298.34

2. 城镇居民人均可支配收入

城镇居民人均可支配收入是指居民家庭全部现金收入能用于安排家庭日常生活的那部分收入，它是家庭总收入扣除缴纳的所得税、个人缴纳的社会保障费及调查户的记账补贴后的收入，包括城镇居民的工资性收入、经营性收入、财产性收入、转移性收入等。从 13 个 CBD 城区比较来看（见图 5 和表 7），2015～2018 年，各 CBD 所在城区城镇居民人均可支配收入基本都呈现逐年增长趋势，一线城市城区优势明显。2018 年，深圳福田区、北京朝阳区城镇居民人均可支配收入突破 70000 元，广州天河区、上海浦东新区突破65000元。新一线城市中，杭州下城区城镇居民人均可支配收入较高，为61172元，南京建邺区为57791元，表现较好，其余CBD城区存在一定差距。

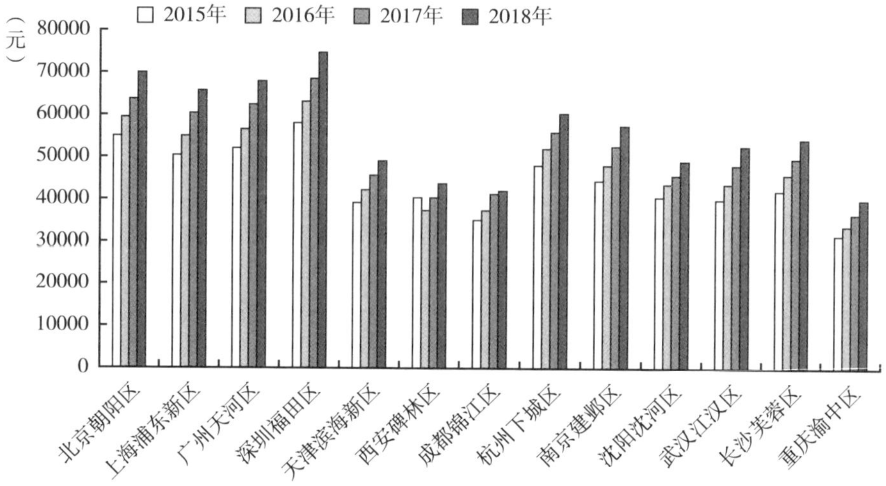

图5　2015～2018年各CBD所在城区城镇居民人均可支配收入

表7　2015～2018年CBD所在城区城镇居民人均可支配收入

单位：元

CBD所在城区	2015年	2016年	2017年	2018年
北京朝阳区	55450.00	60056.00	64841.00	70746.00
上海浦东新区	50726.00	55776.00	60715.00	66179.00
广州天河区	52330.00	57248.48	62765.71	68666.00
深圳福田区	58807.00	63956.00	69049.00	75104.00
杭州下城区	48316.00	52185.00	56276.00	61172.00
南京建邺区	44980.00	48776.00	53215.00	57791.00

3. 建成区绿化覆盖率

建成区绿化覆盖率一般为该建成区绿化覆盖面积除以建成区总面积的百分比，是衡量一个城市某建成区的林木绿化状况的经济技术指标之一。中央商务区集中于较大城市，该指标能够反映该地区政府对环境保护的重视程度及居民生活居住环境水平。如图6所示，各CBD所在城区2015～2018年建成区绿化覆盖率基本稳定，从总体规模来看，北京朝阳区指标领跑，为48.4%，位列第一。一线城市与新一线城市无明显差距。但2018年上海浦东新区、天津滨海新区、西安碑林区、沈阳沈河区仍在40%以下，个别地区较2017年有所下降。

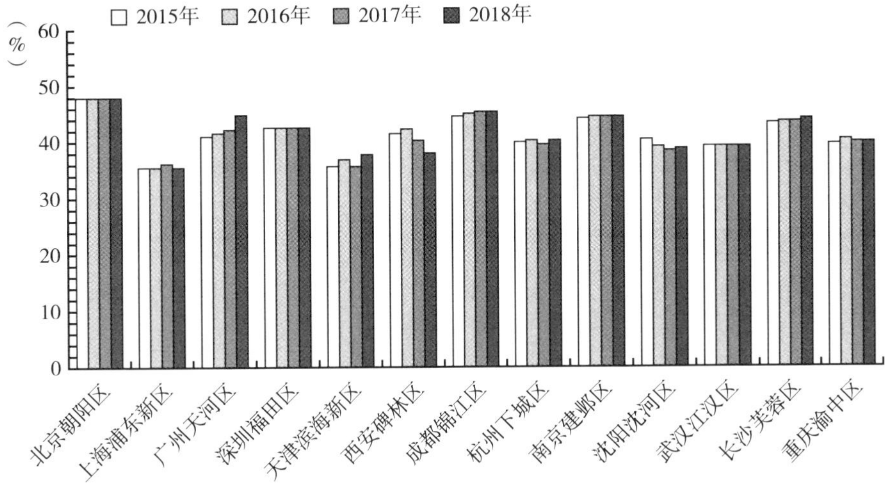

图6　2015～2018年CBD所在城区建成区绿化覆盖率

注：考虑数据的可得性，除上海浦东新区、深圳福田区、成都锦江区、长沙芙蓉区使用区级数据，其余CBD城区使用所在城市数据。

4. 每千人医疗卫生机构床位数

每千人医疗卫生机构床位数等于该地区医疗卫生机构床位数除以常住人口，其大小受到该地区常住人口、医疗卫生机构床位建设的影响。该指标是判断一个地区医疗资源是否充裕的重要指标之一，直接影响当地居民的生活与健康水平。特别是2020年新冠肺炎疫情的发生凸显了在突发情况下医疗资源的重要性。北上广深津五城区受常住人口较多影响，数据表现较为落后。2018年，重庆渝中区每千人医疗卫生机构床位数为21.83张，位列第一，西安碑林区位列第二（见B3报告图24）。

（四）商业运作环境指数

商业运作环境指数是营商环境指数的核心指标体系，反映了 CBD 所在城区的国际化情况、社会融资情况、交通运输便利情况、财政收入支持力度。

从 2016 ~ 2018 年 13 个 CBD 所在城区商业运作环境指数观察（见表 8），商业运作环境一线城市较新一线城市无明显优势，13 个 CBD 所在城区排名变化较大。上海浦东新区四项指标均处于较领先地位，商业运作环境指数强势领跑。2018 年，上海浦东新区金融机构本外币贷款余额、实际利用外资金额均排名第一。北京朝阳区在货物运输总量方面得分较为落后。广州天河区货物运输总量指标表现较好，但在财政收入支持力度、金融机构本外币贷款余额上表现落后。深圳福田区各项指标较为平均，没有明显的短板。

表 8　2016 ~ 2018 年 13 个 CBD 所在城区商业运作环境指数

单位：得分

年份	城市分类	CBD 所在城区	金融机构本外币贷款余额	货物运输总量	实际利用外资金额	财政收入支持力度	商业运作环境指数	排名
2016	一线城市	北京朝阳区	1.2661	1.3562	2.0089	1.0232	5.6543	2
		上海浦东新区	1.2505	1.5569	1.9901	1.0493	5.8468	1
		广州天河区	1.1249	1.6274	1.7179	0.9147	5.3849	3
		深圳福田区	1.1699	1.3867	1.7045	0.9492	5.2103	4
	新一线城市	天津滨海新区	1.1211	1.4471	1.9936	1.0360	5.5978	1
		西安碑林区	1.0664	1.3651	1.6770	0.9774	5.0859	9
		成都锦江区	1.1056	1.3724	1.7299	0.9764	5.1844	6
		杭州下城区	1.1104	1.3837	1.6912	1.0279	5.2133	5
		南京建邺区	1.0943	1.3878	1.6840	1.0976	5.2638	4
		沈阳沈河区	1.0551	1.3598	1.6741	1.0337	5.1226	7
		武汉江汉区	1.0880	1.4424	1.6886	1.0623	5.2813	3
		长沙芙蓉区	1.0595	1.4033	1.7015	0.9358	5.1000	8
		重庆渝中区	1.1078	1.6136	1.7052	0.9598	5.3864	2

续表

年份	城市分类	CBD 所在城区	金融机构本外币贷款余额	货物运输总量	实际利用外资金额	财政收入支持力度	商业运作环境指数	排名
2017	一线城市	北京朝阳区	1.3042	1.4310	1.8687	0.9511	5.5550	2
		上海浦东新区	1.2951	1.6452	1.9505	0.9673	5.8581	1
		广州天河区	1.1677	1.7137	1.6550	0.8596	5.3960	3
		深圳福田区	1.2147	1.4555	1.6548	0.8924	5.2175	4
	新一线城市	天津滨海新区	1.1579	1.5160	1.9462	0.9323	5.5525	1
		西安碑林区	1.1023	1.4357	1.6254	0.8974	5.0608	9
		成都锦江区	1.1491	1.4405	1.6838	0.9169	5.1903	6
		杭州下城区	1.1490	1.4628	1.6382	0.9575	5.2075	5
		南京建邺区	1.1331	1.4648	1.6322	1.0315	5.2617	4
		沈阳沈河区	1.0869	1.4281	1.6259	0.9493	5.0902	8
		武汉江汉区	1.1284	1.5285	1.6388	0.9820	5.2777	3
		长沙芙蓉区	1.0979	1.4825	1.6502	0.8710	5.1016	7
		重庆渝中区	1.1457	1.6980	1.6431	0.8952	5.3820	2
2018	一线城市	北京朝阳区	1.4331	1.7206	1.1825	1.1121	5.4483	3
		上海浦东新区	1.4446	1.9896	1.2938	1.1256	5.8537	1
		广州天河区	1.3104	2.0563	1.0855	1.0031	5.4554	2
		深圳福田区	1.3590	1.7452	1.0975	1.0446	5.2464	4
	新一线城市	天津滨海新区	1.2829	1.8133	1.1685	1.0702	5.3348	3
		西安碑林区	1.2244	1.7237	1.0783	1.0451	5.0714	9
		成都锦江区	1.2769	1.7327	1.1226	1.1045	5.2368	6
		杭州下城区	1.2933	1.7525	1.0900	1.1175	5.2533	5
		南京建邺区	1.2622	1.7642	1.0825	1.2038	5.3127	4
		沈阳沈河区	1.2038	1.7148	1.0782	1.0927	5.0895	8
		武汉江汉区	1.2589	1.8427	1.0916	1.1444	5.3376	2
		长沙芙蓉区	1.2180	1.7875	1.0955	1.0118	5.1129	7
		重庆渝中区	1.2753	2.0578	1.0881	1.0352	5.4565	1

从 9 个新一线城市 CBD 城区看，重庆渝中区、天津滨海新区、武汉江汉区以其较高的货物运输总量排名前列。南京建邺区财政收入支持力度在新一线城市中排名较高，但实际利用外资金额有待提高。杭州下城区金融机构本外币贷款余额指标表现相对突出。新一线城市商业运作环境表现为某项指

标突出的特点，但整体商业运作环境发展较不均衡。

1. 金融机构本外币贷款余额

金融机构本外币贷款余额反映该地区的融资规模，在一定程度上反映了该地区的融资便利程度。选择城市数据的原因一是在于区级数据难以全面获得，二是在于多数商务区的企业融资情况并不局限于本区域内部。各 CBD 所在城区在该指标总体规模上存在较大差异，排在前列的是上海和北京（见 B3 报告图 19）。2018 年北京朝阳区和上海浦东新区金融机构本外币贷款余额分别为 70483.7 亿元和 73272.35 亿元（见表 9）。新一线城市与一线城市相比存在较大差距，金融机构本外币贷款余额均未超过 40000 亿元。

表 9　2015～2018 年部分 CBD 所在城区金融机构本外币贷款余额比较

单位：亿元

CBD 所在城区	2015 年	2016 年	2017 年	2018 年
北京朝阳区	58559.40	63739.40	69556.20	70483.7
上海浦东新区	53387.21	59982.25	67182.01	73272.35
广州天河区	27296.16	29669.82	34137.05	40749.32
深圳福田区	32449.04	40526.90	46329.33	52539.79
天津滨海新区	24500.91	28754.04	31602.54	34084.90

2. 商务区所在城市货物运输总量

商务区所在城市货物运输总量反映该 CBD 所在城市的货物运输能力，是商业运作环境指数中反映物流和交通能力的指标。选择城市数据而非区级数据的原因在于良好的城市交通运输环境应具有辐射性，而城市内的 CBD 也应是其辐射半径内的受益地区。该指标受城市地理位置影响严重，重庆、广州、上海三所城市货物运输总量遥遥领先（见图 7），其特征是都为港口或重要铁路枢纽城市。内陆城市货物运输量较差。

3. 实际利用外资金额

从实际利用外资金额这一指标来看，各 CBD 所在城区差异巨大。从总量上看，上海浦东新区、北京朝阳区、天津滨海新区为第一梯队，尤其是上

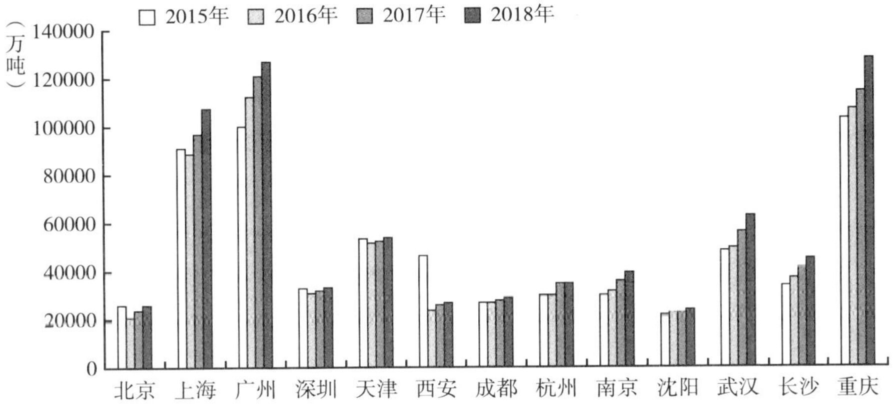

图 7　2015～2018 年各商务区所在城市货物运输总量比较

注：缺失长沙市 2018 年数据，按照平均增速 10% 测算。

海浦东新区，始终保持增长趋势，2018 年达到 81 亿美元（见表 10），位列第一。其余规模差距较大，2018 年除成都锦江区外均未达到 10 亿美元（见图 8）。从趋势看，各城区差异较大，其中北京朝阳区 2016～2018 年连续下降，广州天河区、天津滨海新区等城区 2018 年较 2017 年下降一半以上。

表 10　2015～2018 年部分 CBD 所在城区实际利用外资金额

单位：万美元

CBD 所在城区	2015 年	2016 年	2017 年	2018 年
北京朝阳区	933873.00	745228.00	587979.00	397477.00
上海浦东新区	646002.00	703600.00	782600.00	810500.00
广州天河区	86114.00	100059.00	80114.00	37402.00
深圳福田区	137100.00	70500.00	79800.00	82030.00

4. 财政收入支持力度

该指标计算公式为地方一般预算收入/GDP，反映政府提升城市营商环境质量的资金支持能力。

从地方一般预算收入/GDP 值来看（见图 9），一线城市中，广州天河

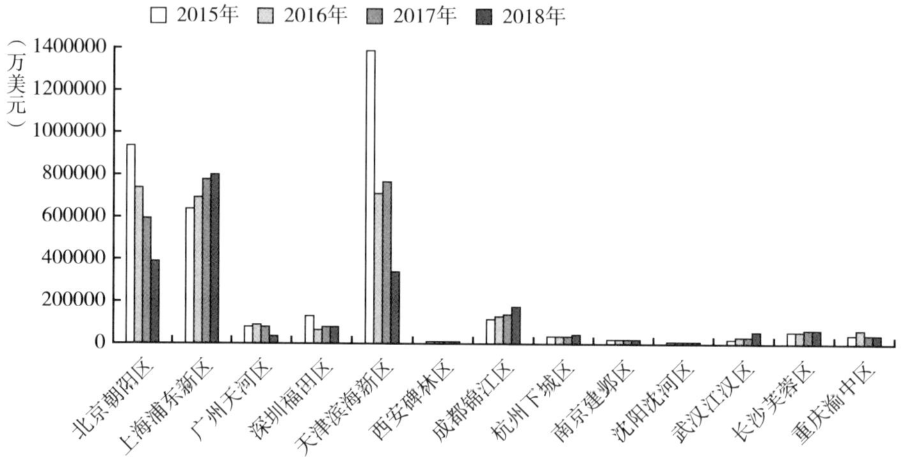

图 8　2015～2018 年 13 个 CBD 所在城区实际利用外资金额

区、深圳福田区数值较小，上海浦东新区、北京朝阳区表现领先。新一线城市中，天津滨海新区 2016～2018 年持续下降，南京建邺区、武汉江汉区等排名靠前。

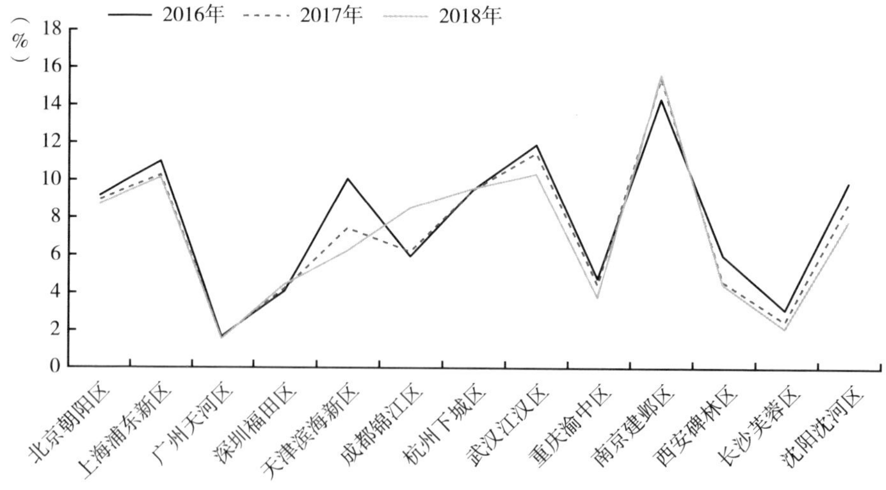

图 9　2016～2018 年 CBD 所在城区财政收入支持力度
（地方一般预算收入/GDP）

四　营商环境的法治化和便利化建设

《优化营商环境条例》中，营商环境还包括监管执法、政务服务等内容。所以对一个地区法治化建设和政府办公便利化的考察也应成为一个地区营商环境优劣的重要方面。由于各区域统计口径存在差异、部分区级统计数据较难获取、难以使用宏观统计数据进行量化等原因，本部分仅就典型CBD地区进行分析。

（一）营商环境的法治化建设

从营商环境综合得分、城市规模、经济发展情况等角度综合考虑，本部分选取上海浦东新区、北京朝阳区、广州天河区、深圳福田区、天津浦东新区作为样本分析各地法治建设情况，选择受理案件数量、审结案件数量、结案率三个指标进行比较。

1. 受理案件数量

我国法律规定人民法院应当保障当事人依照法律规定享有的起诉权利。对符合法律规定的起诉，必须受理。本部分统计了北京市人民法院、上海市人民法院、天津市人民法院、广州市人民法院、深圳市人民法院的受理案件数量，在一定程度上反映了这些地区的普法情况与司法效率。

2015～2019年，5个城市的受理案件数量基本呈现逐年增长趋势。北京市总体增长较快、数量最多。2019年，北京市受理案件数量为983654件，位列第一，上海市为866300件。广州市增长较快，较2018年上升34.4%（见表11和图10）。

表 11　2015～2019 年 5 个 CBD 所在城市受理案件数量比较

单位：件

城市	2015 年	2016 年	2017 年	2018 年	2019 年
北京	601849	651614	769817	895224	983654
上海	622900	714900	804000	798000	866300
天津	289434	319659	391000	—	435000
广州	262161	303929	426144	464138	623642
深圳	286387	340793	448842	483116	599223

注：北京市人民法院、天津市人民法院采用新收案件数量指标，其余城市使用受理案件数量指标。缺少 2018 年天津市人民法院受理案件数量。

资料来源：2015～2019 年北京市、天津市、上海市高级人民法院年度工作报告；广州市、深圳市中级人民法院年度工作报告。

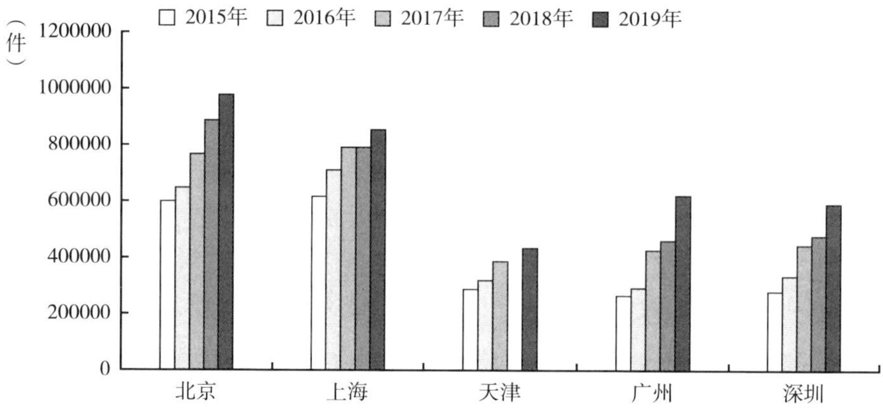

图 10　5 个 CBD 所在城市 2015～2018 年受理案件数量

资料来源：2015～2019 年北京市、天津市、上海市高级人民法院年度工作报告；广州市、深圳市中级人民法院年度工作报告。

2. 审结案件数量

审结案件数量又称结案数量。结案是指法院在执行程序中，已经实际执行完毕或者依照法律规定做结案处理的情况。从趋势看，5 年内北、上、广、深、津的结案数量逐年上涨。北京市 5 年内审结案件数量增长趋势明显。天津市人民法院审结案件数量增长放缓，2019 年，北京市人民法院结案数量最高，为 973048 件，上海市为 865500 件。广州市人民法院和深圳市人民法院分别为 554292 件和 504138 件（见表 12 和图 11），分别较 2018 年增长 36.6% 和 22.8%。

表 12　2015～2019 年 5 个 CBD 所在城市法院审结案件数量比较

单位：件

城市	2015 年	2016 年	2017 年	2018 年	2019 年
北京	542878	654666	774618	893570	973048
上海	614500	710900	802000	794000	865500
天津	284177	315588	355000	—	434000
广州	239521	274098	355945	405798	554292
深圳	224488	277631	376913	410378	504138

注：缺少 2018 年天津市法院审结理案件数量。

资料来源：2015～2019 年北京市、天津市、上海市高级人民法院年度工作报告；广州市、深圳市中级人民法院年度工作报告。

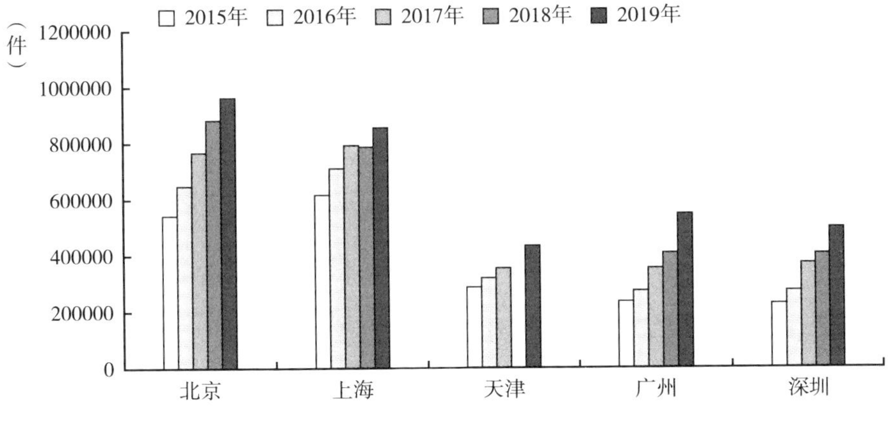

图 11　5 个 CBD 所在城市 2015～2019 年审结案件数量

注：缺少 2018 年天津市法院审结理案件数量。

资料来源：2015～2019 年北京市、天津市、上海市高级人民法院年度工作报告；广州市、深圳市中级人民法院年度工作报告。

3. 结案率

结案率为报告期内法院审结案件数量/报告期内法院受理案件数量×100%，是直接反映该地区法院司法效率的最重要指标之一。

2015～2019年数据显示，北京市、上海市人民法院司法效率较高，结案率年均接近100%。2019年上海市、北京市人民法院结案率达到99.91%和98.92%。天津市人民法院结案率也表现良好，为99.77%。广州市、深圳市人民法院结案率平均水平较低，2019年均在90%以下，司法效率有待提升。从历年趋势看，深圳市人民法院结案率最低，但2017年超过广州市人民法院，为83.94%（见图12）。

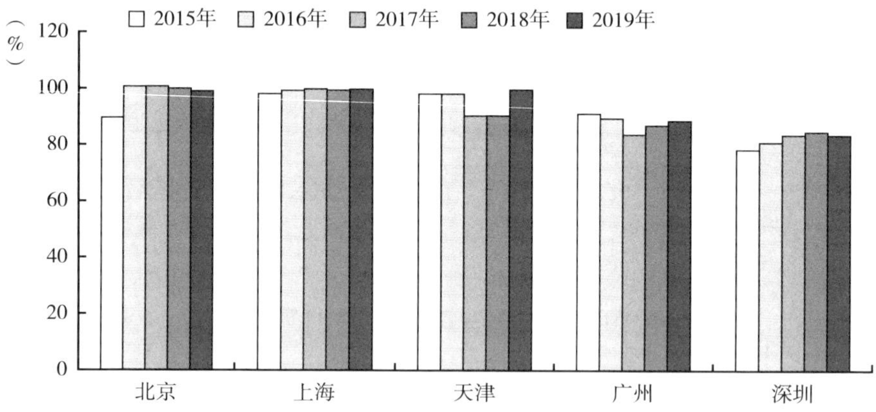

图12　5个CBD地区所在城市2015～2019年年度结案率

资料来源：由以上数据整理计算所得。图中天津市2018年数据由2017年替代。

北京市、上海市高级人民法院工作报告均显示，要积极营造法治化营商环境、依法服务保障优化营商环境。尤其是在产权司法保护、破产案件办理、执行合同等方面提升司法效率、提高司法质量、加强制度创新。

（二）营商环境的便利化建设

2020年5月，李克强总理在《政府工作报告》中指出，要以公正监管维护公平竞争，持续打造市场化、法治化、国际化营商环境。① 在常态化疫情防控的环境下，深化“放管服”改革，持续优化营商环境，尤其是进一步支持和便利中小企业，集中精力抓好“六稳”“六保”工作。2019 年 12 月国务院发布《优化营商环境条例》后，各地积极贯彻落实该条例和相关文件精神，出台了一系列优化营商环境的政策。

北京市于2020 年4 月1 日发布《北京市优化营商环境条例》，对标国际一流，立足北京实际，细化落实《优化营商环境》条款。该条例体现了北京市人民政府的五大制度创新：构建以告知承诺为基础的审批制度、构建以信用为基础的监管制度、构架以标准化为基础的政务服务制度、构建以区块链等新一代技术为基础的数据共享和业务协同制度、构建以法治为基础的政策保障制度②。2020 年6 月，北京市市场监督管理局发布《北京市市场监管局关于贯彻落实〈北京市优化营商环境条例〉的实施意见》，提出包括有序推进“证照分离”改革、推行告知承诺制改革、加强市场主体合法有序退出、完善信用监管机制、建立内部举报人制度、推进北京市质量认证体系建设等在内的28 项具体举措。

上海市认真贯彻习近平总书记关于“上海要瞄准最高标准、最高水平，打造国际一流营商环境”③ 的重要指示，2020 年2 月推出《上海市全面深化国际一流营商环境建设实施方案》。该方案也是上海营商环境 3.0 版改革方案。该方案强调“1 +2 + X”设计：“1”是“一网通办”，进一步推进标准化及电子信息化办公，提高政府效率；“2”是学习国际先进经验，参考世行营商环境评价体系指标，提升上海在世行和国家2 个营商环境评价中的表现；“X”就是围绕加强、保护和激发市场主体活力提供的一揽子制度供给，包括知识产权保护、完善法制保障等（见表13）。

---

① 2020 年政府工作报告，http：//www.gov.cn/guowuyuan/zfgzbg.htm。

② 《一图读懂〈北京市优化营商环境条例〉》，http：//www.beijing.gov.cn/zhengce/zcjd/202004/t20200401_1781846.html，2020 年3 月27 日。

③ 《优化营商环境，上海树立标杆》，http：//finance.people.com.cn/n1/2019/1026/c1004 - 31421933.html，2019 年10 月26 日。

表 13　上海市优化营商环境的重要文件

版本	文件名称	发布时间	主要内容
优化营商环境 1.0 版	《上海市着力优化营商环境加快构建开放型经济新体制行动方案》	2017 年 12 月	以对标国最高标准、聚焦制度环境建设、强化改革的系统集成、坚持重大改革于法有据为基本原则，包括市场准入负面清单制度、深化商事制度改革、清理涉企收费、建立开放创新的科技体制机制等具体举措
优化营商环境 2.0 版	《上海市进一步优化营商环境实施计划》	2019 年 2 月	持续深入推进“放管服”改革，以“互联网 + 政务服务”为重点，参考世行营商环境评价体系持续推进对标改革
优化营商环境 3.0 版	《上海市全面深化国际一流营商环境建设实施方案》	2020 年 2 月	覆盖面更广，以“1 + 2 + X”设计达成营商环境的更高标准、更高水平

资料来源：上海市人民政府官网，http：//www. shanghai. gov. cn/。

五　结论及对策建议

从以上分析看，一线城市中央商务区营商环境优势明显，上海浦东新区、北京朝阳区强势领跑；新一线城市差距较大，存在明显亮点与短板。优化城市中央商务区营商环境，应立足商务区定位与职能，认清中央商务区营商环境短板，因地制宜地提出可行方案。

1. 一线城市 CBD 应加快借鉴国际经验，对标国际标准

目前世界银行《全球营商环境报告》将上海、北京作为我国营商环境评价的样本城市，实质上代表了我国最优的营商环境水平。而中央商务区作为城市的高端商业集群区，更应进一步对标营商环境国际标准、结合 CBD 区域特点与优势，借鉴国际先进经验提出优化营商环境思路。一线城市可利用中央商务区进行营商环境改革的先行试点，立标杆、做榜样。

2. 新一线城市 CBD 应深化营商环境改革，破难点补短板

新一线城市 CBD 应注重本地区破难点、补短板。优化科技创新环境，鼓励并引导企业科研创新与投入，尤其是要对知识产权的创造、应用和保护

提供有效法律保障，促进成果转化和产业转型，营造优良的经济与产业结构环境；保障居民生活质量，营造安定的人口与生活环境；引导与鼓励金融机构加快金融创新，破解中小企业融资难问题，同时应加强对金融风险的监管，科学识别、科学管理金融风险，营造健康的金融环境。稳步加强本地区对外开放程度，为外资进入提供便利的审批程序，制定与落实外商直接投资细则，积极合理地引入外商直接投资，营造良好的对外开放环境。

3. 深化“放管服”改革，加强法治化建设

政府应进一步深化“放管服”改革，取消服务的多余流程与费用，推进“互联网＋政务服务”，加强各部门协作，减少重复性报表、检查工作。尊重市场、企业正常经营，进一步提高政府的高效性、便利性。各级基层法院应深入研究和了解经济中出现的新产业、新业态、新模式，慎重解决经济纠纷问题，在公平、公正、公开的基础上提高收案、结案效率，提高处理案件的能力，公正有效地解决经济纠纷。

4. 结合疫情防控常态化工作，提升营商环境品质

新冠肺炎疫情使企业在选择办公环境的观念上发生了很大改变，企业办公选址不再首选具有价格优势的产业园与商务楼宇，拥有优质硬件配置和优秀管理团队的楼宇成为企业优先考虑的选址目标。在非常时期，区域是否具备高效的应急能力是对营商环境提出的新要求，如公共交通客运调度、外籍人员防疫、疫情防控技术的水平和应用、协调餐饮企业提供送餐配餐服务等。在疫情后期，有关管理部门应积极行动，积累经验，不断完善与优化国际化的一流营商环境。

参考文献

［1］董志强、魏下海、汤灿晴：《制度软环境与经济发展——基于30个大城市营商环境的经验研究》，《管理世界》2012年第4期。

［2］郭亮、单菁菁主编《中国商务中心区发展报告 No. 5（2019）：营造 CBD 国际一流营商环境》，社会科学文献出版社，2019。

[3] 蒋三庚、张杰等：《中央商务区产业发展报告（2019）：以高水平开放推动区域发展》，社会科学文献出版社，2019。
[4] 蒋三庚等：《中国特大城市中央商务区（CBD）经济社会发展研究》，首都经济贸易大学出版社，2017。
[5] 李志军：《中国城市营商环境评价》，中国发展出版社，2019。
[6] 普华永道、财新智库、数联铭品、新经济发展研究院：《2018 中国城市营商环境质量报告》，http：//www. 199it. com/archives/794577. html。
[7] 世界银行：《全球营商环境报告》，http：//chinese. doingbusiness. org。
[8] 宋林霖、何成祥：《优化营商环境视阈下放管服改革的逻辑与推进路径——基于世界银行营商环境指标体系的分析》，《中国行政管理》2018 年第 4 期。
[9] 孙丽燕：《企业营商环境的研究现状及政策建议》，《全球化》2016 年第 8 期。
[10] 王小鲁、樊纲、胡志鹏：《中国分省份市场化指数报告（2018）》，社会科学文献出版社，2018。
[11] 夏后学、谭清美、白俊红：《营商环境、企业寻租与市场创新——来自中国企业营商环境调查的经验证据》，《经济研究》2019 年第 4 期。
[12] 张景华、刘畅：《全球化视角下中国企业纳税营商环境的优化》，《经济学家》2018 年第 2 期。
[13] 张三保、康璧成、张学志：《中国省份营商环境评价：指标体系与量化分析》，《经济管理》2020 年第 4 期。
[14] 钟飞腾、凡帅帅：《投资环境评估、东亚发展与新自由主义的大衰退——以世界银行营商环境报告为例》，《当代亚太》2016 年第 6 期。
[15] 祝合良、叶堂林等：《京津冀发展报告（2019）：打造创新驱动经济增长新引擎》，社会科学文献出版社，2019。

专 题 篇

Special Topics

B.6

中央商务区转型创新路径分析

张 杰*

摘 要： 近百年来中央商务区的发展实践表明，CBD的发展历程就是转型创新的历程。本报告综述CBD发展历程，结合国内外典型CBD的发展经验，提出了中央商务区转型创新的FPEV（Foundation、Pillar、Environment、Vision）路径，分析了CBD转型发展的基础、支柱、环境、视野等四大主题线索及其先后承继、迭层递进的内在脉络联系，并对应提出了产业转型、经济提升、环境友好和开放发展等四个方面的创新建议。

关键词： 中央商务区 转型创新 FPEV

* 张杰，首都经济贸易大学教授、博士生导师，城市经济与公共管理学院副院长，主要研究领域为CBD发展、城市经济与战略管理。

1923 年，社会学家伯吉斯（E. W. Burgess）提出城市结构和地域结构学说，并提出城市的中心是商业汇聚之处，即中央商务区（CBD）。据不完全统计，目前全球约有 CBD 共 616 处，其中，非洲 41 家、亚洲 228 家、欧洲 118 家、北美洲 167 家、大洋洲 22 家、南美洲 40 家。[①]

CBD 是城市商贸流通、商业沟通和商务交流的中心地区，是城市经济发展到一定阶段后，以功能区形态所呈现的城市职能单元区块。从空间区位来看，美国纽约曼哈顿 CBD 的核心辐射式、英国伦敦金融城的单向区块梯度发展式（道克兰 CBD 轴线布局式）、法国巴黎拉德方斯 CBD 的规划更新式、日本东京 CBD 的流线型环状交通导向式等空间布局各有特色；从产业发展来看，曼哈顿（金融服务业）、伦敦（金融和文化创意服务业）、拉德方斯（旅游文化服务业）、东京新宿（研发和技术创新服务业）、德国柏林（总部服务业）等地的 CBD 现代服务业发展也各有特点。CBD 的发展史就是所在城市高端产业的发展史和品牌企业的展示史，在相当程度上提升了所在城市的核心竞争力，并搭建了国际化的发展据点。

目前，全球 CBD 处在不同的发展阶段，也依据各自的资源禀赋和地理区位形成了不同的发展特色。进入 2020 年，新冠肺炎疫情的暴发、全球经济发展格局的变化、各国城市发展阶段的演进等因素使得中央商务区纷纷走上了转型创新之路。

一　FPEV：中央商务区转型创新路径分析

通过近百年来尤其是近十年来 CBD 的发展现实，总结分析多位学者的文献研究成果，可以发现：在当前中央商务区产业转型、经济提升、低碳友好、开放创新等四个较为明显的发展阶段分别对应着基础（Foundation）、支柱（Pillar）、环境（Environment）、视野（Vision）的发展主题。

---

① https：//en. wikipedia. org/wiki/List_ of_ central_ business_ districts，This page was last edited on 12 March 2020，at 00：38（UTC）.

由此，可以画出一条中央商务区转型创新 FPEV 路径线索图，如图 1 所示。

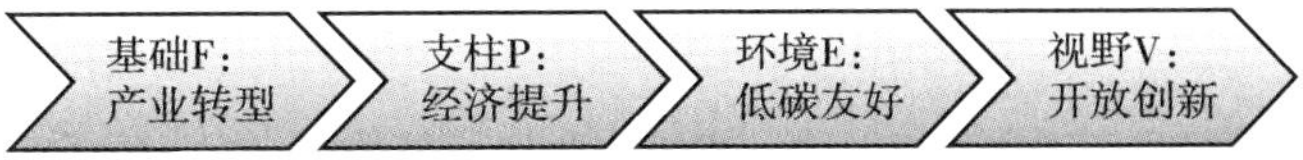

图 1　CBD 转型创新 FPEV 路径线索

事实上，尽管全球 600 多个 CBD 的发展过程各有特色，但 FPEV 式转型路径却是所有 CBD 的共同之处。其原因在于以下几个方面。

（一）中央商务区转型发展的四大主题线索

历览国内外 CBD，可以发现在中央商务区发展的过程中，均会经历产业转型、经济提升、低碳友好、开放创新等四个较为明显的发展阶段，而每一个阶段都有一个主题词，即当期阶段发展的关键诉求和发展的着力点。

1. 基础（Foundation）：CBD 以产业发展为基础，以产业转型求发展

中央商务区本质上是产业区，其高端产业主要集中于商务办公和高端咨询。伴随着产业发展的不同阶段，CBD 从最初的商贸交换地逐步发展为商业集中地；最终随着规模经济的聚集效应、价格的挤出效应和品牌的外溢效应演变成为商务中心区。

但是，随着科技变革、消费变化、经济嬗变，新的产业类型层出不穷。CBD 以产业为基础、以流通为生命，必然以转型求发展而引领城市经济制高点。

目前全球 CBD 的产业结构正在发生深刻变革。美国曼哈顿 CBD、英国伦敦金融城、新加坡 CBD 等分别向科技创新、金融科技和金融服务等转型。随产业发展而进行高端服务转型成为 CBD 产业发展的重要基础。

2. 支柱（Pillar）：CBD 以经济发展为支柱，以经济增长求提升

中央商务区区别于其他城市功能区的最为显著的特征是商务。商务意味着经营办公，意味着产业信息的交换和流通，意味着产业资源的配置和统筹，即经济发展。

放眼全球，目前发展态势良好的 CBD 均地处发展良好的城市区域。纽约曼哈顿、伦敦金融城、东京丸之内、德国法兰克福，我国的香港、北京、上海、深圳，莫不如此。换言之，CBD 的经济发展既是地方经济发展的表现，也是城市经济发展的增长极。

同时，受经济发展周期、技术革命演变、全球资源配置变化的影响，各地 CBD 又无一不面临着经济提升的现实局面。据 2017 年 11 月世界商务区联盟发布的《全球商务区吸引力报告》①，伦敦金融城、纽约曼哈顿、东京丸之内名列前三。报告指出，人才吸引力、环境质量、是否接近市场、客户和合作伙伴的合作程度、商务区位置的国际影响力、提供优质办公区环境的能力等都是影响 CBD 经济增长的重要因素。

由此可见，随着经济全球化和国际资源的充分流动，中央商务区的发展已经分出层次性，呈现全球阵列、国际行列和国内队列的竞争局面。

3. 环境（Environment）：CBD 以环境质量为支撑，以低碳友好求引力

CBD 本身是各种流量的汇聚地。人车川流不息，高楼鳞次栉比。有着高端商务的氛围及众多国际企业、金领企业员工，一派繁华景象。环境质量是支撑这些发展状态的一项关键因素。

从商务办公的角度看，伴随城市更新，办公消费水平不断升级，CBD 区域企业的选址需求也日益多元化，软、硬件与服务质量都需要考虑。优质的 CBD 商圈办公环境，既要有周边商业环境带来的便利，又需要闹中取静，把区位优势和全周期办公服务模式无缝对接。例如，空间组合包含开放办公区与独立经理室，需要考虑满足不同发展阶段的企业对办公空间的基本需求；每个办公区都需要通透的自然采光、舒适温馨的办公环境，办公家具的精装交付，以及网络、打印、公共活动区、图书阅读区等设施的齐备性和完善性等。

Google 公司总部位于加利福尼亚州山景城。Google 有接近 9000 亿美元

① 《世界商务区联盟发布商务区吸引力报告，北京 CBD 排名全球第九、中国第一》，https：//www. sohu. com/a/207452121_ 100015392，2017 年 11 月 30 日。

的市值，8 万名工作人员，其办公空间能量高、流动性强，员工们尊重彼此的个性，鼓励创造力和创新。Google 办公室的目标是快乐健康、工作富有成效。设计人员通过热带雨林、参与共建、真正好玩、营造社区、健康生态等方式[①]，重新定义了富有活力、年轻创新的高质量“办公空间”。

低碳友好型的中央商务区已经成为中央商务区发展的共识。早在 2009 年，北京 CBD 东扩时就提出要打造全球首个“低碳商务区”[②]。该建设方案具有绿色能源供应、高效能源输配、低碳的工作和生活方式、绿化系统、建筑建设的低碳标准 5 个方面的特点。

CBD 以环境质量为支撑是因为其作为高密度的中央商务区，其内在商务价值和商务品牌的含金量需要通过优良的环境质量加以体现。反过来，好的环境质量又进一步提升了 CBD 的品牌效应和商务价值。

CBD 以低碳友好求引力是因为低碳发展已经成为商务办公的趋势。低碳办公、绿氧生活、提升效率已经成为 CBD 金领办公人员的生活需求和工作标配，事实上也体现了中央商务区对全球化人才的吸引力。

4. 视野（Vision）：CBD 以创新发展为实力，以开放合作求动力

CBD 的空间格局，其实也一直在发生变化。主要表现在以下两个方面。

一是 CBD 划定地理区域的扩展。中央商务区内本身商业发达、高楼林立，土地价值不断升高，寸土寸金乃至寸金难买寸土之地；此时周边区域的写字楼不断竖立起来，商务氛围逐步扩大，许多城市逐步扩展 CBD 的发展区域。例如，2009 年北京 CBD 从核心区的 3. 99 平方公里规划东扩到 6. 99 平方公里。

二是 CBD 区域辐射效应的扩展。随着 CBD 产业逐步升级和经济影响不断扩大，CBD 的人流、物流、资金流、知识流、信息流逐步扩展流动范围，从一区到一城，从城市群到都市圈，从国际化到全球化，CBD 的商务办公

① 《细细分析谷歌的办公室，探究年轻人喜欢什么样的办公空间》，https：//www. sohu. com/a/246086711_ 472773，2018 年 8 月 9 日。

② 魏绮思、谢建磊：《北京 CBD 东扩目标：打造全球首个“低碳商务区”》，《人民日报》（海外版）2009 年 11 月9 日。

格局也逐渐从国内视野拓展到国际层次和全球空间。

在 CBD 空间拓展的过程中，必然伴随着经济开放和发展创新。新的空间带来了新的经济增量，也改变了 CBD 核心区的发展能级；不断涌入的生产要素和新鲜力量促使 CBD 的市场模式、经济发展模式和区域管理模式不断调整，从而推进 CBD 的发展创新。因此，每一个地区的 CBD 都是以创新发展作为自己的根本性实力，以开放合作发展带来源源不竭的发展动力。

（二）中央商务区创新发展路径的内在脉络关系

在中央商务区从初始到兴盛的不同阶段，基础、支柱、环境、视野四个发展主题依次登场；产业转型、经济提升、低碳友好、开放创新四个发展阶段分别引导主要发展目标和发展路径。

事实上，中央商务区的发展路径并不是一条单向线索，而是一条循环路径，图 2 为 CBD 转型创新 FPEV 路径内在关系图。

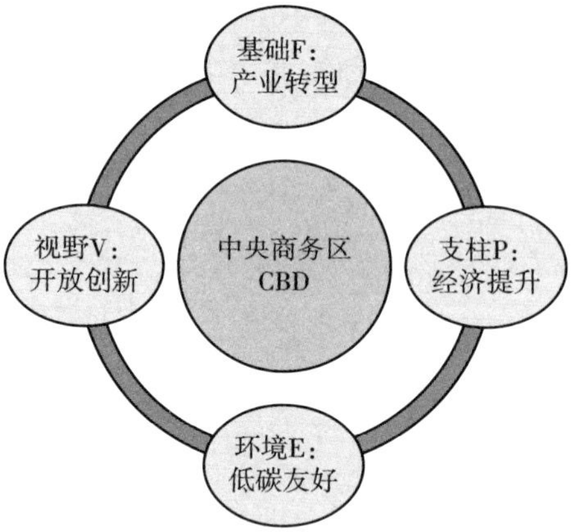

图 2　CBD 转型创新 FPEV 路径内在关系

1. CBD 发展阶段：FPEV 要素分出主次、先后参与

在中央商务区发展的不同阶段，虽然都各有侧重主题，但 FPEV 四个要素都有不同程度的参与。

在基础发展阶段，每一个 CBD 都在探索自己的发展道路和特色。

西方 CBD 大多依赖地理区位和城市资源形成发展路径与主要产业，如美国纽约曼哈顿 CBD 依托港口而起，澳大利亚凯恩斯 CBD 依托旅游而兴，东京新宿 CBD 则趁东京都市计划和大东京都市圈的发展找到自己的研发创新路径。

中国的 CBD 则大多依规划而建。通常是在市中心的市场区或商场区，由政府牵头组织规划建设、土地划拨、资源调配，逐步发展扩大。1993 年国务院批准的《北京城市总体规划》明确提出，在朝阳门至建国门、东二环至东三环一带，开辟具有金融、保险、信息、咨询、商业、文化和商务办公等多种服务功能的商务中心区①。

2019 年 10 月深圳明确提出建设深圳湾 CBD②，力图依托《粤港澳大湾区发展规划纲要》建设世界一流的湾区 CBD，打造深圳湾超级总部基地、华侨城“未来 +”创新文旅区、大沙河中央创享活力带、高新园智创区、后海金融商务总部基地、深圳湾口岸战略探索区、歌剧院国际艺术文旅区、海上世界国际滨海乐活区、太子湾国际总部和邮旅自由港、海洋科技文化组团十大国际项目群。

可以看出，初建阶段，每一个 CBD 都明确了自己的产业特色和发展基础，并都规划了近期或远期发展计划，提出了用地、环境、配建等具体要求，不断提升 CBD 的发展定位，即 PFEV 四大要素其实都在不同程度地发挥作用，但同时，不同 FPEV 要素参与的顺序和侧重点有所不同：初建时期，基础要素发挥基础性、最大化作用；提升时期，支柱要素引领经济发展；质量时期，在经济发展的基础上夯实低碳环境；开放时期，面向国际建立全球 CBD。

2. CBD 发展路径：FPEV 要素依次叠加、循环提升

如同城市发展的周期性规律一样，CBD 也有其上升和发展的周期性规律。伴随着先后发展阶段的不同，FPEV 各要素依次叠加，共同组成发展的

① 资料来自百度百科。

② 《深圳宣布！一个世界级 CBD 要来了，76 平方公里！未来将媲美曼哈顿》，https：//sz. leju. com/news/2019 - 10 - 30/0742659509231855316584 2. shtml，2019 年 10 月 30 日。

合力，从而促进 CBD 的可持续循环发展。

基础要素一直发挥产业基础作用，商务办公从更高端的方式调配着商业交易和商贸流通；支柱要素则不断强化路径依赖，从更先进的平台更新产业发展的内涵和外延；质量要素注入人文发展的考量，把钢筋水泥的产业发展和灵性创新的人文生存更好地结合在一起；开放要素则开辟了更多的市场和更广的视野，从而使基础、支柱、质量等各要素在更大的范围内适配、融合、提升。

底特律 CBD 的发展历程就是一个 FPEV 各要素不断叠加、循环提升的案例。1942 年底特律 CBD 已经快速发展，而底特律 CBD 的发展历程和其所在底特律市的发展历程息息相关。

资讯报道①，20 世纪 30 年代，底特律的汽车产量就占到美国的 80% 和世界的 70%，成为全美第四大城市。20 世纪 60 年代起，由于民权运动、日欧汽车产业崛起，底特律人才大量流失，城市税收剧降，汽车产业逐步衰落。

受 2008 年金融危机影响，底特律三大汽车公司裁员高达 14 万人。2010 年底特律人口只有 71.4 万，比 20 世纪 50 年代末减少 61.4%。2013 年 7 月 18 日“汽车之城”底特律向联邦破产法院申请破产保护，成为美国历史上最大的破产城市。通过破产底特律政府被免去了 70 亿美元的债务，从此专注重建。

近百年来，底特律 CBD 和城市发展一起共振。繁荣时汽车产业商贸金融服务遍及全球，衰落时人口外迁遍地荒凉。失去了经济发展基础的 CBD，发展路径被打断。直到近年，主干道伍德沃德大道（Woodward Avenue）市中心段商铺渐密，经常举办“梦幻巡游”等车展活动，游客渐多，500 强企业纷纷回流，地处市中心区的底特律 CBD 率先复兴。

根据 Newmark Knight Frank 的研究数据，2019 年第二季度，扩张或迁至

① 《美国东北老工业重镇，正在复活》，https：//www.huxiu.com/article/327325.html，2019 年 11 月 21 日。

底特律 CBD 的大公司包括 Google、微软、领英、环球麦肯、IBM、WeWork 和 Waymo①。

从底特律 CBD 复兴的情况来看，一方面新建设施，强调商务办公空间和低碳特点，另一方面面向全球开放，吸引 Google、微软等 500 强入驻，FPEV 各要素同时发挥作用，但还是遵循着产业转型、经济提升、低碳友好、开放创新的发展路径。

二 FPEV：CBD 转型创新发展建议

归纳近百年来数百个 CBD 的发展历程，FPEV 的转型创新发展路径是中央商务区发展的共同选择。下面逐一分析中央商务区转型创新的四大关键要素。

1. CBD 产业转型发展分析

随着经济全球化的不断推进，中央商务区着重吸引 500 强公司、高端服务业企业和孵化器及首店企业入驻，进一步提升区域规模经济和品牌效应，并随着企业新业务的开展和新技术的推广，不断推进产业转型升级。

从全球 CBD 产业转型情况来看，以科技服务业和金融服务业这两大最为主要的创新产业为例，转型主要有以下两种趋势。

一是向科技创新产业和科技金融业转型。例如，作为全球经济金融中心之一，曼哈顿 CBD 自 2008 年金融危机后便开始科技创新产业转型。大量科技人员和金融服务人员通过互联网技术为商业、咨询、传媒及公共服务等领域提供高端服务。通过将大数据、云计算、区块链、人工智能等新科技手段运用于传统金融服务，从而使现代金融服务更快、更高效，使得大量科技创新企业集聚于硅巷（Silicon Alley），曼哈顿 CBD 也转型为科技金融 CBD。

又如，2008 年国际金融危机爆发后，伦敦金融城迫于大量失业和金融

① 《底特律市中心及其周边地区的办公区域有多繁忙》，http://www.muslem.net.cn/bbs/fangchanxinwen/2019/1214/7358.html，2019 年 12 月 14 日。

业负增长，在2010年开始实施科技城计划。2015年伦敦科技城核心区EC1V和EC2A每平方公里拥有科技公司的数量分别达到3288家和1580家。[①] 借助于开放的环境政策、厚实的金融资本、充沛的人才支撑和国际性的市场需求，伦敦金融城快速发展，其主要产业已经从金融业逐步转型为科技金融业。数据显示，在全球金融科技50强初创公司中就有29家位于伦敦。

二是向深化金融服务转型。例如，得益于独特的地理位置，新加坡承接了东西方的物流需求，金融服务业快速发展。2017年10月，新加坡金融管理局宣布推出金融服务业产业转型蓝图，以巩固新加坡金融中心地位。新加坡CBD采取的做法是，推动商业模式创新，加强科技、金融、文化等各门类企业合作；整合各金融机构的电子付款措施，推动应用区块链技术，完善科技金融监管等。数据显示，目前金融服务业占新加坡国内生产总值的比重约为12%，为15.4万人提供了就业机会。

2. CBD经济提升创新分析

在产业转型升级过程中，CBD的发展面临经济提升和层级提升的问题。这一问题，涉及战略转型、管理模式、土地开发和信息服务等多个方面。例如，在全球化背景下，上海陆家嘴CBD经过近30年发展建设，正逐步成为立足中国、辐射东南亚、具有全球影响力的中央商务区。

CBD功能演变推进战略转型。当前，上海陆家嘴CBD正逐步推进金融市场建设、金融业务创新、流量经济管控与国际制度接轨等方面的世界级CBD战略功能，力图在新的国际经济格局中占据制高点。

政府主导管理推进经济提升。浦东新区管委会直接负责浦东区域与上海陆家嘴CBD的管理和开发建设事宜，通过长期扶持土地开发，保障规划的实施及土地增值收益的获取，保障与各地商会、楼宇协会、外商投资协会等中介机构和信息网络的密切合作，优化国际化的商务环境。[②]

2010年成立的陆家嘴金融贸易区管委会主要承担经济发展、规划建设、

① 徐惠喜：《中央商务区引领产业转型升级》，《经济日报》2018年10月12日。

② 武占云：《上海中央商务区建设实践与启示》，《城市观察》2018年第3期，第89~90页。

产业促进和环境优化等职能。2016 年 6 月，陆家嘴自由贸易区确立了“法定机构 + 业界自治”的治理架构，引入社会力量共同治理，推动监管政策透明化①。

“土地资本”模式扩充资本能量。浦东开发初期，在国家政策支持下，积极探索在规范土地市场框架下的运行机制创新，提出了“资金空转、批租实转、成片开发”的滚动开发模式②。土地滚动开发机制将土地资本与金融资本、社会资本、产业资本大规模深层次地结合起来，扩充了资本能量，为深化经济提升提供了充足的发展空间。

E－CBD 发展模式创新信息平台。陆家嘴 CBD 规划建设了 10 GB 级高速宽带平台、大型数据库和“八方专网”，包括 E－CBD 管理专用网、金融专用网、贸易专用网、数字专用网、人才专用网、旅游专用网、社区专用网和安全专用网③，通过主体信息基础设施项目，力图充分利用电子信息技术创新 CBD 信息流通。

3. CBD 环境友好创新分析

目前，以低碳友好为标准的环境友好型 CBD 已经成为中央商务区建设的不二选择。例如，纽约曼哈顿 CBD 区域共拥有 168 个公共绿地，总面积达到 1076 万平方米，其中中央公园是曼哈顿地区乃至纽约市最大的都市公园④。又如，纽约曼哈顿、伦敦金融城和东京大丸有的全年平均 PM2.5 浓度均在 30μg/m^{3}以下⑤。

建设低碳友好型 CBD 可以采取以下创新措施。⑥

---

① 何建木：《上海自贸试验背景下的陆家嘴金融城体制改革——以“业界共治 + 法定机构”公共治理架构为核心》，《上海城市管理》2017 年第 2 期。

② 姚锡棠：《浦东开发开放十年实践的理论回顾》，《社会科学》2000 年第 5 期。

③ 庄崚、经一平：《E－CBD：21 世纪国际金融贸易中心模式创新》，上海人民出版社，2002。

④ NYC gov，List of Parks by Total Acreage，https：//www1. nyc. gov/assets/buildings/excel/dpr_ park_ list. xls，2019－04－21.

⑤ NYC gov，Environment & Health Data Portal，http：//a816－dohbesp. nyc. gov/IndicatorPublic/QuickView. aspx，2019－04－21.

⑥ 宋昱：《国际 CBD 低碳生态发展策略对陆家嘴金融城的启示》，《上海节能》2019 年第 6 期。

改善生态环境。在区域内办公楼宇之间试点建造“口袋公园”，打造亲绿空间。根据 CO_2浓度、PM2.5 浓度等测量数据加强室内空气质量监测。

优化交通系统。提高区域轨道交通站点覆盖率，完善地铁 CBD 站点出入口设计，优化 CBD 区域内公交接驳线路，形成有效连接路网。

强化建筑节能。针对楼宇建筑中办公业态，开展建筑能效对标达标管理，引导能效较低楼宇进行节能改造。

营造低碳文化氛围。组织开展 CBD 区域自然徒步有氧运动、CBD 慢生活绿地图绘制和 CBD 本土动植物自然导览手册绘制活动，倡导绿色楼宇建筑、环保绿色设施等低碳生态元素。

4. CBD 开放发展创新分析

CBD 发展的内在基因之一即开放发展。没有各种资源的流动和增值，CBD 就会停滞。而面向更高层次、更高技术、更高市场的开放和创新发展，才是 CBD 不竭的动力源泉。

当前，服务业扩大开放是 CBD 开放创新的主要路径。规模经济、集聚效应和良好的营商环境是 CBD 发展高端产业的关键因素。扩大服务业对外开放有助于 CBD 获得持续发展动力、加速产业结构优化调整、倒逼服务业对内开放、促进营商环境进一步优化等①。作为国务院批准设立的服务业扩大开放综合试点城市 CBD，北京 CBD 在营商环境和对外开放方面就有许多举措值得借鉴②。

管理服务：全面优化营商环境。通过产业服务引导 CBD 企业发展。制定产业指导目录和招商引资目录，面向全球发布并适时更新。提供“店小二”式产业服务，根据企业情况进行个性化咨询，通过“一事一议”等服务助推高端创新企业发展。

建立多层次平台促进企业交流。设立一站式、首问负责制服务大厅，集

---

① 谭洪波、夏杰长、陈琳琳：《服务业扩大开放给我国城市 CBD 带来的机遇与挑战》，《全球化》2020 年第 1 期。

② 何芬兰：《北京 CBD 优化营商环境显实效》，中国商务新闻网，http://www.comnews.cn/article/swrd/201912/20191200027617.shtml，2019 年 12 月 9 日。

中开展招商引资、登记备案、税务汇缴等具体流程工作。建立500强俱乐部、生态联盟、楼宇茶坊等平台，搭建全方位交流合作平台。

不断增强区域高端人才吸引力。引进全球高端教育咨询机构，积极牵线国内外高校合作提供人才认定、全球动态、职业规划、政策焦点、经济热点、投资咨询、文化燃点、科技前沿等沙龙活动。考虑共有产权房优先配售CBD区域内高端人才相关工作，不断满足区域人才家庭住房需求。

开放服务：持续扩大对外开放。2020年1月1日，经十三届全国人民代表大会第二次会议表决通过的《中华人民共和国外商投资法》正式施行。法治是最好的营商环境。40多年前，我国拉开改革开放大幕，立法保护外商在中国投资发展，为世界经济快速增长注入强大动力。40多年后，全面深化改革再出发，外商投资立法与时俱进，开启了新时代高水平对外开放新的节奏。

CBD迎来对外开放的大好时机。应尽可能扩大服务业开放，充分利用国际资本流动契机，加大跨国公司总部和国际专业服务机构的引进力度，提升国际金融管理水平，全面提高CBD国际竞争力：一方面，积极探索CBD金融管理服务业扩大开放，针对大宗商品创设本外币一体化的自由贸易账户系统，建设国际金融开放前沿区，支持跨国公司开展外汇资金集中运营管理，积极承接国际金融开放任务。另一方面，积极探索律师、会计、管理、咨询等公共服务业扩大开放，同时加大力度设立国际化特色学校。出台鼓励跨国公司研发中心发展举措，不断聚集国际研发中心、高端咨询中心和高端经营管理人才。

参考文献

[1]《底特律市中心及其周边地区的办公区域有多繁忙》，http://www.muslem.net.cn/bbs/fangchanxinwen/2019/1214/7358.html，2019年12月14日。

[2] 何芬兰：《北京CBD优化营商环境显实效》，《中国商务新闻网》2019年10月31日。

［3］何建木：《上海自贸试验背景下的陆家嘴金融城体制改革——以“业界共治＋法定机构”公共治理架构为核心》，《上海城市管理》2017年第2期。
［4］《世界商务区联盟发布商务区吸引力报告，北京CBD排名全球第九、中国第一》，https：//www. sohu. com/a/207452121_ 100015392，2017年11月30日。
［5］宋昱：《国际CBD低碳生态发展策略对陆家嘴金融城的启示》，《上海节能》2019年第6期。
［6］谭洪波、夏杰长、陈琳琳：《服务业扩大开放给我国城市CBD带来的机遇与挑战》，《全球化》2020年第1期。
［7］魏绮思、谢建磊：《北京CBD东扩目标：打造全球首个“低碳商务区”》，《人民日报》（海外版）2009年11月9日。
［8］武占云：《上海中央商务区建设实践与启示》，《城市观察》2018年第3期。
［9］徐惠喜：《中央商务区引领产业转型升级》，《经济日报》2018年10月12日。
［10］姚锡棠：《浦东开发开放十年实践的理论回顾》，《社会科学》2000年第5期。
［11］庄崚、经一平：《E－CBD：21世纪国际金融贸易中心模式创新》，上海人民出版社，2002。
［12］NYC gov，Environment & Health Data Portal，http：//a816 – dohbesp. nyc. gov/IndicatorPublic/QuickView. aspx，2019 – 04 – 21.
［13］NYC gov，List of Parks by Total Acreage，https：//www1. nyc. gov/assets/buildings/excel/dpr_ park_ list. xls，2019 – 04 – 21.

B.7

中央商务区金融生态环境对企业融资难的缓释效应分析

周 晔　陈珏津*

摘　要： 本报告采用熵值法构建金融生态环境指数，考察12个中央商务区金融生态环境对上市企业融资约束的缓释效应。研究发现，中央商务区的金融生态环境指数与当地上市企业的融资约束呈现反向关系，尤其当市场参与主体置身于经济环境较为发达、政府治理相对完善、法律制度及信用文化更加健全、金融资源配置效率较高的外部环境中时，企业融资约束的缓释效果更为明显。相关实证检验进一步验证了中央商务区金融生态环境对企业融资约束的缓释效应。据此，本报告提出，应着力从经济环境、金融发展、政府治理、信用文化等方面入手，通过改善企业所处区域的金融生态环境缓解融资难题。

关键词： 中央商务区　金融生态环境　企业融资

一　引言

融资约束是企业经营发展过程中最主要的阻力之一。尤其在我国这样一

* 周晔，首都经济贸易大学教授、博士生导师，主要研究领域为金融机构与金融市场；陈珏津，首都经济贸易大学硕士研究生，主要研究领域为金融机构与金融市场。

个以大型银行为主导且资本市场尚不健全的信贷市场，企业融资难这一世界性难题显得格外突出。诸多研究文献显示，融资约束通过影响企业的经营决策和投资效率阻碍企业的创新行为，从而抑制企业的发展。鉴于融资难问题对我国产业结构转型升级所造成的巨大阻碍，缓解企业的融资难问题已经成为当前促进产业升级、激发企业活力的重点。

在影响企业融资的外部因素中，金融生态环境发挥着至关重要的作用。作为企业开办、运营直至破产整个过程中所处的周边金融环境和条件的总和，金融生态环境的改善有助于降低企业发展过程中的不确定性，降低融资成本。金融生态环境好的地区，尤其是大型城市的中央商务区，往往拥有更高的政府运行效率、更具活力的经济体系、更充沛的金融资源及更健全的信息披露制度，由此带来更为稳定的企业营运环境，有利于解决企业的融资约束难题。但是，当前国内对影响企业融资约束外部原因的研究却大多局限在单一的维度。以往事实证明，政府部门、银行部门、法律部门等作为企业外部环境的组成要素并非相互独立，而是相互作用、相互影响，共同构成企业的金融生态环境，一起影响企业的融资决策。因此，积极探索金融生态环境，助力企业走出融资困境的深层路径，研究如何通过金融生态环境的优化为缓释企业的融资约束提供外部动力，这在当前经济增速趋缓的大环境下，无疑具有非常重要的理论和政策指导意义。

本文从影响企业融资的外部因素角度出发，基于金融生态环境视角，将金融生态环境划分为经济环境、金融发展、政府治理、信用文化及法制环境这四个下属维度；通过构建金融生态环境指标，从多角度综合衡量核心城市中央商务区金融生态环境对上市企业融资约束的缓释效应。报告选取国内12个代表性核心城市的中央商务区作为主要的研究对象，通过核心城市之间的金融生态环境，以及核心城市与全国金融生态环境指标的对比分析，实证检验中央商务区金融生态环境对企业融资约束的影响。报告发现，处于较好的金融生态环境下的企业，拥有市场化水平较高的金融市场、较为完善的法律体系、较为健全的诚信制度，以及较少的政府干预，能够较大程度地缓解企业的融资约束问题，这一结论为中央商务区改善金融生态环境、缓解区域内企业融资约束难题提供了相关的实证支持。

二　中央商务区金融生态环境指数分析

（一）金融生态环境的定义及金融生态指数的构建方法

金融生态的定义最早于2004年由中国人民银行行长周小川提出。特指金融运行的一系列外部基础条件，主要包括宏观经济环境、法制环境、信用环境、市场环境和制度环境等。其后在有关金融生态环境的研究当中，国内众多学者采用了刘煜辉、李扬关于中国城市金融生态环境研究的观点，即基于政府治理、经济基础、金融市场发展、信用制度与文化建设等，通过构建企业营运的金融生态环境指标，详细描述了各省的金融生态环境综合指数及分指数的得分情况，从生态学的角度分析了企业所处的经营环境。但是，也有部分学者如张红凤重新构建了新的区域金融生态环境指数。

由于李杨等学者的城市金融生态环境指数较为陈旧，国内学者的研究或是集中在局部省份，或是没有较长时期的连续跟踪研究，均无法有效测度核心城市中央商务区金融生态环境指数的长期演化。所以，本文在现有研究成果和金融生态环境评价体系构建原则基础上，兼顾数据的可得性，重新构建2011～2017年我国12个核心城市中央商务区的金融生态环境指数。在指数的构建中，我们遵循刘煜辉等学者的研究思路，将金融生态环境细分为经济环境、金融发展、政府治理及信用文化这4个维度，每个维度进一步设立分项指标，具体如表1所示。

在表1中，首先，使用4个分指标来衡量经济环境，即人均GDP、第三产业增加值占比、第二产业增加值占比和货物进出口总额占比。其中，人均

表 1　中央商务区金融生态环境分项指标描述

金融生态环境维度	分指标	计算方法	数据来源
经济环境	人均 GDP	GDP/所在城市常住人口	Wind 数据库
	第三产业增加值占比	第三产业增加值/GDP	Wind 数据库
	第二产业增加值占比	第二产业增加值/GDP	Wind 数据库
	货物进出口总额占比	货物进出口总额/GDP	Wind 数据库
金融发展	各项存贷款余额占比	各项存贷款余额/GDP	Wind 数据库、《中国城市统计年鉴》
	住户存款占比	住户存款/GDP	Wind 数据库、国家统计局网站
	金融业就业人数占比	金融业就业人数/常住人口	国家统计局网站、《中国城市统计年鉴》
	外商直接投资占比	实际利用外商投资/GDP	Wind 数据库、《中国城市统计年鉴》
政府治理	地方财政支出占比	地方财政支出/GDP	Wind 数据库
	税收收入占比	税收收入/地方财政收入	Wind 数据库、财政局网站、《中国城市统计年鉴》
	政府人员数占比	公共管理和社会组织就业人数/常住人口	《中国城市统计年鉴》、国家统计局网站
信用文化	高等学校在校学生占比	高等学校在校学生数/常住人口	Wind 数据库
	养老保险制度	参加养老保险人数/常住人口	Wind 数据库、《中国城市统计年鉴》
	医疗保险制度	参加医疗保险人数/常住人口	Wind 数据库、《中国城市统计年鉴》
	失业保险制度	参加失业保险人数/常住人口	Wind 数据库、《中国城市统计年鉴》

GDP 衡量所在核心城市的人均经济产出。第三产业增加值占比及第二产业增加值占比衡量的是经济结构。货物进出口总额占比反映经济的对外开放程度。

其次，同样使用了 4 个分指标衡量金融发展。其中，各项存贷款余额占比及住户存款占比衡量金融发育程度。金融业就业人数占比反映金融业在所在核心城市经济中所占的比重。外商直接投资占比反映外资引进的情况。

再次，对于政府治理维度，使用地方财政支出占比、税收收入占比和政府人员数占比这三个指标反映政府的办事效率和对市场的干预程度。与其他指标不同，这三个指标是反向指标，即取值越小，金融生态环境越好。

最后，对于信用文化维度。由于无法获得完整的法律方面的数据，采用高等学校在校学生占比进行衡量，并且通过养老保险制度、医疗保险制度和失业保险制度这三个指标反映社会保障体系的发展程度，以间接衡量信用环境。

（二）核心城市中央商务区金融生态环境指数的测算结果

遵循《中央商务区产业发展报告》既往的选取标准，选取 2011 ~ 2017 年 12 个核心城市，分别是 4 个一线城市（北京、上海、广州、深圳）和 8 个新一线城市（天津、西安、成都、杭州、南京、武汉、长沙、重庆），测算分析其 CBD 的金融生态环境状况。数据来源于 Wind 数据库。对于其中的缺失值，一部分从各城市财政局网站，各城市《统计年鉴》及《中国城市统计年鉴》获得补充，另一部分则通过对前后年份的数据插值取平均进行估计。

采用 stata15. 0 对 12 个核心城市及全国的样本数据进行数据处理，本文运用熵值法构建金融生态环境指数①。根据熵值法测定的差异系数，对各个变量赋予权重，将多个变量的取值进行加权平均，最终构建出金融生态环境指标。相关城市 2011 ~ 2017 年金融生态环境指数得分如表 2 所示。

① 熵值法属于客观评价的指标体系，相对于主观评价法而言，不易受到主观臆断的影响，构建出来的指标更能反映真实的金融生态环境现状。相关构建方法，限于篇幅省去，如有需要，可以联系作者索取。

表 2　2011～2017 年金融生态环境指数

单位：得分

城市分类	CBD 所在城市	金融生态环境指数						
		2011 年	2012 年	2013 年	2014 年	2015 年	2016 年	2017 年
一线城市	北京	1.429	1.438	1.433	1.523	1.419	1.423	1.452
	上海	1.434	1.437	1.434	1.407	1.393	1.424	1.419
	广州	1.422	1.429	1.453	1.473	1.505	1.478	1.484
	深圳	1.445	1.464	1.557	1.560	1.505	1.498	1.504
新一线城市	天津	1.381	1.376	1.374	1.373	1.373	1.329	1.338
	重庆	1.269	1.309	1.325	1.331	1.324	1.324	1.329
	西安	1.418	1.420	1.399	1.425	1.412	1.418	1.397
	武汉	1.391	1.413	1.392	1.421	1.392	1.396	1.408
	杭州	1.492	1.535	1.500	1.538	1.503	1.501	1.494
	南京	1.445	1.440	1.452	1.455	1.448	1.449	1.442
	成都	1.408	1.428	1.418	1.422	1.392	1.390	1.416
	长沙	1.349	1.373	1.365	1.386	1.369	1.372	1.392

为了便于对比分析，本文还测算了全国的金融生态环境，并根据金融生态环境指数得分，对 12 个城市及全国金融环境进行排序，如表 3 所示。

表 3　2011～2017 年中央商务区城市金融生态环境指数排序

排名	2011 年	2012 年	2013 年	2014 年	2015 年	2016 年	2017 年
1	杭州	杭州	深圳	深圳	深圳	杭州	深圳
2	深圳	深圳	杭州	杭州	广州	深圳	杭州
3	南京	南京	广州	北京	杭州	广州	广州
4	上海	北京	南京	广州	南京	南京	北京
5	北京	上海	上海	南京	北京	上海	南京
6	广州	广州	北京	西安	西安	北京	上海
7	西安	成都	成都	成都	上海	西安	成都
8	成都	西安	西安	武汉	武汉	武汉	武汉
9	武汉	武汉	武汉	上海	成都	成都	西安
10	天津	天津	天津	长沙	天津	长沙	长沙
11	长沙	长沙	长沙	天津	长沙	天津	天津
12	重庆	重庆	重庆	重庆	重庆	重庆	重庆
13	全国	全国	全国	全国	全国	全国	全国

从表3中可看出，4个一线城市和8个新一线城市的金融生态环境均高于全国平均水平。其中，深圳和杭州两个城市的排名较为靠前，在2011~2017年稳居前三名。北京、上海、西安和武汉的得分较为接近，因此排名波动较大。整体而言，CBD城市的金融生态环境要明显地优于全国的平均水平。

分别对4个一线城市和8个新一线城市指数得分取平均值，根据其时间趋势，绘制一线/新一线城市金融生态环境指数折线图，如图1所示。2011~2017年，一线和新一线城市的金融生态环境指数得分表现出一致的时间趋势。相比2011年，2014年指数得分明显增加；2014年后金融生态环境指数得分逐渐下降。一线城市的指数得分明显高于新一线城市，表明一线城市的金融生态环境较为良好。

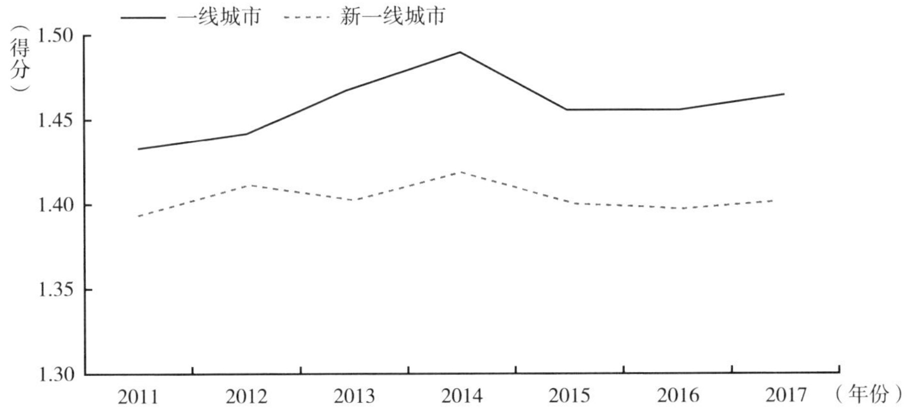

图1　2011~2017年度一线/新一线城市中央商务区金融生态环境指数

将金融生态环境指标进一步细化，考察其四个下属维度得分情况，结果如表4所示。最后，将表中的结果绘制成堆积柱形图，如图2所示。图2较为明显地反映出金融发展这一维度的得分对于成都、天津和北京金融生态环境整体得分的贡献最大。证实这三个城市的金融发育较为成熟，对外开放程度较大。对于重庆而言，经济环境这一维度的得分对金融生态环境整体得分的贡献最大，证明重庆的经济结构相对较好。对广州、深圳和西安而言，信用文化这一维度的得分贡献最大。反映了广州、深圳和西安三个城市的社会保障制度较为完善，有较为诚信和良好的信用文化。

表 4　2011～2017 年中央商务区城市金融生态环境指数及分项指标平均得分

单位：得分

城市分类	CBD 所在城市	金融生态环境平均得分	分项指标平均得分			
			经济环境	金融发展	政府治理	信用文化
一线城市	北京	1.445	0.425	0.507	0.219	0.295
	上海	1.421	0.376	0.321	0.348	0.376
	广州	1.463	0.362	0.361	0.334	0.407
	深圳	1.505	0.375	0.341	0.370	0.419
新一线城市	天津	1.363	0.385	0.396	0.285	0.297
	重庆	1.316	0.398	0.257	0.318	0.342
	西安	1.413	0.367	0.354	0.307	0.385
	武汉	1.402	0.345	0.347	0.331	0.379
	杭州	1.509	0.380	0.307	0.424	0.397
	南京	1.447	0.362	0.388	0.363	0.334
	成都	1.411	0.408	0.428	0.294	0.281
	长沙	1.372	0.375	0.335	0.353	0.310

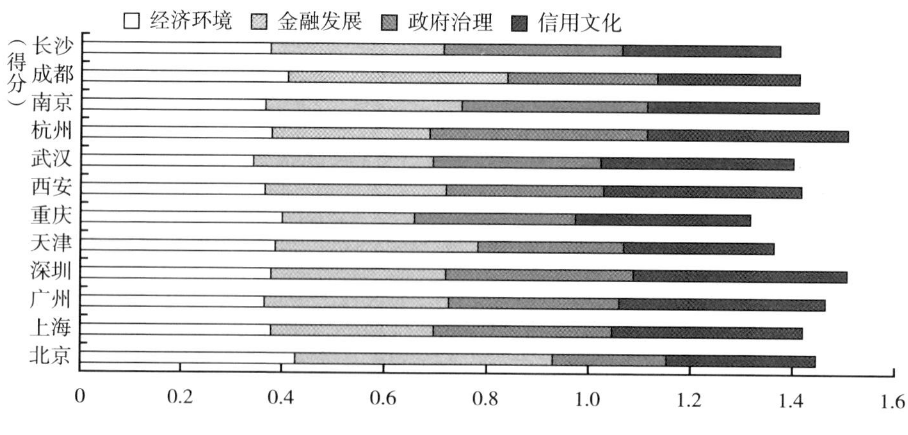

图 2　2011～2017 年一线/新一线城市中央商务区金融生态环境指数分项指标平均得分

（三）核心城市中央商务区金融生态环境指数的对比分析

2011～2017 年，CBD 所在一线城市的金融生态环境指数得分对比如图 3 所示。首先，北京、上海、广州和深圳这四个城市的金融生态环境明显地优于全国水平。样本时间段内，这 4 个一线城市的平均指数得分排名如下：深圳 > 广州 > 北京 > 上海。其次，2017 年相比于 2011 年，北京、广州和深圳的金融生态环境得分都有所上升，并且 2011～2017 年这 7 年间表现出较为一致的变化趋势。最后，全国平均的金融生态环境指数得分总体表现出稳步上升的趋势。表明我国整体的金融生态环境发展态势较好，企业所处的外部经营环境正在逐渐改善。

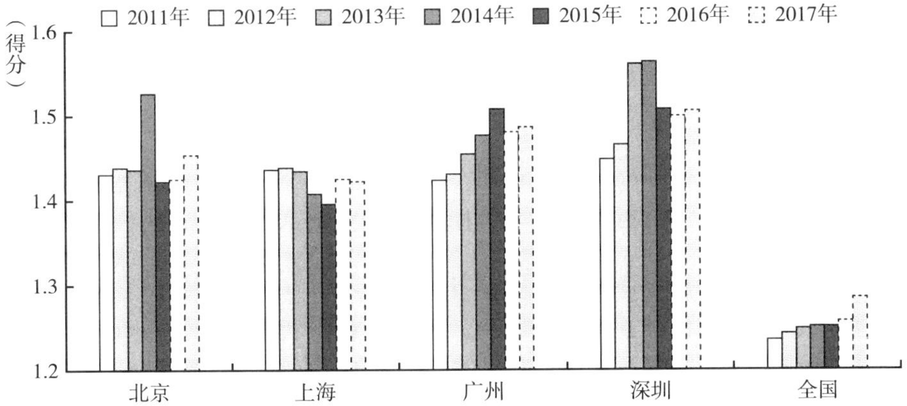

图 3　2011～2017 年一线城市中央商务区金融生态环境指数

图 4 展示了 2011～2017 年新一线城市的金融生态环境指数得分的对比。一方面，杭州、天津、成都、南京、武汉、西安、重庆和长沙这 8 所城市的指数得分也明显地优于全国平均水平。其中，杭州的指数得分最高，表明杭州的金融生态环境最优；另一方面，8 大城市的金融生态环境的平均得分排名具体如下：杭州 > 南京 > 西安 > 成都 > 武汉 > 长沙 > 天津 > 重庆。其中成都、南京、武汉和西安的金融生态环境水平较为接近。天津和重庆相比其他的新一线城市，指数得分相对较低，但仍然明显地优于全国的平均水平。

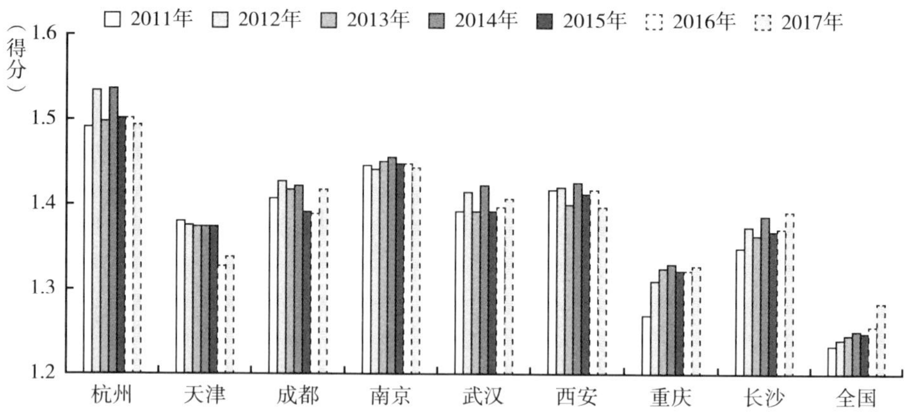

图4 2011～2017年新一线城市中央商务区金融生态环境指数

三 中央商务区上市公司融资约束分析

自十九大以来，中国经济运行步入重要的转折时期，伴随着经济增长模式的转型，宏观经济走势逐步放缓，国内区域发展不均衡、结构性信贷矛盾等问题日益凸显，微观企业长期面临着严重的融资约束。企业的融资困境通过对企业经营决策和投资效率的影响，阻碍着经济转型的步伐，反过来又进一步加剧各地区，尤其是区域内核心城市经济发展的失调问题。缓解当地企业的融资约束问题，已经成为当前全国各地确保经济平稳运行，促进经济变革，激发经济活力的有效的重要途径。为破解各大核心城市中央商务区企业的融资约束难题，首先必须精确地度量核心城市中央商务区企业融资约束的程度。

（一）中央商务区企业融资约束的测算

尽管国内外学者采用了多种不同的度量方法来衡量融资约束的程度，如直接度量法、投资—现金流敏感性模型（FHP模型）、现金—现金流敏感性模型（ACW模型）、SA指数、WW指数等；但是考虑到数据的可获得性，以及 KZ 指数在大样本下更好的拟合优度，本文选取 KZ 指标作为表征融资约束的代理变量，通过构造 KZ 指数来衡量企业的融资约束情况。KZ 指标的具体形式如下：

$$KZindex = \beta_1 \times Cas\ flow + \beta_2 \times Q + \beta_3 \times Leverage + \beta_4 \times Dividends + \beta_5 \times Cas\ Holdings$$

其中，被解释变量 KZ 指数用来表示融资约束程度的高低。KZ 指数越大，表明公司所受到的融资约束越严重。

为了较为精准地使用企业各个方面的财务信息测度企业的融资约束情况。本文选取 2011 ~2017 年沪深 A 股上市公司为研究样本。KZ 指数所使用的公司财务数据均来源于 Wind 数据库，相关财务构成变量的界定如表 5 所示。为保证研究结果的可靠性，我们对研究样本进行了以下处理：①剔除金融和房地产行业的上市公司；②剔除上市时间不满一年的公司[①]；③剔除了缺失计算 KZ 指数所需要的财务数据的公司。最后，还对相关样本变量进行 2.5% 以下和 97.5% 以上的分位数的缩尾处理。

表 5　KZ 指数构成解释变量的定义

变量名	变量定义	计算方法
CF_{it}/A_{it-1}	现金流量	经营活动产生的现金流量净额/上期资产总计
DIV_{it}/A_{it-1}	股利支付	年度累计分红总额/上期资产总计
C_{it}/A_{it-1}	现金持有量	期末现金及现金等价物余额/上期资产总计
LEV_{it}	资产负债率	资产负债率
$Tobin's\ Q$	托宾 Q 值	总市值/资产总计

参考 Kaplan 和 Zingales（1997）的方法，以 KZ 为被解释变量，采用顺序逻辑回归方法对相关解释变量进行回归，得到相关变量的系数，如表 6 所示。

① 刚上市的公司能够获得大量的股权融资，因此其融资约束情况不具有一般企业的特征。

表 6　中国上市公司融资约束程度估计模型的回归结果

	CF_{it}/A_{it}	DIV_{it}/A_{it}	C_{it}/A_{it-1}	LEV_{it}	Q_{it}	R^2	Chi^2	N
KZ	-16.230***	-62.117***	-6.920***	5.087***	0.493***	0.2952	11803.18***	12885

注：*** 分别表示估计值在 1% 的水平上显著。

使用表 6 的回归系数，采集 2011～2017 年上市 A 股企业相关财务数据，即可计算获得 A 股中对于核心城市企业的 KZ 指数。

（二）中央商务区企业融资约束的对比分析

通过企业的注册地址，我们将样本分为一线城市企业、新一线城市企业及其他城市企业三组，通过计算获得的 KZ 指数对比其融资约束情况，结果如图 5 所示。

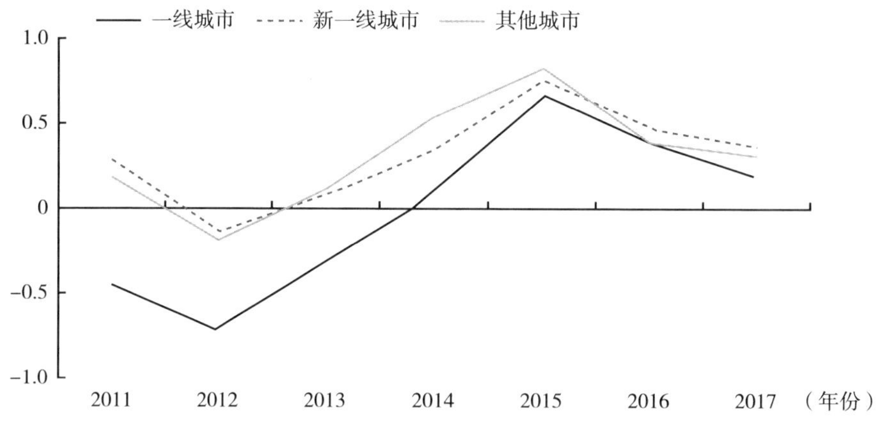

图 5　2011～2017 年一线城市、新一线城市及其他城市上市企业 KZ 指数对比

图中一线城市、新一线城市及其他区域企业的 KZ 指数呈现出相同的变化趋势。2012～2015 年，企业的 KZ 指数上升；2015～2017 年，企业的 KZ 指数逐渐下降，融资约束问题有所缓解。三组企业 KZ 指数的大小关系为：一线城市平均值 < 新一线城市平均值 < 其他城市平均值。比起一线城市，新一线城市和其他城市企业面临的融资约束问题较为严重。

根据中国证券监督管理委员会行业划分类型[①]，进一步将企业细分为19大门类，考察各个门类的融资约束情况。由于核心城市中央商务区的企业主要以高端服务业和高端制造业为主，特此剔除农业、采矿业企业，以及金融和房地产行业这类高杠杆企业。图6为2011～2017年13个行业上市企业的KZ指数。

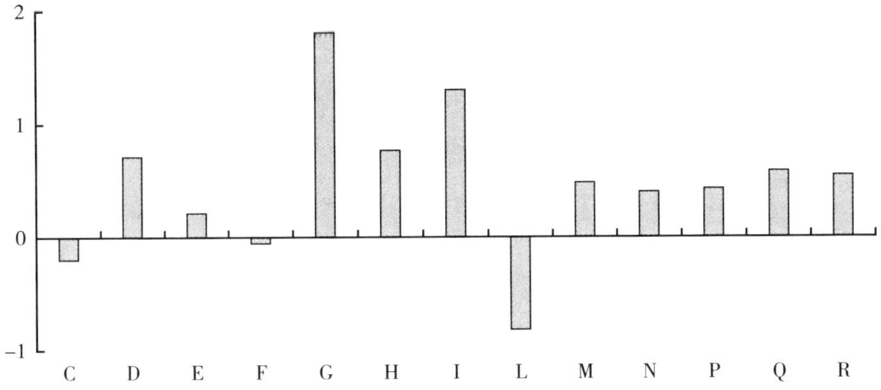

图6　2011～2017年13个行业上市企业的KZ指数

G类行业（交通运输、仓储和邮政业）的融资约束程度最大。I类行业（信息传输、软件和信息技术服务业）的融资约束程度也处于较高水平。而C类行业（制造业）、F类行业（批发和零售业）和L类行业（租赁和商务服务业）的融资约束程度较低，均为负值。

将以上13类行业企业归类后，2011～2017年核心城市第二产业和第三产业的KZ指数如图7所示。两大产业的融资约束表现出较为一致的时间趋势。第二产业KZ指数总体上要大于第三产业KZ指数，融资约束较为严重。

① 证监会行业门类分类标准：A农、林、牧、渔业；B采矿业；C制造业；D电力、热力、燃气及水生产和供应业；E建筑业；F批发和零售业；G交通运输、仓储和邮政业；H住宿和餐饮业；I信息传输、软件和信息技术服务业；J金融业；K房地产业；L租赁和商务服务业；M科学研究和技术服务业；N水利、环境和公共设施管理业；O居民服务、修理和其他服务业；P教育；Q卫生和社会工作；R文化、体育和娱乐业；S综合。

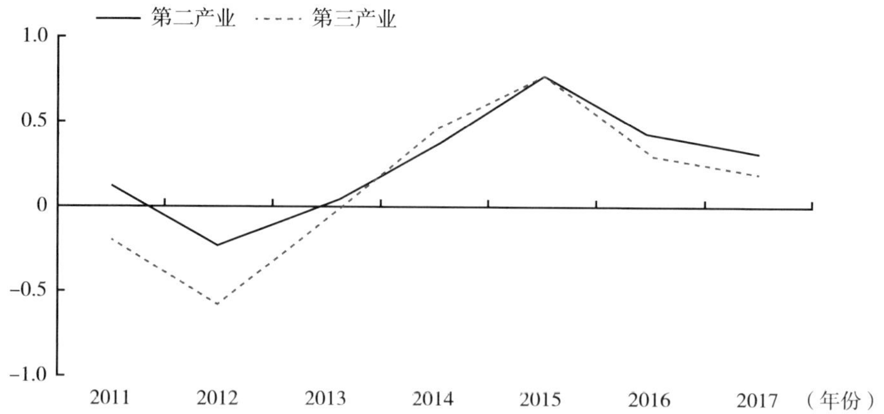

图7　2011～2017年核心城市第二/第三产业企业的KZ指数

四　金融生态环境影响公司融资约束的实证分析

（一）研究假设、模型设定与变量的描述性统计

近年来，外部环境影响企业融资约束的机制备受学者关注，越来越多的事实证明，为企业提供良好的金融生态环境是解决企业融资约束这一问题的“良方”。在发展成熟的金融环境下，降低企业的融资难度，更易于促进依赖外部融资产业的发展。从企业外部环境的影响因素出发，研究发现，金融生态环境的改善可以有效地降低信息不对称的相关文献，包括政治关联与法律制度等（张红凤、汲昌霖，2015）、经济市场化程度（郭桂花、池玉莲、宋晴，2014）、地区经济发展水平和制度环境水平（傅代国、刘永冠、金智，2012）、金融发展水平（曾之明、汪晨菊、张琦，2017）等。由于企业所处的金融生态环境不仅会影响到企业的融资方式与来源，同时还通过影响外源融资的成本，引发企业的融资窘境。基于现有研究的基础，本文提出假设1：

H1：金融生态环境与企业面临的融资约束显著负相关，金融生态环境越完善，企业所受的融资约束程度越小。

更进一步的研究发现，由于外部经济运行的环境较复杂，需要从企业所处的不同环境维度来全面评价其融资效率。外部环境会通过诚信的信用文化、发达的金融市场、完善的法律体系为资金供给者提供保障，降低逆向选择和道德风险，从而提高市场中资金的供给，并且降低风险溢价。此类相关文献包括金融关联与商业信用（兰艳泽、魏乙丹，2019）、社会信用环境与企业融资约束（石晓君、张顺明，2010）、审计及信息披露质量（兰艳泽、魏乙丹，2019）等。在上述研究基础之上，本文提出 CBD 金融生态环境对企业融资约束的影响假设 2：

H2：作为金融生态环境的下属维度，经济环境、金融发展水平、政府治理及信用文化建设等要素越完善，企业所受的融资约束程度越小。

考虑到中小企业占我国企业总数的 90% 以上，对 GDP 的贡献率超过 50%，中小企业对经济的平稳运行发挥着举足轻重的作用；但是，中小企业面临较为严重的融资难题。中小企业的经营情况公开透明度较低，经营不稳定，破产风险较大，导致银行等金融机构不愿意为中小企业提供贷款。相比大型企业，中小企业的融资约束困难较明显，它们更渴望通过外部环境的改善来缓解自身的融资困境。基于中小企业本身的特质，以及中央商务区作为高新企业孵化器，云集大量中小企业的特性，本文提出假设 3：

H3：与大型企业对比，营商环境的优化能够更好地减轻中小企业的融资约束程度。

为验证上述假设，我们选取 2011～2017 年上市企业财务数据为样本进行实证检验。采用如下模型实证检验 CBD 良好的金融生态环境对企业融资约束的缓释效应：

$$KZ_{i,t} = \alpha_0 + \alpha_1 Score_{i,t} + \alpha_2 Size_{i,t} + \alpha_3 ROA_{i,t} + \alpha_4 Growtl_{i,t} + \alpha_5 Risk_{i,t} + \sum Year + \sum Ind + \varepsilon_{i,t} \tag{1}$$

回归变量的相关描述如表 7 所示。

表 7　变量描述

变量类型	变量符号	变量名称	变量描述
被解释变量	*KZ*	KZ 指数	由有序逻辑回归得到
解释变量	*Score*	金融生态环境指数	由熵值法计算得到
控制变量	*Size*	企业规模	总资产的自然对数
	ROA	企业的营利性	净利润/总资产
	Growth	企业的成长性	营业收入/上年营业收入
	Risk	市场风险	公司当年的日市场回报率的标准差

（二）实证结果分析

分别使用混合普通最小二乘法（Ordinary Least Squares，OLS）模型及控制年份和行业的固定效应模型对面板数据进行回归，实证结果如表 8 所示。其中，中央商务区的金融生态环境指数 Score 与当地上市企业的融资约束 KZ 指数呈现显著的反向关系，证实了金融生态环境的缓释效应，表明中央商务区良好的金融生态环境能缓解当地企业的融资约束，进而缓解企业融资压力，H1 获得证实。

表 8　中央商务区金融生态环境对企业融资约束效应的实证结果

变量	KZ 指数	
	(1)混合 OLS	(2)固定效应
Score	-0.351* (-1.873)	-0.834** (-2.410)
Size	0.161*** (9.942)	0.088*** (2.859)
ROA	-25.744*** (-68.118)	-16.541*** (-18.880)
Growth	0.054** (2.298)	-0.046* (-1.806)
Risk	0.000 (1.059)	0.000*** (3.785)
年份		Control
行业		Control
_cons	-1.861*** (-4.381)	-0.238 (-0.298)
N	12316	12316

*、**、*** 分别表示在 10%、5%、1% 的水平上显著。

为更好地理解 CBD 金融生态环境对企业融资约束的缓释效果，本文使用金融生态环境的下属维度逐一进行回归，结果如表 9 所示。经济环境、金融发展、政府治理这三个维度对企业融资约束有显著的负效应。良好的经济环境、完善的金融市场和透明高效的政府治理为企业经营提供了便利，并为资金的供给方提供了更有力的保障，增加了银行放贷的意愿，降低了企业的借款成本。金融生态环境各个下属维度的改善对企业融资约束有缓释效应，与 H2 相符合。

表 9　中央商务区金融生态环境下属维度对企业融资约束的影响

变量	KZ 指数			
	(1)	(2)	(3)	(4)
经济环境	-3.556* (-1.646)			
金融发展		-1.154** (-2.051)		
政府治理			-1.325** (-1.992)	
信用文化				0.167 (0.250)
Size	0.089*** (2.885)	0.091*** (2.940)	0.085*** (2.765)	0.088*** (2.846)
ROA	-16.554*** (-18.900)	-16.547*** (-18.882)	-16.550*** (-18.892)	-16.563*** (-18.887)
Growth	-0.046* (-1.803)	-0.046* (-1.808)	-0.047* (-1.810)	-0.047* (-1.807)
Risk	0.000*** (3.828)	0.000*** (3.828)	0.000*** (3.828)	0.000*** (3.867)
年份	Control	Control	Control	Control
行业	Control	Control	Control	Control
_cons	0.045 (0.043)	-1.011 (-1.483)	-0.873 (-1.229)	-1.360* (-1.921)
N	12316	12316	12316	12316

注：*、**、*** 分别表示在 10%、5%、1% 的水平上显著。

对于不同特质的企业，金融生态环境的缓释效果也会表现出差异性。相比资产规模较大的企业，中小企业更容易陷入融资困境。本文根据资产规模将样本企业分为三组，从小到大依次归类为小型企业、中型企业和大型企业。分别对其进行实证回归，结果如表 10 所示。

表 10　金融生态环境对不同规模企业融资约束的影响

变量	(1)	(2)	(3)
	KZ 指数(大型企业)	KZ 指数(中型企业)	KZ 指数(小型企业)
score	-0.795 (-1.454)	-1.022* (-1.936)	-1.023** (-2.065)
Size	-0.353*** (-2.816)	0.393*** (2.746)	0.042 (0.809)
ROA	-13.728*** (-12.188)	-16.691*** (-9.318)	-24.518*** (-17.322)
Growth	-0.004 (-0.059)	-0.004 (-0.148)	-0.108** (-2.329)
Risk	0.000 (0.201)	-0.000 (-0.646)	0.000*** (4.402)
年份	Control	Control	Control
行业	Control	Control	Control
_cons	8.183*** (2.993)	-6.398** (-1.989)	2.040 (1.589)
N	4102	4114	4100

注：*、**、*** 分别表示在 10%、5%、1% 的水平上显著。

表 10 实证结果显示，对于中小型企业（第 2、3 列），中央商务区金融生态环境对企业融资约束的影响显著为负。而大型企业（第 1 列）的回归系数则不显著。这表明相比大型企业，良好的金融生态环境对中小型企业的缓释效应更为明显，H3 获得验证。

五　报告结论及政策建议

本文基于熵值法构建中央商务区的金融生态环境指数，选取 4 个一线城市中央商务区（北京、上海、广州、深圳）及8个新一线城市中央商务区（天津、西安、南京、武汉、长沙、杭州、成都、重庆）为主要研究对象。通过对比分析和实证检验发现如下结论。

（1）一线和新一线城市中央商务区的金融生态环境较优，能为企业提供发达的经济环境、完善的政治制度、高效的金融体系及健全的信用文化。

（2）进一步比较中央商务区和全国地区企业的融资约束情况发现，一线和新一线城市中央商务区企业的融资约束程度相对较小。

（3）良好的金融生态环境能减轻企业的融资约束问题，即中央商务区的金融生态环境对当地企业融资约束具有缓释效应。

（4）从金融生态环境的下属维度出发，经济环境、金融发展水平、政府治理及信用文化建设等要素越完善，企业所受的融资约束程度越小。

（5）与大型企业对比，营商环境的优化能够更好地减轻中小企业的融资约束。

报告发现，作为反映企业金融环境的综合变量，中央商务区整体金融生态环境与其下属不同维度指标的发展与完善均会对企业融资产生较强的正面影响，金融生态环境对企业融资约束的这种缓释效应具有较为明确的政策指导意义。

首先，为了减轻企业面临的融资压力，政府可以间接地从金融生态环境入手，通过为企业创造良好的经营环境，来缓解企业融资难问题。政府无须向企业直接提供信贷或者担保支持干预企业融资，而是通过完善市场秩序，让市场在金融资源分配中发挥决定性作用，这不仅有利于中央商务区提高金融资源配置的效率，还在确保市场经济运行规律的同时，在很大程度上避免了政府对企业显性借贷或隐性担保所产生的财政负担，也避免了政府干预所造成的金融体系内部资产配置的扭曲。

其次，金融生态环境包括经济环境、金融发展、政府治理和信用文化这四个下属维度。这四个下属维度相互作用，相互影响。因此，为确保全面改善金融生态环境，在提高金融发育程度和经济水平的同时，也应加强立法、提高政府的办事效率及社会的信用文化水平。全方面为企业经营提供便利，为企业融资减轻障碍。

最后，金融生态环境的改善有利于促进中小企业良好健康发展，激发经济活力。考虑到中央商务区现代服务业占据较大比重，以及中央商务区对广大中小型科技企业的孵化作用，良好的金融生态环境在缓解广大中小科技的企业融资约束，弥补中小企业自身缺陷，增加市场资金的供给来源方面的影响更为显著。因此，金融生态环境的改善将会对 CBD 内部现代服务业及广大中小企业的成长产生深远的影响，将有助于促进中央商务区经济结构的升级换代，进一步激发中央商务区的增长潜力。

参考文献

[1] 陈希敏、王小腾：《政府补贴、融资约束与企业技术创新》，《科技管理研究》2016 年第 6 期。

[2] 楚文静：《金融生态环境建设与企业融资约束的关系分析》，《商业经济研究》2017 年第 16 期。

[3] 傅代国、刘永冠、金智：《地方治理、利益侵占与债务成本》，《投资研究》2012 年第 6 期。

[4] 郭桂花、池玉莲、宋晴：《市场化进程、会计信息质量与融资约束的相关性分析——基于最终控制人的视角》，《审计与经济研究》2014 年第 1 期。

[5] 兰艳泽、魏乙丹：《金融关联、商业信用对企业融资约束的影响——基于我国民营上市公司的实证研究》，《商业经济研究》2019 年第 3 期。

[6] 黎精明、李欣：《房价、融资约束与企业现金持有行为——基于财务柔性视角》，《财会月刊》（会计版）2019 年第 4 期。

[7] 李扬、张涛：《中国地区金融生态环境评价（2008～2009）》，中国金融出版社，2009。

[8] 连玉君、彭方平、苏治：《融资约束与流动性管理行为》，《金融研究》2010 年第 10 期。

[9] 刘煜辉：《中国地区金融生态环境评价（2006～2007）》，中国金融出版社，2007。

[10] 刘煜辉、陈晓升：《中国地区金融生态环境评价（2009～2010）》，社会科学文献出版社，2011。

[11] 石晓军、张顺明：《商业信用、融资约束及效率影响》，《经济研究》2010 年

第 1 期。
[12] 苏宁：《优化金融环境　改善金融生态》，《金融信息参考》2005 年第 10 期。
[13] 王小鲁、樊纲、余静文：《中国分省份市场化指数报告（2016）》，社会科学文献出版社，2016。
[14] 曾之明、汪晨菊、张琦：《金融发展对中国中小板上市公司融资约束的影响》，《财经理论与实践》2017 年第 4 期。
[15] 张红凤、汲昌霖：《政治关联、金融生态环境与企业融资——基于山东省上市公司数据的实证分析》，《经济理论与经济管理》2015 年第 11 期。
[16] 张璇、刘贝贝、汪婷、李春涛：《信贷寻租、融资约束与企业创新》，《经济研究》2017 年第 5 期。
[17] Dechow P. M., Dichev I. D., "The Quality of Accruals and Earnings: The Role of Accrual Estimation Errors," *The Accounting Review* 77 (S1) (2002).
[18] Rajan, R., Zingales L., "What Do We Know about Capital Structure? Some Evidence from International Data," *The Journal of Finance* 50 (5) (1995).

B.8 北京商务中心区现代服务业创新发展研究

陶 峻*

摘 要： 中央商务区现代服务业的创新发展是促进区域经济发展、推动产业升级的关键。本报告围绕创新这一主题，从宏观层面识别有哪些因素会对北京商务中心区（北京 CBD）现代服务业创新行为产生影响，筛选出产业聚集、开放程度、高素质人才集聚水平、绿色环境体系四大基础要素，以及企业间竞争合作模式、新消费理念引导、融资渠道、创新平台建设四大运营要素。系统阐述这些要素的影响及其作用路径，提出通过引导高端服务业聚集，提高开放程度，进一步发展绿色、低碳经济，鼓励创新平台建设等一系列促进北京 CBD 现代服务业创新发展的具体建议。

关键词： 北京商务中心区　现代服务业　创新发展

一　问题的提出

21 世纪是服务经济社会，服务在国民经济发展和社会进步中的重要性日渐凸显。一国的国际竞争力在很大程度上取决于其服务业的竞争力，其中

* 陶峻，博士，首都经济贸易大学副教授、硕士生导师，主要研究领域为服务管理、客户关系管理。

强调知识、技术和能力的开发与传播的现代服务业是关键推动力之一。现代服务业是知识经济时代国际大都市最富发展潜力的支柱产业，它在城市经济发展中所起的作用日益显著。

正如很多现代服务业的研究所指出的，现代服务业的“现代”两字实际上是一个动态概念，包含新出现的行业和一些被改造的传统行业。基于此理念我们可以将现代服务业分为两大类：一类是全新出现的一些服务于知识技术开发和传播的服务行业，如计算机和软件服务、移动通信服务、各类咨询服务、教育培训等；另一类是运用现代信息技术和通信技术改造提升的传统服务业，包括银行、证券、保险等现代金融业，还包括采用创新技术的现代物流业和新零售业等。

与以电子信息、生物医药为主导的现代制造业相比，现代服务业具有低投入、低污染、高附加值、高知识的特点，它更强调服务中的知识内容，其发展程度直接反映了城市经济的产业化水平。大力发展现代服务业对优化服务业产业布局，增强城市和区域经济竞争力，转变经济增长方式，促进国际化进程具有重要意义。通过鼓励、支持和发展现代服务业，可以充分发挥CBD 的区位优势，培育优势业态，形成具有较强国际影响力的现代服务业体系。

2015 年 5 月，经国务院批准，北京成为中国第一个扩大服务业对外开放的综合性试点城市。按照方案，北京将经过三年试点，积累在全国可复制可推广的经验，这标志着服务业扩大开放成为国家全方位主动开放的重要实践。方案涉及的行业包括科学技术服务、互联网和信息服务、文化教育、金融服务、商务和旅游服务、健康医疗服务六大领域，均为现代服务业的重要组成部分。政府有关部门一直不间断地在理顺行政审批和市场主体之间的关系，并积极为鼓励促进现代服务业发展营造良好的政策环境。

2017 年 12 月 10 日，国务院批准北京在文化创新、商业服务、金融服务等方面进一步扩大服务业开放试点。这一试点政策的实施，极大地促进了北京 CBD 现代服务业的进一步发展，降低了外资进入门槛，有利于更有效地利用外资，促进了北京特别是北京 CBD 的现代服务业的重大发展。

目前，北京 CBD 现代服务业集聚效应表现得更为突出，北京 CBD 内的总部企业达到 550 家，世界 500 强企业多达 160 家，其中跨国公司总部共有 88 家，占北京全市的 80%；拥有国际金融组织 252 家，占北京全市的 70%；文化传媒企业 1800 余家，包括中央电视台、北京电视台、凤凰卫视等数十家大型传媒企业，以及华尔街日报、VOA、CNN、BBC 等 169 家国际传媒机构，占全市的 90% 以上。北京 CBD 已形成以国际金融为龙头、以高端商务为主导、国际传媒聚集发展的产业格局。

然而如果从企业层面进行分析，与全球高端服务企业相比，大量国内现代服务企业依然存在规模较小、创新性不足、盈利能力较差、竞争从知识层面转向单纯价格层面等问题，很多企业提供的只是整个供应链中的低端知识和技术服务产品，在市场竞争中没有表现出很强的竞争优势。目前，进一步开放的步伐已经开启，尤其是处于中央商务区的现代服务企业面对更加有力的政策支持，如何提升其创新能力和竞争力，是 CBD 发展面临的关键问题。

二　研究思路

现代服务业的知识型服务所强调的通过知识体系提升创新能力是很多现代服务企业所缺乏的，企业往往过于关注效率提升却无法获得竞争优势。存在这些问题的一个根本原因是国内大量的现代服务企业并未建立有效的创新机制，无法在服务传递过程中实现有效的自我更新。

本文尝试以创新特别是服务创新作为切入点来研究现代服务业的专业化发展。企业特别是现代服务业获取竞争优势必须特别强调服务创新，但由于服务创新没有专利保护，知识扩散速度加快，竞争对手可以很快地模仿服务创新成果，企业很难长久地保持竞争优势，因此持续创新对现代服务企业是一项重要挑战。

现代服务业的创新和企业知识关系密切，其创新的实质是对有关知识的创新和应用，研究北京 CBD 现代服务业的服务创新和创新性发展实际是探究现代服务企业基于知识的创新发展路径。有研究指出，服务创新究其根源是知识的创新，在合作交流过程中，知识在组织间流动，形成相应的服务关系，所有参与企业和个人都有可能成为知识的提供者和接受者。因此，本文主要基于知识流动来探讨有哪些因素会对现代服务业的服务创新能力产生影响，进而提出相应的建议。

三　CBD现代服务业创新能力影响因素研究

现代服务业是集知识资产、信息资产和对这些资产具有驾驭能力的专家于一体的服务型企业。通过知识和信息的利用，为客户提供具有高知识附加值的创新服务，它所提供的创新服务实际上是为客户提供他们所面临问题的解决方案。通常，这种解决方案由包含丰富创新知识的产品和服务组成。

对单个现代服务企业来说，其知识来源并不是唯一的，企业能否成功在很大程度上是由其对来自多种渠道的零乱的知识资源进行收集、整理和融合的能力决定的。通过对北京 CBD 地区管理咨询、会计、信息技术服务行业的多家企业进行的探索性案例研究结果表明，从宏观层面来看，有多方面因素会影响到北京 CBD 现代服务业的创新能力。本文在具体分析现代服务业的知识创新能力时也尝试从基础要素与运营要素两方面入手，从宏观角度探讨不同类型要素对北京 CBD 现代服务业创新能力的具体影响。

（一）基础要素

基础要素的侧重点在于关注 CBD 现代服务业发展的基础背景和环境特征。北京 CBD 现代服务业作为全国 13 个 CBD 现代服务业之一，综合排名一直稳居榜首。在对企业的具体案例分析中发现，创新能力始终是掣肘大量小型现代服务企业更好发展的核心能力。因此，综合考虑北京 CBD 现代服务业所处的环境和现有的政策背景，主要涉及如下几个影响其创新能力的基础要素。

1. 产业聚集

研究表明，中央商务区在各大中心商务城市的快速崛起有一个共同特点，即有效形成现代服务业集群。北京 CBD 有多种类型的现代服务业集群，以国际金融、高端商务和传媒为代表。

2008 年，北京 CBD 被定位为“国际金融机构集聚中心区”，经过十多年发展，目前北京 CBD 已成为北京金融机构数量最多、类型最全的黄金地区，涉及保险、外资银行、证券等多个行业，拥有包括花旗银行、渣打银行、瑞士再保险公司等国际巨头在内的 1000 多家金融机构。

北京 CBD 定福庄国际媒体产业走廊是全国音乐文化产业、动漫产业、版权贸易等基地和广告产业园所在地，区域内有 18000 多家文化媒体企业。华尔街日报、美国有线电视新闻网和美国之音等 170 多个国际媒体机构已经在北京 CBD 落户。北京 CBD 还落户了国内重量级媒体机构及其相关产业链，包括中央电视台、北京电视台等重要机构，《人民日报》等权威报刊，新浪、搜狐和网易等门户网站。围绕这些核心媒体组织吸引了大量的上下游中小型服务企业，形成了包括编写、经纪、投资等在内的完整媒体产业链，具有突出的规模效应。

大量的现代服务企业主要根据客户位置、信息获得或资讯流通的便利性等因素决定其区位，它们均看重集群位置所提供的全球网络的机会。现代服务业集聚区内的同类服务业企业或组织可以通过产业链上下游企业之间的深度合作发挥产业集聚效应，推动资源共享、协同创新，增强企业竞争力进而促进整个行业进步。

北京 CBD 现代服务业形成了突出的核心特色产业，国际金融、高端商务、传媒三大支柱产业均拥有多家国际和国内知名大企业，为整个产业链上下游企业的创新能力均带来了巨大的促进作用，推动了整个行业的创新能力，产业聚集效应显著。

2. 开放程度

截至 2020 年 1 月，北京 CBD 共落户 550 个企业总部，其中跨国公司总部 88 个，占朝阳区的 70%，占北京市的 50%，税收贡献额超过 100 亿元。

其中，三星、大众、壳牌等代表性的跨国公司地区总部虽然在数量上很少，只占到 CBD 企业数的万分之四，却贡献了 14% 的税收。北京 CBD 目前已经吸引佳能（中国）、德勤华永会计师事务所北京分所、丰田金融服务等多家重点企业落户。2019 年，在北京 CBD 功能区注册的外资企业达 681 家，同比增长 387 家，增速超过 130%，且累计外资企业总和超过 1 万家。

CBD 高水平开放、走开放型经济发展道路是北京 CBD 的重要发展原则。通过稳步扩大 CBD 金融业开放，持续推进服务业开放，深化农业、采矿业、制造业开放，加快电信、教育、医疗、文化等领域开放进程，在外国投资者关注、国内市场缺口较大的教育、医疗等领域放宽外资股比限制，推进垄断行业改革，可以更快地在竞争中实现企业的创新发展。

从数据上来看，尽管近年来北京 CBD 引进了较多外资企业，但其占总体企业的比重相对较低，然而其税收贡献率占比却不容忽视。通过借鉴西方优秀企业的经验与资源共享，能够促进企业创新能力的提高。开放程度的提高，不仅可以加强产业国际化趋势，还有助于在竞争与合作的氛围中产生创新能力。开放程度基于优势互补的原则，在竞争中合作，在合作中竞争。因此，提高北京 CBD 现代服务业的开放程度有利于其创新能力的提升。

3. 高素质人才集聚水平

高素质人才聚集是 CBD 高端化发展程度的重要指标，大量的高素质人才是企业创新发展的基础。北京 CBD 现代服务业受惠于朝阳区政府推动的“凤凰计划”、应届生落户、企业高端人才引进、高管个税返还等多项优惠政策，为北京 CBD 现代服务业人才的发展提供了重要机遇。统计显示，北京 CBD 商务人才知识水平较高。现代服务业从业人员以大学本科和大专学历为主，分别占 34. 1% 和 22. 1%，研究生及以上学历占 9. 2%，明显高于北京市平均水平（3. 6%）。相当一部分商务人才有海外留学或工作经验，8. 6% 的大专以上学历者有海外留学或工作经历。从不同行业的角度来看，金融业、信息传输业、计算机服务业和软件业及教育行业从业人员具有较高学历，以本科及以上学历为主。此外，近六成 CBD 商务人才持有专业资格证书。

北京 CBD 共有人力资源服务机构 148 家，占朝阳区的 43.2%。有光辉国际、海德思哲、罗盛资讯等全球知名机构，有效支持了现代服务业对高素质人才的需求，为企业创新发展做出了重大贡献。

提高高素质人才聚集度、充分发挥人才聚集经济效应是促进现代服务业创新发展的重要因素之一。有研究指出，高素质人才聚集对区域经济发展、创新能力等方面均具有重要促进作用。当今社会的高素质人才，不仅要有较高的专业知识水平、精湛的生产劳动技能、丰富的实践经验，而且要能从事创造性劳动，独立解决复杂而关键的技术操作问题，这些都是影响现代服务业创新能力的重要因素。员工知识水平的提高总体上可以促进创新能力的发展。因此，完善企业人才引入机制、加大人才培养力度、提升区域高素质人才聚集水平是提高北京 CBD 现代服务业创新能力的重要因素。

4. 绿色环境体系

以低碳、环保为特征的绿色 CBD 是保证 CBD 中的企业健康、全面发展的前提和基础，这也是推动北京 CBD 区域发展由单纯的要素驱动向要素、创新联合驱动转变的有力支撑。CBD 区域以其便捷的交通网络和丰富的商业环境吸引了大量的人流、物流和信息流。但是，人口过度集中也可能导致交通拥堵、人车混流、噪声污染、生态环境恶化等诸多问题。

有研究指出，服务业集聚虽然会使服务业获得更高的利润或实现成本的降低，但是也有可能产生集聚不经济的问题。也就是说，当服务业过度集中在一个地方，超过当地提供的服务限度时，会出现交通拥堵、工资上涨，交通成本和地价上涨等问题，导致服务业生产报酬逐步下降。为了节约土地、劳动力和交通成本，服务业会寻找更适合企业生存和发展的位置，如城市边缘区域或者郊区。因此，北京 CBD 建设需要强调绿色、低碳和可持续发展。早在 2009 年，北京市朝阳区就把建设低碳商务区作为 CBD 发展的重要原则，强调低能耗、低排放、低污染的经济发展模式。CBD 还进一步强化绿色产业发展，应用新技术、新产品，利用节能设备，实现绿色发展的目标，以绿色发展带动 CBD 经济发展。

绿色环境体系是影响现代服务业功能发挥及各产业间进一步融合的重要

因素。例如，交通便捷程度会在一定程度上影响北京 CBD 现代服务业。便捷的交通能够极大地缩短与其他企业的合作时间，降低交通成本等，激发创新能力的同时，又能为创新发展积累一定的资本。而且便利的交通可以为北京 CBD 现代服务业带来更多的业务量，为休闲、餐饮娱乐等场所提供了极大的客流量，为其创新能力的提升奠定了一定的基础。

此外，有研究指出，环境建设中的科技创新也会对其中的企业组织创新行为产生正向影响。北京 CBD 近几年致力于打造一流的“品质、智慧与绿色 CBD”，这进一步配合了北京 CBD 高端化、国家化的发展方向，提供了高标准的软硬件设施，同时也促进了落户于 CBD 内企业的创新活动。

（二）运营要素

运营要素的侧重点在于关注中央商务区在产业运营层面对现代服务业创新发展会形成影响的若干要素。产业运营的关键是实现产业的集聚，促使集聚产业形成良性的小生态环境，实现多赢的效果，从而为企业创造更高的价值。得益于服务业对外开放的良好环境，北京 CBD 致力于推动服务贸易创新发展，形成了一批可复制可推广的开放创新成果，构建了全球化、开放型、创新性服务业经济体系。综合分析北京 CBD 的产业运营现状，如下几方面可能对现代服务业创新能力产生影响。

1. 企业间竞争合作模式

北京 CBD 存在着大量现代服务企业，企业间的竞争在所难免。大多数企业都将竞争者视作一种威胁，将注意力集中于如何与其他企业竞争并提高自身市场占有率上。但是，很明显，尽管竞争对手可能构成威胁，但在产业集聚的背景下，合适的竞争对手可以转化为供应链伙伴，加强而不是削弱企业的竞争地位。这种强调合作和业务互补性的分析方法可以为企业分析其所处竞争环境及其面对的竞争者，为企业提供一个全新的角度和思路，而不只是简单地强调竞争。企业间的服务差异化会使其在面对顾客时成为彼此的互补者。

产业聚集区的市场需求促使了现代服务业的发展，大量现代服务业聚集在 CBD 的同时也促进了市场的发展，大量的国际知名咨询公司入驻 CBD 的同时也带动了大量小型本土咨询企业的发展。差异化的服务可以使这些原本的竞争者成为合作伙伴。

竞争与合作关系不仅体现在同一行业企业之间，也体现在不同行业之间。在北京 CBD 的企业集聚过程中，同类企业既有竞争又有合作。供应链成员之间的密切合作和互动保证了企业的自我提升与创新，以及区域内发展的动力，以竞争和合作相结合的方式达到促进创新的目的。在企业的长期竞争与合作中，行业的生产技术、管理理念等都将得到提高，员工的业务水平和创新能力也将相应提高。因此，引导和平衡北京 CBD 现代服务业众企业之间的竞争与合作关系可以促进其创新能力的形成与发展。

2. 新消费理念引导

随着北京 CBD 逐渐成为国内外大型企业总部选址布局的重要聚集地，其三大主导产业日益明确。但从消费学角度来说，随着人均收入的提高，消费者的消费结构也发生着显著的变化，强化文化娱乐、体育休闲等新的消费特征日益突出，这也推动了新型的消费业态的出现、发展，以及传统业态的创新。

以零售业为例，互联网的发展对线下零售产生了巨大的冲击。零售业在北京 CBD 商业功能中占有重要地位，零售业消费也是评价 CBD 现代服务业的外部环境指标之一。中央商务区商业繁荣对其人气、商气兴旺有着至关重要的作用。经过近 20 年的发展，北京 CBD 零售业已经形成集零售、文化、娱乐、餐饮于一体的商业格局，从业态上来看，高端百货、购物中心、大型超市、便利店是 CBD 零售业发展的主要形式。在零售业普遍面临挑战的今天，北京 CBD 高端百货的代表 SKP 却逆势成为全球最具标志性的时尚奢侈品百货之一，多年来一直是全国百货销售额冠军，被誉为“中国高端商场的示范性样本”。在被普遍认为国内奢侈品市场下滑和线下零售业面临严重市场困境的环境下，SKP 更在 2019 年 12 月打造了 SKP 南馆 SKP-S，为顾客提供沉浸式体验，强调全新创意零售空间，通过零售和艺术的结合提升顾客体验，创新购物模式提升了顾客的附加值，以商业模式的创新性应对互联网对实体店的冲击。因此，了解消费者的消费理念、引导新消费倾向、推动商贸零售向新零售模式转型是促进零售行业创新的一项重要举措。

此外，文化消费也是一个重要的发展方向。北京 CBD 区域中国际传媒机构云集，产业规模效应显著。近年来互联网与大数据的不断发展，使信息技术与文化创业产业得到了空前的发展。为了顺应消费者的消费潮流，满足消费者市场需求，文化创意产业与信息技术产业迅猛发展。不论是网络游戏的开发、电子竞技的崛起，还是利用大数据提供更精准的服务，文化创意产业与信息技术服务领域都得到了创新性的发展，利用互联网技术实现生产渠道、消费渠道和服务渠道的创新，发展体验经济和粉丝经济。消费者的新型文化消费引导将有利于相关产业的创新，并且具有循环推动的作用。一方面，新型文化消费倾向促进了文创产业的发展和部分传统产业的创新转型，为北京 CBD 现代服务业创新发展提供了新的发展定位；另一方面，文化消费倾向为 CBD 增加经济产值，为积累大量的创新资本提供了新的动力。

3. 融资渠道

资金是制约企业成长的重要因素，也是影响其创新投入和创新能力的关键要素。稳定的资金是企业进一步发展成长、研发投入、技术转化及市场开拓的最基本保障，然而大量现代服务业特别是中小企业自身存在的经营风险导致其融资困难，这成为阻碍企业创新的关键因素。研究表明，资本投入尤其是研发投入与企业和产业创新绩效之间存在显著的正相关关系。

融资困难可能会直接影响北京 CBD 现代服务业的创新能力。从融资需求与融资供给方面来看，北京 CBD 的现代服务业，尤其是文化创意行业的中小企业，有很强的对外融资需求，但它们只能依赖内部积累和银行贷款，使用政府补贴、产业基金、民间融资、风险投资、发行股票和债券等其他融资方式的较少，多元融资渠道还有待进一步构建。

同时，文化创意产业的融资成本极高，很多企业难以承受。融资困难或者单一渠道的融资可能使某些中小型企业在短时间内资金周转不开造成资金链断裂，使得企业处于生存边缘，无法在创新方面投入资金。因此，积极拓展多元化的融资渠道、优化融资结构是促进现代服务业创新，提升其竞争力的关键。

4. 创新平台建设

北京 CBD 以打造国际一流高端商务中心为目标，新增科技服务企业 6000 家，正在努力通过引导和发展高精尖与新业态产业寻找 CBD 新的动能和新的经济增长点。北京 CBD 重点支持各种类型的企业总部在科技、文化等领域积极探索，鼓励总部企业设立职能机构，开展实体化运营。坚持“引进来”和“走出去”相结合，吸引跨国公司的地区总部和国际研发总部落户 CBD。

北京 CBD 以创新为动力，加快培育战略性新兴产业。2017 年，租赁和商务服务业、批发和零售业、金融业、房地产业、科学研究和技术服务业的纳税额占 CBD 总部企业纳税总额的 88%，产业结构呈现高端化发展趋势。信息产业与现代服务业的融合已成为 CBD 经济发展的重要特征和新动力。

北京 CBD 现代服务业的进一步创新性发展要通过政府参与促进和引导来实现。20 世纪以来，以克鲁格曼为代表的增长极理论、空间经济学，以及以波特为代表的新竞争经济学都主张政府干预产业集聚。他们认为，政府可以通过引导投资、提供基础设施和公共服务等方式培育主导产业，促进产业有效集聚和发展。其中，通过政府构建的创新平台增加北京 CBD 现代服务业的创新能力，鼓励企业解放思想、放开手脚、摆脱束缚去创造更多的商业价值，为创新提供动力，可以称为一项重要举措。

四　CBD 现代服务业创新性发展建议

随着国内外经济形势的不断变化，北京 CBD 区域现代服务业将面临更加复杂的国内外竞争环境。针对如何提高现代服务业的竞争力，激发其创新能力提出以下几方面发展建议。

（一）明确产业发展核心，引导高端企业聚集

在产业发展中，创新能力的深度胜于宽度。北京 CBD 作为我国目前在国际上吸引力排名第一的中央商务区，要进一步强化高端服务业的发展，强

调高端企业的强辐射能力。北京 CBD 现代服务业应在明确产业发展核心的基础上，吸引高端要素的聚集，强化高端要素的发展，打造高附加值、个性化的中小规模高端商业模式。CBD 作为以办公为主的中心商业圈，引进高端技术企业群能够极大地增加创新能力。

（二）进一步提高对外开放程度，鼓励引进外资企业

随着“一带一路”倡议和自由贸易试验区的进一步发展，国内各代表性的 CBD 均依托丰富的国外资源和国际平台，积极推进对外开放与合作。基于目前北京 CBD 外资企业的数量，吸引外资企业的加入尤为关键。调查显示，外资企业尽管数量不多，但其创造能力惊人。因此，北京 CBD 现代服务业应借鉴国际相关经验，重点发展、积极培育新的经济增长点。此外，现代服务业要立足更高层次，进一步深化对外开放，提升服务业创新能力。但是，要注意把握开放“度”的问题。不是全面国际化就是正确的。要注意本土企业与外资企业的协调发展。不能因为鼓励外资企业入驻而忽视本土企业的创造与创新能力，应避免本土企业在长期发展中被排斥在外。

（三）打造高素质人才发展区

尽管北京 CBD 现代服务业人员知识水平总体较高，但与纽约、伦敦、东京等地方相比，其高素质人才总量仍显不足。猎头发展不足与企业机制不完善是高级管理人员与高级技术人员难以引进的直接原因。因此，企业应该完善企业人才引进制度，优化与相关企业的合作；同时，大力引进国际人才，完善外籍高素质人才的引进机制和激励政策。

（四）进一步发展绿色低碳经济

发展绿色低碳经济为北京 CBD 现代服务业的创新提供了新的机遇。可持续发展是全球经济命运共同体发展中永恒的主题，也是贯穿人类整个发展过程永恒的主题。在北京建设低碳 CBD 是现代服务业创新发展的难得机遇，要通过进一步扩大低碳服务业的比重，促进金融、信息服务等符合绿色低碳

特征的现代服务业发展。北京 CBD 现代服务业中高精尖技术产业在呼应低碳经济方面拥有更多的创新空间。

（五）重视消费者市场需求，引领新型消费导向

北京 CBD 位于中心地带，交通便利，是消费者主要的文娱和购物场所之一。目前，随着消费升级，消费者更重视服务和体验，个性化、多样化消费逐渐成为主流，新零售、文化消费成为现阶段新常态时期的消费新特点。这些新型消费倾向可以为 CBD 现代服务业的发展提供创新思路。

（六）鼓励创新平台建设

大量的高端现代服务聚集会吸引各类研发机构，为企业的创新和 CBD 的发展提供极具价值的科技支撑。政府应当鼓励其发展，在政策上给予引导和支持。现代高端服务业的竞争不仅是服务和技术的竞争，更是创新的竞争。政府可以通过发展科技服务业，强化知识产权、管理与信息咨询、人力资源服务等专业服务类企业的建设，重视研发机构和科技创业服务中心建设等一系列措施，促进企业孵化和人才培养，实现知识的有效共享。

参考文献

［1］单菁菁、武占云、邬晓霞：《新时期 CBD 引领区域协同发展研究》，《区域经济评论》2019 年第 2 期。

［2］“改革开放四十年的北京 CBD 发展之路”研究项目组：《北京 CBD 发展之路回顾与解析》，《中国发展观察》2019 年第 5 期。

［3］蒋三庚、杨洁：《北京 CBD 文化创意企业的融资模式研究》，《金融经济（理论版）》2015 年第 12 期。

［4］蒋三庚、张杰等：《中央商务区产业发展报告（2019）：以高水平开放推动区域发展》，社会科学文献出版社，2019。

［5］蒋三庚主编《中央商务区产业发展报告（2018）：CBD 推动区域高质量协调发展》，社会科学文献出版社，2018。

［6］刘妍：《北京 CBD 文创产业与商务服务业融合路径研究》，《市场周刊（理论研究）》2016 年第 6 期。

［7］王志：《北京 CBD 金融集聚发展路径研究》，《时代金融》2018 年第 23 期。

［8］杨丽杰、宗刚：《北京 CBD 商务人才引进与培养研究》，《新经济》2013 年第 23 期。

［9］昝杨杨：《京津冀一体化下北京 CBD 产业融合路径研究》，《北京经济管理职业学院学报》2018 年第 3 期。

［10］昝杨杨：《新常态下北京 CBD 现代服务业融合发展的对策研究》，《北京经济管理职业学院学报》2016 年第 31 期。

［11］赵科乐：《北京 CBD 引领京津冀城市群发展路径研究》，《现代商业》2016 年第 17 期。

［12］赵书博、胡江云：《北京 CBD 产业转型升级路径研究》，《中国发展观察》2018 年第 1 期。

区 域 篇

Regional Development Reports

B.9
成都天府总部商务区打造未来城市新中心创新实践

陈佩琳　徐　蓉*

摘　要： 天府总部商务区作为国家级新区——天府新区的核心区域，致力打造成都未来城市新中心。自 2018 年提出规划建设以来，天府总部商务区以公园城市理念为指引，不断探索打造未来之城的先进营城理念，两年来，区域产业发展和城市建设取得的成效显著。本报告重点分析了天府总部商务区禀赋优势与产业基础，进阶中央商务区 3.0 时代的理念变革，具体体现为以专业化思维找准定位坐标、以人本化逻辑厘清营域思路、以新发展理念创新营域范式。总结了基于新发展理

* 陈佩琳，天府总部商务区管委会干部，中级经济师；徐蓉，天府总部商务区管委会干部，中级经济师。

念的中央商务区创新建设实践，包括坚持国际视野，构筑前瞻性规划下的营城之路；坚持产业立城，积蓄高质量发展下的兴业之势；坚持筑景聚人，践行多功能复合下的宜居之举等。

关键词： 天府总部商务区　公园城市　天府新区　产业生态

一　基本情况：禀赋优势与产业基础

四川天府新区作为承载国家重大发展战略和改革开放任务的综合功能区，2014 年 10 月获批国家级新区以来，固定资产投资保持两位数增长，地区生产总值在 19 个国家级新区中位居第五，正在成为中西部地区投资基础最好、创业环境最优、发展潜力最大的城市新区。

2018 年 2 月 11 日，习近平总书记视察天府新区时充分肯定了新区建设发展取得的成效，指出天府新区是“一带一路”建设和长江经济带发展的重要节点，一定要规划好建设好，特别是要突出公园城市特点，把生态价值考虑进去，努力打造新的增长极，建设内陆开放经济高地，这为天府新区明确了战略定位、指引了发展方向、描绘了美好蓝图。

2018 年 9 月，四川省委省政府特别释放原省级行政预留地用于规划建设天府总部商务区。2018 年 12 月天府总部商务区管委会正式成立。天府总部商务区规划面积 50. 3 平方公里，核心区面积 8. 5 平方公里。2019 年 5 月，四川省委省政府出台关于加快天府新区高质量发展的意见，明确提出加快建设天府中央商务区①，打造成都未来城市新中心。

（一）区位交通

天府总部商务区是成都 66 个产业功能区之一，也是天府新区三大产业

① 原名为天府中央商务区，后改名为天府总部商务区。

功能区之一，位于天府新区的几何中心、两大国际机场连线中间，距离双流国际机场20公里、在建的天府国际机场35公里、天府高铁枢纽站9公里，距离成都传统主城区中心天府广场约25公里，区位条件优越。区域内交通体系发达，规划8条地铁线路、18个地铁站点，六横五纵的公路网直接连接周边区县和传统主城区域，通过成自泸高速和天府高铁站辐射四川、西南沿线地市及北上广深。

（二）生态禀赋

天府新区是公园城市的首提地，天府总部商务区与生俱来的公园城市特质鲜明。天府总部商务区西临锦江生态带，东接鹿溪河生态湿地，南拥毛家湾森林公园，北靠麓湖生态水城，构筑起山水林湖四面环绕的生态本底，在极度繁华、高密度开发的中央商务区内坚守45%的生态空间占比，2平方公里的天府公园坐落其中，“人”字形望山绿廊串联其间，形成蓝绿交织的城市底色。

（三）经济基础

天府总部商务区已呈现出良好的发展态势。截至2019年底，通过设立项目准入经济条件实现高质量发展，签约重大产业项目55个，总投资约2120亿元，引进了招商局集团、正大集团、新希望集团等一批大型央企、国企、龙头民企总部；着眼全球资源，引进了英国英富曼、瑞士迈氏等一批国际知名会展机构，以及世界信息安全大会、汉诺威（成都）工业博览会等国际品牌展会，同步引入德勤、泰和泰等国际知名会计、律所、咨询等专业服务机构，促进产业成群、成链、成圈，实现产业生态化发展。

二　理念变革：进阶中央商务区3.0时代

研究全球成熟中央商务区发展历程发现，中央商务区经历了从1.0版到

3.0 版的演进趋势，从功能单一的商务之所转向专注高端的商业之都，逐步发展为多元和谐的梦想之城。天府总部商务区充分把握后发优势，创新发展建设理念，实现迈向中央商务区 3.0 时代的跨越式变革。

（一）以专业化思维找准定位坐标

通过研究国内外知名 CBD，发现天府总部商务区与上海虹桥、广州天河、深圳湾超级总部基地在区位条件、资源禀赋和发展定位上较为相似。通过收集这些先发地区的数据案例，天府总部商务区从空间形态、功能演变、产业构成等方面进行大量实证研究，深入对比分析典型 CBD 用地配比、建筑、路网、人口密度，总结经验得失，并在充分考虑到天府总部商务区的特色和需求的基础上，会同上海同济城市规划设计研究院、麦肯锡等专业机构，合理确定天府总部商务区规划设计、控制指标及产业规划。在营城理念、产业生态、管理模式等方面突破常规思维模式，开展对标创新工作，坚持以世界眼光、国际标准，高水平推进天府总部商务区规划、建设与管理，不断提升工作的科学性、前瞻性和高效性。

（二）以人本化逻辑厘清营城思路

天府总部商务区通过对众多先发地区发展历程的梳理和研究，总结出城市的活力在于城市功能的多样性和混合性，现代 CBD 不是简单的写字楼混凝土组合，而是可以容纳人类衣食住行各方面的人性化空间；不是 5×8 小时的工作集中区，而是 7×24 小时的活力社区；不是单一经济导向的商务孤岛，而是产业多元、功能复合的城市乐土。天府总部商务区以“人城产”为发展逻辑，以人本理念和人文尺度重构营城思路，顺应人力资源全生命周期和产业全生命周期需求，精准定位城市空间，促进人、城、产良性互动和有机融合。坚持尊重城市发展规律，注重城市规划的前瞻性留白，按照“不规划不建设、不设计不建设”理念，科学统筹天府总部商务区建设发展时序。

（三）以新发展理念创新营城范式

天府总部商务区深入贯彻公园城市理念，以生态文明思想为指引，首创中央商务公园（Central Business Park，CBP）这一营城新范式，实施 POD（Park Oriented Development，基于公园城市的绿色先导发展新模式）+TOD（Transit Oriented Development，基于轨道交通先导的高效率发展新模式）+VOD（Vitality Oriented Development，基于活力先导的高品质发展模式）三大规划策略，突出绿色、高效和活力三大特征，致力打造城绿共生、网络立体、功能复合、职住平衡的活力城市。

三 创新实践：基于新发展理念的中央商务区建设探索

（一）坚持国际视野，构筑前瞻性规划下的营城之路

天府总部商务区充分发挥与生俱来的公园城市本底优势，高位对标国际一流，以后发优势超前谋划，努力防范“大城市病”隐患，构建绿色、高效、智能、活力的城市形态，致力打造可持续发展的公园城市典范。

1. 突出生态低碳

一是锚固自然生态本底。公园城市是以生态环境为特色优势的，天府总部商务区按照城市肌理组织师法自然融入山水，顺应高低起伏自然地貌布局城市组团，以公园系统为核心要素，以绿道体系锚固生态网络，形成“一园两河织绿网”的蓝绿空间，实现“绿中筑城、全域公园”，形成在全球知名中央商务区中均十分少见的望山见水的优质生态景观。

二是做精公园景观内涵。公园城市是以生态价值转化为基本导向的，天府总部商务区着力提升城市公园景观可游性，以天府公园、鹿溪河生态带及锦江生态带为基础组织公园系统，按照“公园+”布局模式，植入文化体育、创新研发、休闲旅游、会议发布、公共服务等，加强生态价值转化，用丰富的临绿业态创造“五彩斑斓的绿”，增强公园空间归属感和场景体

验感。

三是坚持绿色低碳理念。公园城市不仅仅是绿量的增加，更强调建设和发展方式的绿色低碳，天府总部商务区充分学习上海虹桥作为我国第一个三星级绿色生态城区的先进经验，开展创建国家绿色生态城区的全过程咨询；大力推行绿色生态建筑，区域内已建和在建项目中绿色建筑达92栋，其中绿色三星设计19栋，绿色二星设计32栋，绿色一星设计41栋，绿色二星及以上楼宇建筑面积占比达79%；规划分布式能源站，探索集中供热、供冷、供电三联供模式；倡导绿色出行，实现绿色交通出行率达85%，争创四川首个国家绿色生态城区。

2. 突出立体高效

一是强化设计赋能。天府总部商务区联合上海同济城市规划设计研究院、上海华东建筑设计研究院、日建设计（上海）咨询有限公司等国内外顶尖设计团队组建联合工作营，开展地下空间一体化设计的落地性研究，构建“轨道交通 + 步行”的立体慢行网络，重点打造4个TOD（Transit - Oriented Development）城市综合体，规划建设成都首个城市候机楼，通过地上、地下空间一体化开发构建集约立体发展空间。

二是实施分层开发。总部基地是天府总部商务区引擎性项目，规划面积1.23平方公里，地上建筑规模249万平方米，地下开发空间168万平方米，整体开发地下三层，人行、车行、轨道交通、商业、地下管廊实现垂直分层分布，实现空间资源的高效利用。

三是推行地下综合管廊。天府总部商务区在建地下综合管廊里程达50公里，其中基本建成33公里，整合水、电、通信、能源、地下停车场、可行车通道等多重功能，超前布局智能基础设施，技术水平全国领先，着力打造资源循环、高效智能的智慧之城。

3. 突出智能智慧

天府总部商务区布局无人驾驶、智慧安防、5G文旅等5G综合应用场景；推动完善互联互通、实时共享的“城市神经元系统”，通过“孪生城市”系统与现实城市同步规划、建设，实现现实空间与虚拟空间的高度融合，构建新技术多元场景应用；依托大数据、云计算、物联网、人工智能等先进技术，搭建智慧 CBP 新型智慧城市基础框架，全面提升 CBP 信息化和管理服务水平，切实提高政务服务能力和居民幸福指数，加快促进产业生态建设。

（二）坚持产业立城，积蓄高质量发展下的兴业之势

天府总部商务区以产业生态圈思维为导向，以总部经济和国际博览两大主导产业为重点，放大总部经济要素聚合效应和国际博览流量的牵引作用，大力培育国际化商务功能，引导发展产业链上下游相关产业及配套服务，同步推动产业间横向融合，实现产业生态化发展，努力形成引领西部的极核带动效应。

1. 聚焦总部会展双轮驱动，筑牢产业核心动能

一是精心编制“两图一表”。天府总部商务区牢牢把握天府新区作为“一带一路”建设和长江经济带发展重要节点的战略定位，结合区域坐拥双机场、毗邻高铁站、兼有自贸试验区等多重优势，围绕成都市产业体系，以产业生态圈理念为指引，以总部经济和会展博览两大产业为主导，编制形成产业链全景图、产业生态发展路径图及重点企业和配套企业名录表“两图一表”，实施挂图作战、精准招商，推动天府总部商务区从总部经济、会展博览产业集聚区向生活、服务、消费等复合功能的城市经济活力区转型。

二是做强总部经济。天府总部商务区以集聚和培育一批体现国家级新区能力和水平的先进企业总部为目标，抢抓全球高端要素布局调整的机遇，围绕会展博览、新兴金融、国际贸易、航空经济四大重点产业，以及医药健康、文化创意、新经济三大特色产业，大力促进世界 500 强、中国 500 强、中国民营企业 500 强等高能级 500 强企业及行业领军企业在天府总部商务区设立全球总部、区域型总部和功能型总部，引导总部企业向价值链、产业链、创新链高端发展。截至 2019 年底，天府总部商务区已签约高能级总部项目 37 个，总投资约 1510 亿元，聚集了中海地产发展集团有限公司、中粮、万科、新疆广汇实业投资（集团）有限公司、传化等高能级 500 强总

部项目17个。

三是做大会展博览。天府总部商务区拥有中西部地区最大的会展平台——中国西部国际博览城，以及四川承接国家主场外交的核心载体——天府国际会议中心，两者共同组成目前全国最大的会展会议综合体。依托两大高能级会展载体平台，以培育名展、名企、名业、名馆为目标，通过自主策源、境外引育等塑造“天府会展”IP，引进英国英富曼等世界顶级会展机构15个，慕尼黑生态环境保护展览会等UFI（Union of International Fairs，国际展览联盟）认证展会5个。中国西部国际博览城自2017年6月投运以来，已成功举办中国西部国际博览会、糖酒商品交易会等166个重要展会和活动，展出面积超350万平方米，参展人数超450万人次；承载国家主场外交的天府国际会议中心于2019年建成竣工。

2. 聚焦产业生态全面导入，促进产业成链成群

一是大力发展生产性服务业。专业服务业是总部经济产业生态的重要配套环节，天府总部商务区针对轻资产、服务型配套企业开展支持政策研究，吸引德勤、泰和泰等一批会计、律所、广告、咨询领域专业服务机构，以及人才、资本、技术等先进要素加速集聚，打造西部高端专业服务业发展高地，为整个西部地区提供国际化生产服务配套保障。

二是大力发展楼宇经济。高端商务楼宇是中央商务区产业发展的重要载体，天府总部商务区积极引导各类开发主体高起点、高标准规划设计，全面引入绿色建筑标准，打造一批绿色低碳、配套完善、管理成熟的专业楼宇精品。坚持“以楼聚产”，鼓励商务楼宇开发企业创新楼宇招商机制，研究楼宇经济引导政策，努力培育一批高品质专业楼宇。

三是大力推行生态化招商。天府总部商务区深入挖掘龙头企业内外部资源，在引入企业总部的同时，积极导入企业上下游及关联产业板块相关资源，同时，发挥龙头企业和机构的平台作用，拓展招商引资渠道，促进高端资源要素加速集聚，营造良好的产业生态发展环境。例如，依托华西天府医院这一重大平台，先后与四川省国际医学交流促进会达成了战略合作，挖掘了更多国际化引领性医药项目资源，邀请了曾经获得诺贝尔医学奖的国际医

疗研发团队，引进了中国生物制药、日本神户转化医学研究中心中国总部、诺贝尔医学奖评级机构瑞典卡罗林斯卡医学院等多家国际顶级医药企业，形成具有全球竞争力的医药健康产业生态圈。

3. 聚焦产业发展模式创新，推动产业提质增效

一是突出精明增长①。天府总部商务区提出“要总部更要经济”的发展理念，根据产业形态定位，设立产业项目年度亩均税收准入标准，促进国家电投、中建材等一批具有引领性、显示度、带动力的央企总部项目签约落地，在有限的空间资源下实现单位土地价值最大化。

二是坚持产建同步。在项目建设期，天府总部商务区坚持“即时实现产业经济效益”，着力缩短效益产出周期，全力提升项目产出强度。在项目洽谈中，深挖企业和项目的产业内涵；在项目建设过程中，创新实施企业虚拟集群注册，促进项目建设与产业导入同步推进，提前释放和拓展延伸项目经济效益。

三是推动区域合作。天府总部商务区深刻把握天府新区作为国家级新区的使命担当，以“主动融入产业转移”为导向，积极引进国内外知名企业、行业龙头企业、研发机构和新零售企业在新区设立核心总部，根据企业发展需求将相关生产制造基地布局在具有比较优势的省内其他地区和城市，从 2018 年开始，联合四川省 20 个市州，筹建四川市州总部产业联盟，践行“总部 + 基地”等合作模式，促进成都平原经济区和成渝地区双城经济圈内资源要素集聚整合。

（三）坚持筑景聚人，践行多功能复合下的宜居之举

天府总部商务区对标全球顶级中央商务区的最佳实践，按照居住人口 30 万人、就业人口 50 万人的测算规模，在城市规划中优化提升商业和住宅

① “精明增长”核心内容是用足城市存量空间，减少盲目扩张；加强对现有社区的重建，重新开发废弃、污染工业用地，以节约基础设施和公共服务成本；城市建设相对集中，空间紧凑，混合用地功能，鼓励乘坐公共交通工具和步行，保护开放空间和创造舒适的环境，采取鼓励、限制和保护措施，实现经济、环境和社会的协调。

用地配比，核心区的商业、住宅用地占比分别达到23%和24%，致力打造功能复合、业态多元、职住平衡的都市活力区。

1. 顺应消费升级趋势，构建新兴多元的消费场景

一是着力打造国际化商圈。天府总部商务区正加快推进中国西部国际博览城商圈建设，以世界级消费商圈样本和成都城市商业会客厅为定位，按照“一心两核，一带连多片”的商圈总体布局，规划商业体量达126万平方米，启动宁波路示范段规划，围绕高收入、高学历、年轻化社群消费共性特征，顺应“年轻商业”消费趋势，突出发展时尚购物、美食品鉴、艺术展览、文旅体验等多元业态，着力打造国际新兴消费引领示范区。

二是着力招引国际消费品牌。天府总部商务区加快集聚具有国内外标识性和影响力的商业品牌、具有全球视野和较强品牌运作能力的商业运营企业，积极引进国内外品牌全球首店、亚洲首店、中国（内地）首店、西南首店、成都首店，以及创新商业模式和经营业态的旗舰店、概念店、体验店等。目前，已引进泰国暹罗天地、大悦城、言几又等一批高品质商业项目22个，引入安达仕、凯悦、万豪等国际高端品牌酒店22家。

三是着力提升商业消费活力。人本需求是城市空间和功能构建的重要考量，天府总部商务区努力构建多元舒适的空间尺度，建设主题鲜明、舒适宜人的开放小尺度街区，形成可参与的浸入式消费场景。开展商业导视系统美学设计，编制《成都市招牌设置管理实施办法》，推进商圈品牌形象一体化，形成独特的商圈气质和商业体验。积极策划促消费活动，围绕“天府生活－life”活动IP，以各类社群活动为切入点，策划商业可参与事件，打造时尚消费“打卡”新地标。

2. 切实保障职住平衡，构建功能复合的活力社区

一是优先布局基础设施配套。天府总部商务区按照配套先行思路，高效开展区域内部路网、TOD站点、地下空间开发等基础设施建设，规划了8条地铁线路，18个地铁站点，实现地铁500米全覆盖；在城市社区之间及社区中心引入公共空间和绿化，将生态与人居融合，实现10分钟绿地可达率100%。

二是优质导入生活服务配套。以满足全龄人口需求的生活服务为导向，天府总部商务区积极构建文化、教育等 8 大类 18 项“15 分钟生活圈”，引进成都万达匹兹堡大学医学中心国际医院、四川省第二人民医院，建成投运天府七中、天府七小、乐盟国际学校、哈密尔顿麓湖学校等优质生活配套，推动人才公寓加快建设，努力保障 60% 的工作人群就近生活，打造吸引城市精英驻留的品质化生活社区。

三是优化提升社区居住品质。天府总部商务区核心区规划住宅建筑面积 580 万平方米，积极推动国际化社区建设，区域内拥有麓湖生态城、蔚蓝卡地亚花园城等高端住宅项目，天府中心国际社区、万科天府锦绣、首开晟泰、保利中心等优质住宅项目正加快推进。

（四）坚持机制创新，探索全生命周期下的保障之策

天府总部商务区按照委局合一、委街融合、政企联动的运行机制，积极创新管理运营机制，统筹调配要素资源，提升发展质效，努力实现工作组织的最优化、工作合力的最大化。

1. 以“委局合一”实现资源利用最优化

天府总部商务区管委会于 2018 年 12 月正式成立，与四川省成都市天府新区成都管理委员会总部经济局合二为一，实行“两块牌子、一套人马”，管委会以功能区为载体、项目为核心、全链条式管理服务为基础，统筹推进天府总部商务区建设发展工作，内设事业部 8 个，实现产业项目从策划包装、招商引资、开工促建到后期产业导入、企业服务，以及城市规划、建设、管理、运营的全生命周期管理。

2. 以“委街融合”实现工作协同一体化

在空间协调方面，天府总部商务区四周边界在经过了多次调整后，与属地街道天府新区正兴街道的管辖边界基本重合，空间边界的协同破解了制约空间组织优化和先进要素聚集的行政壁垒，有利于推动形成更有效率、更加协调、更可持续的空间发展模式和城市治理体系。在职能协同方面，功能区管委会主要承担功能区建设和产业发展职能，街道主要针对城市社区承担组

织社区发展和治理的主体责任，包括统筹社区发展、组织公共服务、实施综合管理、维护社区平安等职能，定期召开联席会议，实现管委会与属地街道的高效协同。

3. 以“政企联动”实现叠加效应最大化

以“政府主导、市场主体、商业化逻辑”为城市建设运营的主要原则，天府总部商务区积极引入国内外顶尖城市综合运营商，推动产业项目、商业配套、基础设施等整体策划、一体化开发、市场化运营，积极探索与龙头企业工作协作机制，共同推动项目决策、建设和运营。天府总部商务区总部基地片区综合开发运营项目由招商局集团旗下城市综合开发运营板块旗舰企业招商蛇口领衔实施。2019 年 3 月，总投资 300 亿元的招商局集团西部总部及招商蛇口城市综合开发运营项目顺利完成土地摘牌，天府总部商务区核心区正式进入全面建设时期。

参考文献

[1] 曹澌源：《打造中央商务公园　天府新区吸引总部经济聚集》，《成都日报》2019 年 6 月 19 日。

[2] 邓立新：《公园城市的终极价值在于让生活更加美好》，《成都日报》2020 年 1 月 22 日。

[3] 范锐平：《成都，公园城市让生活更美好》，《先锋》2019 年第 5 期。

[4] 袁城霖等：《双城经济圈：成渝新期待》，《四川日报》2020 年 1 月 4 日。

B.10 银川阅海湾中央商务区以创新推动区域高质量发展

张至楠　李　阁*

摘　要： 本文分析了银川阅海湾中央商务区的概况和现状，总结了银川阅海湾中央商务区创新和高质量发展的举措与成效，包括创新招商引商方式，推动商务区高效率招商；创新项目管理方法，助力商务区高质量营商；创新企业服务方式，提升商务区高效能服务；创新产业集聚方法，布局商务区“一园多园”。分析了面临的挑战，包括在孵化、培育本土企业的同时，扩大开放力度不够；在发展传统服务业的同时，新动能培育强度不够；在合并整合资源的同时，惠企惠商政策体系完善度不够；在发展楼宇经济的同时，特色化、专业化程度不够。下一步工作计划包括整合优化招商政策，强化招商保障；搭建商务区智慧服务平台，优化企业入园流程；建立多元投融资体系，强化资本要素投入；成立融媒体中心，开展多维度招商宣传；成立科技创新服务产业园，建立科技成果转化机制。

关键词： 区域经济　银川阅海湾中央商务区　创新驱动　高质量发展

* 张至楠，银川阅海湾中央商务区管理委员会投资促进部部长；李阁，银川阅海湾中央商务区管理委员会投资促进部干部。

一　银川阅海湾中央商务区概况

（一）地理位置

银川阅海湾中央商务区管委会位于银川市金凤区北部，占地面积485.21公顷（7278.15亩），分为东区和西区，其中西区规划范围为银川市宁安北街以西、亲水大街以东、沈阳路以南、小西湖以北，规划面积220公顷（3300亩），概算投资500亿元；东区北至哈尔滨路、南至沈阳路、西至亲水北大街、东至正源北街，规划面积265.21公顷（3978.15亩），概算投资300亿元。作为城市建成的重要核心区，中阿博览会永久会址坐落在商务区，所在辖区人均公共绿地面积居全区首位，阅海、典农河湿地湖泊、公园广场星罗棋布。两园紧邻全区著名的花博园、阅海湖等景观资源，团结路、悦游银川项目已经成为银川“夜旅游”、城市休闲生态旅游品牌。商务区先后被评为宁夏回族自治区现代服务业集聚区、宁夏新的社会阶层人士统战工作实践创新基地、银川市创业孵化示范基地，并荣获自治区金融环境创新奖。

（二）发展历程

（1）筹备期：2010～2011年

2010年，为更好地发展西北区域经济，在国家政策和地区政府的大力支持下，成立了银川阅海湾中央商务区建设管理领导小组，主打“市区共建”的管理模式。2011年，决定成立银川阅海湾中央商务区管理委员会，下设四个主要部门：综合办公室主要负责落实政府政策、日常工作部署及会议组织工作；规划和建设管理办公室把控商务区的规划组织、审核报批、建设招标等事项；项目投资服务促进中心主要管理商务区的项目建设、招商引资及规划注册；征地安迁办公室主要负责建设项目的征地、协商安置工作等事务。

（2）建设期：2011～2014 年

2011 年 8 月，银川阅海湾中央商务区服务中心成立，打破了传统以政府主控的运作模式，作为归属于政府的正处级事业单位，服务中心延续了原来银川阅海湾中央商务区管理办公室的工作职责，同时将政府管制模式下的四个部门精简为综合办公室、经济合作部及规划建设土地部。

（3）运营期：2014～2019 年

2015 年，银川阅海湾 CBD 出资成立银川阅海湾投资开发有限公司，注册资本 10000 万元，作为国有独资企业，主要经营投资管理、资产管理等事项。2017 年 6 月，银川阅海湾中央商务区服务中心投资 5000 万元设立银川阅海湾建设发展有限公司，性质为国有独资企业，主营园区基础建设、公建配套设施的开发项目，斥资 5000 万元设立银川阅海湾产业发展有限公司，主要从事对文化业、旅游业、传媒业、电子技术产业的投资。

（4）整合期：2019 年至今

根据《自治区党委办公厅人民政府办公厅关于印发〈开发区整合优化和改革创新实施方案〉的通知》（宁党办〔2018〕82 号）和自治区党委编委《关于银川市及所辖县区开发区管理机构整合优化有关事项的通知》（宁编发〔2019〕6 号）精神，银川丝路经济园并入银川阅海湾中央商务区，作为银川高新区的产业区块统一管理。将银川丝路经济园建设服务办公室并入银川阅海湾中央商务区服务中心，更名为中共银川阅海湾中央商务区工作委员会、银川阅海湾中央商务区管理委员会，保留银川丝路经济园建设服务办公室牌子，为市委、市政府的正处级派出机构。2019 年 10 月 12 日，园区召开了整合动员大会，将创新整合园区资源配置作为“一个共同体”的发展基础，实现园区结构和功能的“新生”，园区未来 5 年将形成 500 亿元以上产值，就业人数达到 3 万以上，入驻企业达到 1000 家以上（目前 297 家），力争到 2030 年实现“千亿级”园区发展目标。

（三）机构设置

银川阅海湾中央商务区党工委、管委会有 6 个内设机构。

（1）党政办公室

负责园区日常运转工作。负责机要、保密、档案、党建、纪检、宣传、统战、组织人事、信访、群团、财务、审计、国有资产、信息、政务公开、考核考评、督查督办、后勤保障等工作。

（2）国土和规划建设部

协助编制银川高新区总体规划、建设规划、产业规划等各专项规划并贯彻实施。编制园区建设规划、土地利用规划等专项规划。对园区入驻企业项目、建设方案等进行审核并督促实施。负责园区项目建设的协调服务工作。负责园区基础设施和公共设施的管理运营，负责规划范围内的土地储备、整理等工作。

（3）投资促进部

协助编制银川高新区招商引资年度计划并贯彻实施。拟订园区招商引资计划并组织实施。负责园区招商引资、对外宣传推介工作。负责招商引资项目的收集、洽谈、协调、评估和服务。负责招商引资信息整理和统计分析等工作。

（4）经济发展服务部

协助编制银川高新区产业发展规划并贯彻实施。拟订园区经济社会发展规划、产业发展规划并组织实施。协助入驻企业办理各类手续等服务工作。负责园区各项经济指标统计分析等工作，协助做好银川高新区经济统计等相关工作。

（5）科技创新服务部

协助拟订银川高新区科技创新发展规划。编制园区高新技术企业科技创新、人才队伍建设和知识产权保护等规划与工作计划，推进智慧园区建设。负责园区新型研发机构、高新技术企业、创新团队等的人才引进、知识产权保护等管理服务工作。

（6）应急管理部

根据赋权，做好园区应急管理和执法工作。协助编制高新区应急总体预案。编制园区应急预案，监督、指导园区企业开展应急管理培训工作，做好安全隐患整治工作。协助做好综合执法等工作。

二　银川阅海湾中央商务区发展现状

阅海湾中央商务区自成立以来，各项基础设施、工程建设全面落实，累计固定投资达到250亿元，入驻总部企业50家。现封顶楼宇21个项目54栋，总面积165万平方米，投入使用楼宇13个项目43栋楼，总建筑面积106万平方米，引进中国工商银行、中国大唐集团有限公司、绿地集团、华电国际宁夏新能源发电有限公司等国际、国内500强企业10余家，其中绿地集团投建了双子座地标建筑绿地中心项目、新华联集团投建了新华联城市综合体及喜来登五星级酒店等重点项目。

当前银川阅海湾中央商务区以总部经济、金融保险、互联网数字经济等服务产业为招商目标，楼宇经济初具规模，截至2019年底，注册在园区内且目前依旧存续开业的企业共有1980家（含入驻247家），从业人数近5000人。2019年完成税收6.5亿元，同比增长12%（其中市级税收占比32%，达到2.1亿元，同比增速为62%），企业主营业务业绩亮眼，整体收入达到230亿元，固定资产投资达到18.4亿元，同上年相比增长3.11%，招商引资到位资金26亿元。目前，银川阅海湾中央商务区在推动区域经济高质量发展方面，凸显出以下特点。

（一）高质量推动区域企业规模化集聚

银川阅海湾中央商务区是宁夏回族自治区唯一的商务区，中央商务区聚焦金融产业，积极发展文化、创意、智能、保险、旅游等现代服务业，致力发展成为高质量、高标准的新兴商务中心。2019年吸引保险、证券、期货等金融类企业1061家，注册资本近200亿元，交易规模超过240亿元，实现税收3.45亿元，占园区纳税企业的50.9%，位列园区纳税企业产业类别第一；宁夏首家地方法人保险公司和首家全国性总部级金融机构——建信财产保险有限公司在商务区挂牌成立，设立全国性总部机构，实现了零的突破。

商务区以“政府主导、行业引导、市场化运作”的模式打造“一带一路”人力资本服务产业园，按照“一园多区”的功能划分，园区由智慧企业服务中心、产业聚集区、人才创业孵化区、线上服务区组成，为商务区企业提供市场化人力资源全业态服务、人力资源对接交流等服务；幸福产业园成功入驻金凤区婚姻登记处，以幸福产业为背景为应届毕业生提供新建家庭服务业就业岗位，为有理想、有抱负的大学生提供前期创业支持、各业态技术培训、创业贷款扶持等创业机遇；商务区保险大厦被银川市认定为创业创新孵化基地，搭建商务区与学校、企业合作平台，举办各类路演、培训、沙龙活动30余场，签约意向合作高校及企业19家，构建创业指导服务平台，推动商务区创业带动就业工作；团结路、园区楼宇亮化改造完成，共吸引20余万人次夜游，成为城市北部休闲娱乐集聚地。

充分发挥阅海湾中央商务区和丝路经济园的整合联动优势，放大商务区现代服务业集聚区的辐射带动效应，金融大厦、保险大厦引领金融产业快速聚集，互联网数字经济等新兴产业加快培育，电商、文旅等轻资产发展齐头并进，把握新兴产业发展势头，抓住前沿产业机遇，“六大商圈”刺激消费全面升级，现代服务业对辖区经济增长贡献超过70%，已成为拉动经济增长的核心引擎。

（二）高水准推动产业发展资源供给侧改革

在招商引资优惠扶持政策方面，对园区二次招商引进企业实行“一免两考核”，对园区人力资源企业实行三年免房租政策①，在物业费及税收上也提供力度不同的减免政策，为合理配置园区资源夯实基础。在便企服务方面，人力资本服务引进宁夏虎贲人力资源服务有限公司等17家企业，引进高层次人才221人，其中硕博77人，为园区企业提供全方位人才服务；智慧企业服务中心设立了税务办理、人力资本服务、法律等工作生活服务工位，引进综合办税、专普票代开自助终端等24小时自助设备，实

① 资料来源：2019年银川阅海湾CBD优惠政策。

现一门受理、一站式服务。园区与银川市、金凤区行政审批管理局签订合作协议，为园区入驻企业提供审批注册等全方位服务，其中银川云鲸教育科技有限公司从洽谈到注册仅用 4 小时，创造了招商引资的园区新速度。园区提供一定数量的专家公寓，解决人才入银住宿问题，与银川市住房和城乡建设局协调一定数量的公租房，解决部分企业员工住宿问题。积极对接交通公司，为企业员工提供便利的上下班条件。

（三）面临的挑战

园区在孵化、培育本土企业的同时，对外开放力度不够。作为银川市和金凤区重要的对外开放平台，园区的产品资本输出规模较小，对外开放拉动作用不明显，引进区外项目、资金较少，固定资产投资增速放缓，投资支撑不足的问题仍比较突出。2019 年招商引资的 626 家轻资产项目中，本地企业 603 家，占比 96%；14 个重资产项目中，通过招拍挂方式成功获得一宗土地的企业仍然是本地企业。

园区在发展传统服务业的同时，新动能培育强度不够。作为项目建设、招商引资的重要阵地，面对经济下行压力、企业投资缺乏的被动局面，靠前服务、出谋划策还不够。缺乏规模大、带动能力强的龙头企业，没有形成以关联产业为集群的产业特色楼宇。大数据、现代物流等新兴产业存在产业关联度不高、上下游产业链不齐、带动能力弱等问题。

园区合并整合资源的同时，惠企惠商政策体系完善度不够。园区合并后新的惠商政策尚未正式出台，“一企一策”“一楼一策”“一业一策”等个性化政策制定尚未完成；企业准入条件和流程仍需完善。优惠政策无法快速落实降低了园区对优质企业的吸引力，中小企业融资难融资贵问题依然严峻。

园区在发展楼宇经济的同时，特色化、专业化程度不够。存量及空置楼宇规模较大，资产盘活面临困难，企业孵化、科技创新及成果转化措施不多，产城融合度不高，园区人气、商气不足。

三 创新和高质量发展举措与成效

创新招商引商方式，推动商务区高效率招商。开展产业细分招商。围绕规划发展的两大主导产业——金融产业及互联网数字产业，并辅以人力资本、文化旅游及电子商务等产业，商务区联合自治区、银川市、金凤区各级工商联，采取“小分队”、产业链、突出重点、精准推介等“点对点”招商方式，先后多次成立考察小组赴京、津及长三角地区考察对接企业。商务区坚持创新驱动、数字化引领，2019 年招商“小分队”主要围绕数字经济开展招商推介活动，已引进建设城市数据湖项目，将建设数据存储机房、数字经济展厅、城市大脑等内容，形成约 100PB 的光磁一体融合存储能力，实现数据采集、数据存储、数据清洗、数据分析挖掘、数据可视化、数据交换交易等功能，形成数字服务型经济新增长极；对标张江人工智能岛在吸引聚集大数据、云计算、人工智能产业领域的先进经验，依托商务区楼宇资源，打造智能体验中心。开展社会化招商。依托阅海湾经济区、周边地区现有企业及入园企业平台，拓展招商引资渠道，抓住商务区产业群发展优势，吸引优质企业入驻。商务区引进新浪（宁夏运营中心）、浙江传媒学院战略合作项目、人民日报客户端宁夏执行中心项目、淘屏新媒体银川总部、宁夏网虫总部及运营中心等新媒体企业及项目，整合各方资源，不断丰富扩大互联网媒体矩阵，更好地激发宣传创意，致力于使银川市互联网行业党建中心及融媒中心项目成为展示银川、阅海湾商务区形象的重要窗口。截至 2020 年 3 月，已签约 16 个新媒体企业及项目。

创新项目管理方法，助力商务区高质量营商。建立商务区企业管理系统。实行项目跟踪推进管理，将对接过的轻、重资产项目都纳入企业管理库，满足商务区招商引资、企业服务、规划建设部门有序、及时、完整地进行项目交接管理工作。其中轻资产项目按照重要程度分为重大项目、较为重要项目、一般重要项目和一般项目四类，分别对应四星级、三星级、二星级和一星级，并针对进展程度、对接事项、潜在合作机会分配专人专项对接，确保每个企业、项目有人跟进，使政策得到落实。组建楼与管理服务团队，推行“一楼宇、一楼长、一站式”楼宇服务工作机制，由商务区领导担任楼宇总楼长，工作人员担任各楼宇楼长，楼宇物业负责人担任联系人，为楼宇企业发展提供全面服务和高效管理。

创新企业服务方式，提升商务区高效能服务。商务区与银川市、金凤区行政审批管理局签订合作协议，建立快速审批注册绿色通道，并成立智慧企业服务中心，设立了税务综合业务办理工位、人力资本服务工位，法律、中介、快递等工作生活服务工位，引进交通违法行为智能处罚终端、专普票代开自助终端等 24 小时自助设备，实现工商注册、税务登记等智能服务一体化，打造“企业 + 社会 + 政务”多主体综合服务体系。商务区引进中小企业孵化平台，协调“企业管家”服务团队，积极与市工信局、市生产力促进中心、市工商联等各部门联动，整合平台不同领域的专家资源，免费为企业提供包括线上运营、社群营销、品牌建设等在内的线上公开课程。

创新产业集聚方法，布局商务区“一园多园”。商务区围绕构建“一区多园”“园中园”模式，利用政策导向、“一事一议”等方式，建立大数字经济服务产业园、智能互联网产业园、文化传播产业园、新兴科技产业园和金融产业聚集区，形成推动高质量发展的“增长极”。商务区制定了《关于银川阅海湾中央商务区推进产业发展的若干政策暂行办法》，涵盖互联网经济、金融保险、文化旅游等八类产业类型的房租减免、财税奖励、个税补贴等政策，满足企业各阶段发展需求。

四　下一步工作计划

下一步，商务区产业将围绕总部经济，以推动互联网数字经济为抓手，大力发展电子商务、金融保险、文化旅游、商贸物流等产业聚集、配套完善的地区级 CBD，着力打造互联网数字经济示范园区、产城融合的示范园区、总部经济示范园区、现代金融服务示范园区、全域旅游示范园区、商贸物流汇聚示范园区。预计未来5年将形成500亿元以上产值的园区，就业人数达到3万以上，入驻企业达到700家以上，其中产值亿元以上的企业80家，10亿元以上的企业15家。

整合优化招商政策，强化招商保障。细化完善商务区招商惠商政策。围绕“一业一策”、“一事一议”、税收减免、人才奖励、招商引资中介或顾问的资格备案等加快出台商务区招商惠商政策；细化完善数字经济产业园、科技创新服务产业园等的产业政策；加快出台入驻企业房租补贴制度、企业审批入驻程序、入驻企业服务管理、人才入住服务管理等制度。梳理对接各级单位政策奖励规定流程。逐条梳理国家、自治区、银川市已经出台的支持园区发展的政策，积极对接自治区、银川市、金凤区等各级人才局、金融局、科技局、网信局，逐渐建立并完善招商引资项目落地考核标准及奖励规定体系，全力推动政策兑现。

搭建商务区智慧服务平台，优化企业入园流程。搭建商务区高效政务平台，优化审批事项办事流程，将企业注册审批、税务办理、员工社保办理等事项延伸至企业身边，计划实行“一个窗口受理、一站式审批、限时办结、超时警告、统一送达、全程监督”的审批服务模式，应用“多规合一”信息平台试点推进网上并联审批，实现企业办理事项全城通办，最大化便利企业。承担商务区企业用电、用水、用暖、停车等物业事项协调服务职能，负责企业在园区开展各类商业和非商业活动的审批、监管、考核。搭建商务区企业产业链延伸服务平台。平台设置招商洽谈功能、金融服务功能、中介服务功能、国际业务功能，为企业发展提供全生命周期服务。

建立多元投融资体系，强化资本要素投入。设立产业引导资金。建立园区产业引导基金投资项目备选库，实时动态更新，积极推介园区重点领域相关项目。对接《自治区人民政府关于设立政府产业引导基金促进产业加快发展的意见》，积极申请政府产业引导基金对总部经济、金融贸易、现代服务、智慧产业的支持。鼓励社会资本参与设立私募股权投资基金，强化对初创期中小企业、创业企业的支持力度。建立多元投融资体制。打通银行、基金、私募、债券、风投等多模式投融资渠道。建立、完善企业信用担保风险体系，提高企业融资能力。积极解决中小企业融资难融资贵的问题，建立企业扶助基金协助优质企业成长。大力发展国家政策鼓励产业，申请国家补助资金助力企业做大做强。发掘宣扬优质项目，争取社会和个人资金支持，提供产业园政策资源优势，帮助好企业快速成长。优化配置金融资源。贯彻落实国家宏观调控政策与支持地方经济发展有机结合，进一步优化金融资源配置，促进园区经济社会跨越式发展。认真贯彻国家产业结构调整政策，有针对性、有重点地进行积极扶持，重点支持产业能源贸易金融、科技服务、新一代信息技术、文化创意、智慧服务业等项目。

成立融媒体中心，开展多维度招商宣传。商务区与银川市委组织部、市网信办、新媒体协会共同打造银川市互联网行业党建融媒体中心，引导腾讯运营中心、搜狐宁夏运营中心等新媒体企业入驻互联网数字产业园，以网络媒体为主统筹规划互联网产业布局，建立生产、发布等为一体的全媒体运营平台，形成上下游产业联动新业态，在招商引资、对外宣传、人才引进、营商环境等方面全面发力。融媒体中心将联合运营超过 20 个宁夏垂直自媒体和 1 个宁夏综合类资讯平台，设立营销策划、专业培训、技术维护、人才培育等服务平台，为新媒体创新孵化集群提供服务和技术支撑，打造跨平台、广覆盖、细分化、工具化的新媒体产品矩阵。

成立科技创新服务产业园，建立科技成果转化机制。搭建创新创业公共服务平台。聚焦优秀科技成果，利用平台优势实现落地转化。将现代网络技术与传统教育培训相结合，通过开发、整合各种课程资源，免费为园区企业提供企业人才发展所需的各类实用、专业的网络化培训服务。搭建关键共性技术服务平台，为小微企业主动提供检测、咨询、认证服务，聘请专业技术领域人才，定期开展园区技术指导、设备培训、企业运营等交流活动，解决企业发展困惑，为企业创新之路注入活力、提供方向。建设商务区知识产权服务平台。为用户提供知识产权数据查询平台、知识产权讲座指导、专家知识产权咨询等多种服务，深入开展知识产区保护活动，引领用户树立知识产权意识，学会利用法律渠道维护自身权利。积极上报专利成果，定期进行专利知识库检测，配备专家级知识产权团队，严厉打击侵权行为，全面维护知识产权利益。响应国家“科教兴国，人才强国”战略，重视科学研究创新，培育自身知识产权人才，将创新和产权意识落实到生产经营各个步骤，为企业全面保驾护航。

参考文献

[1] 何帆、田宁：《智慧园区视阈下地方政府行政管理存在的问题及对策研究——以银川阅海湾中央商务区“智慧园区”为例》，《现代营销（下旬刊）》2017年第10期。

[2] 王耀超：《银川阅海湾中央商务区地下空间综合利用模式研究》，《规划师》2017年第Z1期。

[3] 詹思佳：《阅海湾中央商务区：为高质量发展增添新动力》，《银川日报》2019年12月28日。

B.11

青岛中央商务区以特色产业支撑高质量发展

解宏松　郭　蓉　牛作栋*

摘　要： 本文介绍了青岛中央商务区的概况，分析了楼宇经济形成规模、优质新兴产业聚集、特色产业助力发展、服务与扶持不断优化等支撑商务区发展的主要方面，以及注重招商引资实效、加强新兴产业的引导和培育、优化营商环境、打造商务生态圈等推动产业提升的有效措施，提出未来发展举措，包括促进高质量招商、开发建设、街区治理，做优“两大平台”，创新整合资源。

关键词： 青岛中央商务区　特色产业平台　高质量发展

一　青岛中央商务区概况

1. 区位优势明显

青岛中央商务区位于青岛市区中部、市北区南部，总用地面积2.46平方公里，规划人口5.4万，其所在的市北区是胶州湾东岸的核心主城区，总面积65.4平方公里，常住人口109万。海底隧道、胶州湾大桥、胶宁快速路、杭鞍快速路、环湾大道、山东路、重庆南路、308国道等纵

* 解宏松，青岛中央商务区管委会副主任；郭蓉，青岛中央商务区管委会综合处副处长；牛作栋，首都经济贸易大学硕士，北京市哲学社会科学CBD发展研究基地研究助理。

贯其中，区位优势明显，是青岛最早的现代服务集聚区之一。2003 年青岛中央商务区正式命名；2005 年获批建设集“一心、三轴、一带、两区”[①]于一体的综合性商务中心；2017 年被确定为产城融合示范片区。累计引进万达、卓越、山东海运等重点项目 60 余个，投资超过 350 亿元。

2. 基础设施建设日益完善

2019 年商务区内的敦化路东段 1000 米道路双向 4 车道拓宽和山东路桥经过改造，打通了商务区向东的交通瓶颈；楼体亮化、夜间灯光艺术设施提升了 CBD 夜景；完成 CBD 环境提升（一期），数字 CBD 治理平台建成，街区视频系统、共享停车诱导系统、智慧灯杆启用，综合数字平台试运行。

3. 土地整理全面展开

近年来，青岛中央商务区启动了振华片区改造项目，签订土地整理补偿协议，完成了绍兴路学校地块房屋拆除工作，同步办理绍兴路学校项目的立项、设计方案公示、土地划拨等前期建设手续；项目内出让地块完成土地入储、土地定界等前期工作；元鼎片区完成土地房屋评估、成本收益测算工作，多次洽谈土地房屋收购事宜，土地开发工作正在按程序进行。

4. 各类商务配套设施完备

配套设施完善具体体现在以下几个方面：①营商环境优良，政府机构、行政审批、政府服务、孵化培育等全方位搭建；②生活服务便捷，大型商场、医疗机构、书店、影院、体育馆、咖啡馆等休闲、文化娱乐型生活配套设施完整；③商务平台支撑，金融机构、人才公寓、星级酒店、5G 移动通

---

① 其中，规划中的“一心”是指敦化路与连云港路交叉口的中心广场。“三轴”分别指敦化路、连云港路、绍兴路三条横贯 CBD 的主干道，敦化路为区域发展中心轴；连云港路为商务发展轴；绍兴路为人居生活轴。“一带”指沿海泊河一线规划约 68 亩水域的滨水景观带，丰富商务区的娱乐休闲功能。“两区”指南京路以西的商务核心区和南京路以东的综合居住区，商务核心区重点发展商务、金融、科技、信息流通、中介等现代服务业；综合居住区与“三轴”中的人居生活轴相呼应，形成一片适宜居住的综合生活区。

信网络等智慧化、智能化商务配套设施一应俱全；④教育资源丰富，青岛理工大学、五十三中、蒙氏幼儿园等优质教学资源齐备，在建的绿色超能耗幼儿园、九年一贯制学校落成后教育资源将更加完善。

二　特色产业支撑商务区发展

1. 楼宇经济形成规模

青岛中央商务区汇集了青岛卓越世纪中心、青岛中广大厦、青岛西王大厦、青岛中海大厦、二十二世纪大厦、新凯达大厦、利群宇恒大厦、中锦大厦等特色楼宇。青岛中央商务区历经 17 年发展，规划建设项目完成了 80%，中央商务区片区税收亿元楼 5 座①，入驻企业 4000 余家，其中总部企业 11 家。青岛中央商务区以总部经济、金融文旅、信息数据、绿色建筑、生物科技等产业为重点，充分发挥产业生态的积极效用，协同带动周边区域可持续发展。2019 年青岛中央商务区启动青岛国际航运中心、青岛卓越世纪中心一号楼、青房财富地带、中广宜景湾、二十二世纪大厦 5 个新建成楼宇的招商工作。2019 年底，富尔玛国际家居博览中心项目完成主体及周边环境施工、浪潮青岛大数据产业园工程进度整体达到 40%、青岛科技创新园二期基坑开挖，同时青岛国际航运中心、丽海明都大厦、中城嘉汇等总建筑面积 40 余万平方米的高端楼宇相继竣工。

2. 优质新兴产业聚集

青岛 CBD 聚焦特色产业招商，2019 年引进 20 多家优质企业②；围绕浪潮青岛大数据产业园，已落户浪潮（青岛）科技集团有限公司、青岛智慧城区大数据科技有限公司、浪潮信息科技有限公司、浪潮天元（青岛）大数据有限公司等企业 11 家，注册资金约 15 亿元，科技研发人员 300 余人；

---

① 分别为青岛烟草大厦、青岛中海大厦、青岛时代国际广场、青岛西王大厦、青岛卓越世界中心（2019 年）。

② 如山东海运股份有限公司、山东海洋发展有限公司、德玛国际物流有限公司总部、中国船级社青岛分社、山东华宸融资租赁股份有限公司、挪威船级社、泽瑞船务、优客工场等。

依托生物科技园一期，发挥中国动物卫生与流行疾病中心资源优势，引进亚洲最大的质谱检测公司北京和合医学诊断技术有限公司成立青岛实验室、青岛正大有限公司检测中心、青岛国际技术人才港投资管理有限公司等项目；依托二十二世纪大厦打造青岛广电传媒产业园，以青岛广电影视传媒集团有限公司为首的广电下属集团公司已陆续搬入大厦，共20余家企业入驻园区。

3. 特色产业助力发展

（1）海洋特色产业

依托山东海运龙头引领，以青岛国际航运中心为核心承载，通过省级海洋特色产业园金字招牌加持，吸引新航运、新贸易、新金融等领域上下游企业总部落户，打造航运产业集聚平台。积极接洽、吸引一批船级社、船旗国组织、海事仲裁机构、保险经纪、咨询检验、海事律所等航运服务企业设立分支机构或区域总部，打造产业综合服务平台。目前，已集聚山东海运、中国船级社、挪威船级社、上海海事大学、德玛国际物流、山东海运船舶管理、宁波泽瑞船务、耀旗海事咨询、山东现代远东物流、周生生、富德人寿保险、华宸融资租赁、上海明大保险经纪、优客工场等27家优质企业及机构，其中航运类占40%、贸易类占30%、金融类占20%、科技创新类占10%，航运贸易金融产业生态效应初步显现。

（2）云计算大数据产业

依托浪潮青岛大数据产业园，充分利用科技、人才等资源，吸引高质量企业大规模入驻，发挥集聚性效应，推动国家级大数据产业发展的同时推动新旧动能转换、塑造市北区竞争新优势。目前，产业基地已聚集浪潮（青岛）科技集团有限公司、青岛智慧城区大数据科技有限公司、浪潮天元（青岛）大数据有限公司、青岛旷世科技有限公司、青岛航天信息有限公司、新华锦信贸环球国际贸易有限公司大数据应用中心、青岛云世纪信息科技有限公司等一批知名企业。国际航运中心“海洋+”数字垂直产业园、浪潮青岛大数据产业园等重点项目正在建设和招商中。

（3）生物科技产业

生物科技产业聚集在生物科技创新园内，占地189亩，设有科技研发、产业集聚、创业孵化、配套服务、功能扩展5个区域。园区以总部经济、科技研发和产业化为基点，打造集加速器、高校、科研院所、企业联动于一体的生态共享平台。

（4）新媒体产业

截至2019年底，视觉志、古麦嘉禾、深度传媒等14家新媒体企业，以及什么值得买等百余家互联网企业落户中央商务区，成为中国北方地区新媒体企业最为集聚的区域之一。深度传播集团是专业传播全产业链整合服务商，提供数字营销、公关传播、影视科技、品牌广告、展览展示五大板块产品，持续服务全球超过1000家国内外客户，其中包括中国平安、中石化、中铁、中国中车、劳斯莱斯、海尔、青岛啤酒等世界500强企业及上市公司，并与多家政府机构和行业协会开展合作。

4. 服务与扶持不断优化

2020年，结合疫情防控，商务区“楼宇管家”包点机制迅速建立并实施，核心区22座楼宇的财源培育、招商引税、安全生产及信访维稳工作全部责任到人。通过包楼摸底，进一步完善了楼宇服务和管理机制，加大了楼宇企业摸排力度，完善了楼宇基础信息台账。核心区主要楼宇的入驻企业工商登记信息、税收情况、楼宇空置情况全部实施了动态管理。商务区充分发挥企业联盟及各行业分盟的引领作用，通过组织“税务服务进楼宇”“金融服务进楼宇”“产业政策进楼宇”“疫情防控管委同行”等活动，及时将市北区招商政策、产业政策宣传到位，将企业服务落实到位；2020年以来，商务区组织多场“女企业家沙龙”“青联委员沙龙”“商圈联盟专场”等主题各有侧重的政企联席会议，共同梳理并研究解决制约片区经济提升的痛点、难点问题，为下一步工作开展捋清思路；同时，充分借助广电强大的推广效应，策划了“CBD人春天读诗”“品位CBD”百家企业宣传，以及“CBD美食TOP10”等系列活动，利用公众号、微信群等宣传阵地，全面强化对片区楼宇资源、产业基础、营商配套及人文环境的推广宣传，推动楼宇经济快速聚焦发展。

三　有效措施促进产业提升

（一）注重招商引资实效

为推动商务区发展，坚持以招商引资为一大引擎，推动民营经济发展的同时注重专业平台体系的搭建，使招商工作富有成效。生物园区通过招商中介海尔海创汇，半年时间引入海尔智能互联、新加坡国立大学干细胞技术青岛再生医药有限公司、研制新一代锥束 CT 成像系统的青岛汇影智能精准医疗有限公司等数十家企业，投资额达 8000 万元，并成功搭建了智能硬件协同创新平台和宠物产业两大平台，立足当下，着眼未来。

（二）加强新兴产业的引导和培育

采取产业规划先行和产业战略先导的方式，精准、定向招商，制定出台了商务区范围内生物科技、文化产业、国际航运、新媒体等产业扶持政策，吸引优质企业落户，发展和壮大现有企业。围绕深市上市公司四川迈克生物股份有限公司山东总部和中科院深圳先进技术研究院新一代锥束 CT 成像系统的青岛汇影智能精准医疗有限公司等优质龙头企业，挖掘体外诊断、医学影像产业链企业，加快医疗器械行业抱团发展。宠物医疗方面，围绕生物园区技术支撑机构——中国动物卫生与流行疾病中心国家层面的课题及资源，挖潜宠物影像、宠物疫苗、再生治疗等产业链企业。在积极为企业“输血”的同时，通过政府搭台、企业唱戏，增加企业自身“造血功能”，充分促进区域内企业的共同发展。

（三）优化营商环境

中央商务区管委会通过建立微信交流群、召开座谈会、进企走访等多种方式，全方位了解驻区企业所需，研究解决区域内建设、管理、发展等重大事项，共同解决制约区域发展的热点、痛点、难点问题。针对企业反映的商务区亮化待提升事宜，在敦化路等交通主干道新增设集照明、监控、媒体、Wi-Fi 等功能于一体的智慧路灯 59 盏；针对商务区停车难问题，对中央商务区停车场进行物联网改造，设立共计 5700 余个停车位，设立 20 多块停车诱导屏，为车主实时提供车位情况，成功地化制约发展的“痛点”为促进环保的“亮点”。通过走访卓越大厦青岛乾青信息科技公司，了解到其作为国家级安全保密互联网科技企业，CBD 管委会拟新增北京、深圳、青岛测试中心和销售平台等业务板块，主动协助企业扩充商务区办公场所选址，为发展泰山啤酒业务板块帮助其新注册青岛乾青实业有限公司，从前期准备材料申报到拿证，3 天时间完成，注册资金 1000 万元，项目正式运营后年营业收入预计 5 亿元。

（四）打造商务生态圈

青岛中央商务区注重商务生态圈的建设，通过商务生态圈吸引多业态入驻商务区，中铁青岛广场繁花街区招商工作基本完成，美豪丽致酒店、亚朵酒店等特色酒店开业，深圳高端孵化器——筑梦空间入驻，特色酒吧日益增多，蒙氏学堂、启航广场等高端先进少儿教育机构开业，促进了商务区的综合发展。

1. 做精楼宇经济品牌

一是明确目标定位。着力打造高端化、品牌化、特色化商务楼宇，形成重点楼宇、特色楼宇及综合性楼宇三级楼宇发展梯队，为现代服务业发展争取更多的空间资源和集聚优势。二是高品质规划布局。统一布局商务区的经济功能区块，加快公共设施建设及餐饮、消费等商业商务配套的完善，形成更多的高品质楼宇经济发展载体集群。三是加大对外宣传。重视楼宇经济的品牌商誉，突出对政策、营商环境、楼宇、入驻企业的宣传推介力度，让企业和全社会了解并认可市北区发展楼宇经济的优势和决心，构建楼宇产业生态链，吸引上下游产业项目的入驻，壮大产业规模，提升楼宇知名度。四是形成工作合力。整合街道、工商、税务、招商等信息资源，建立楼宇经济信息服务平台，对楼宇可用资源分布、入驻企业的产业结构、企业进出变动等信息实施动态监管，定期分析区域楼宇经济发展态势，确保靶向招商不偏离。

2. 做强楼宇经济的特色

一是注重特色产业招引。充分结合楼宇的产业定位和既有业态布局，实行产业专班、职能部门、街道、片区“四联动”机制，坚持量质并举、资税并重的招商思路，择优招引能量大、效益好、充分体现城市集聚功能的总部企业、头部企业及资源占用小财税产出大的销售中心、研发中心等优势企业，实现楼宇入驻率、注册率、财税贡献率的同步提升。二是注重特色楼宇培育。围绕现有的航运物流、科技研发、现代传媒等主力业态，加快培育与之相匹配的金融服务、中介服务、人力资源产业，不断落成新的特色楼宇。进一步突出上下游企业和同类企业的集聚，打造并打响特色楼宇品牌。三是注重配套商圈的打造。进一步做大做强 CBD 商圈，不断壮大以大融城为核心的体验式互动消费群，以万达为中心的线上直播带货、名品体验消费群，以利群为核心的日常供给消费群，以卓越·悦街为核心的日韩小商品特色街区，促进商务楼宇与商业配套的融合互动，精心打造夜色楼宇集群和繁荣商圈。

（五）发挥楼宇党建引领作用

2019 年中央商务区建立了诚信企业联盟和联合党委，并建立了物业、商业、互联网（融媒体）、公益、金融 5 个行业分联盟，以联盟为平台举办了讲座、论坛、沙龙、购物节、夜经济专场演出等活动 80 余场，通过创设多样化的活动服务于企业，发挥楼宇党建先锋作用。

中央商务区联合 200 多家影响力大的优质企业，打造“红色联盟”党建服务品牌，建立以诚信企业联合党委为核心，公益组织、物业企业、商业企业、互联网融媒体、金融等 5 个联盟党支部协同发展的“1 + N”融合式楼宇党建架构体系，形成区域化、融合式、交叉平行关系的党建新架构。推动楼宇各企业党组织融合，开展共驻共建活动，倡导楼宇内、各楼宇间举办业主沙龙、公益周末等多种形式的互动活动，给企业搭建舞台，实现相互间的展示、合作、推介，实现低成本、高效率、深层次对接。通过举办行业高峰论坛、特色培训、专题路演、法律咨询等活动，帮助企业开阔视野、了解动态、解决融资难题、提高经营管理能力等，实现党建与经济发展同频共振。

四　今后发展举措

根据青岛市北区人民政府总体发展规划，紧密结合商务区实际，将重点放在高质量招商、开发建设、街区治理这三个领域，同时做优做大山东省海洋特色产业园和建筑创意产业园，聚焦重点工作，全力攻坚。

（一）促进高质量招商、开发建设、街区治理

2020 年，青岛中央商务区的重要任务是大力推进以财源建设和“总部 + 新产业”为导向的高质量招商，以一体规划和产业布局为导向的开发建设，以空间环境和市容秩序为导向的街区治理为内容的“三大任务”聚力攻坚，抓牢抓实“双招双引”，激活内生动力，打造优良的外部环境，吸引企业集聚。

（二）做优“两大平台”，创新整合资源

根据发展要求，中央商务区承担两个平台建设，即山东省海洋特色产业园平台和建筑创意产业集聚平台。商务区要集中主要力量、整合核心资源把这两个平台做高做优。

1. 打造山东省海洋特色产业园平台

（1）搭平台：依托《中国航务周刊》、航运界、青岛唯之联盟、上海航运和金融产业基地、上海海事大学等平台资源，策划上海海事大学全球校友会、青岛国际航运中心垂直马拉松比赛等航运峰会，提升知名度。

（2）强招商：瞄准航运、贸易、金融产业总部头部企业，发挥好山东海运、中国船级社、上海海事大学、深圳招商中心等各类平台的作用，以商

招商、链条招商；发挥创投风投、航运产业基金等作用，链接金融机构、社会资本，开展资本招商。

（3）研政策：深学研用省市区各项政策，研究制定新航运产业专项政策，加强政策引导。

（4）抓服务：发挥中央商务区各企业联盟作用，以党建引领整合区域资源，以园区企业需求为导向，建立产业服务、专业服务、公共服务、商务服务“四位一体”的运营服务体系。

（5）引智力：联合上海海事大学、市海洋局、市交通局及专业机构等单位，建立航运产业人才链，打造集实习实践、教学研究和企业培训等功能于一体的教育实践基地，培育专业人才；联合英国卫狮集团，打造中国首个船员总部基地，集海员招聘、培训、派遣、服务管理等功能于一体，为航运发展、邮轮经济培养储备技能型人才。

2. 打造建筑创意产业集聚平台

（1）发挥区校联席会议制度作用，搭建双方合作框架。积极筹备双方高层会面，学习借鉴上海杨浦区打造环同济知识经济圈经验，将青岛理工大学的科研优势、人才优势、载体空间优势、国有平台公司的产业运营优势、区内资源优势、资本优势进行要素耦合、资源互补。推进青岛市北城发集团有限公司与青岛理工大学科技发展总公司的商业合作，探讨将青岛理工大学市北校区打造成建筑创意产业园。

（2）对接核心大学，立足项目落地，推进建筑创意产业迭代升级。以青岛理工大学搬迁后6.7万平方米校园空间及周边楼宇为载体，吸引上海优德达城市设计咨询有限公司等建筑设计产业项目，山东城市地下空间研究院等地理信息应用产业项目，高伟俊院士团队建筑设计院等绿色建筑产业项目的头部企业集聚发展。一是积极把握青岛理工大学全职引进的高伟俊院士资源，着眼产业转化落地，打好院士牌。二是利用好已有项目，以商招商，发挥集聚效应，推动产业联动发展。通过山东城市地下空间研究院产业项目，积极引入青岛联合理工规划设计咨询有限公司、山东江山纤维科技有限公司、国家信息中心青岛分公司等专业BIM技术研发、城市地下空间大数据集成、人防新材料和设备研发企业。

（3）探索“政产学研金服用”七位一体区校联动新模式，服务大学科技成果转化落地。一是依托青岛理工大学艺术学院，建立学院学术成果“微型孵化器 + 研发”中心。成立运营公司，整合学院师生设计资源，着力于成果转化、高端咨询、创新就业、设计教育几大板块。二是与青岛理工大学深入对接，梳理一批比较成熟并有资金需求的科技成果转化项目，联络洪泰基金、青岛高创投资管理有限公司、汇融集团等创投风投机构开展建筑创意项目路演活动，为优秀项目提供资本支持。

（三）聚焦重点工作，全力攻坚

1. 打造浪潮青岛大数据产业园产业生态

全面加强浪潮青岛大数据产业园项目推进，着力打造浪潮大数据产业生态，进一步发挥大数据创新服务和支撑产业的作用，发挥浪潮健康医疗大数据的作用，推进青岛健康医疗大数据产业的发展应用，发挥浪潮爱城市网平台的作用，进一步推进青岛智慧城市建设水平和发展速度，充分利用 5G 快速发展契机，推进爱立信 5G 应用场景的开发应用领域，为产业发展提供服务，同时，发挥大数据的基础优势，在外包服务、城市建筑云等方面进一步展开业务，实现基建投入 2. 4 亿元，研发投入 3. 5 亿元，营业收入 10 亿元，税收 1. 3 亿元。引入爱立信、碧桂园等战略合作伙伴。

2. 推进生物科技园建设

依托中国动物卫生与流行病学中心，打造生物科技新高地。按平台招商思维，用好生物园区政策，发挥海创汇的平台作用，实现精准招商。2019 年，新引进企业包括北京和合医学诊断技术有限公司、青岛正大有限公司检测中心、长木谷医疗科技（青岛）有限公司等 20 余家，新增入驻面积 4200 平方米。2020 年拟依托深市上市公司四川迈克生物山东总部和中科院深圳先进技术研究院新一代锥束 CT 系列影像设备的青岛汇影智能精准医疗，挖掘体外诊断、医学影像产业链企业，打造医疗器械园中园。启动海尔智能互联平台项目，逐步导入海尔新兴资源，引进前沿科创智慧家庭类项目。在宠物医疗方面，围绕中国动物卫生与流行疾病中心国家层面的课题及资源，与青岛市宠物医师协会展开合作，搭建行业平台，筹建青岛宠物产业协会，打造中国宠物行业最高端品牌。2020年拟引进主板上市公司塞力斯医疗科技股份有限公司的全资子公司——山东塞力斯医疗科技有限公司，以及优藻（青岛）生物科技等生物科技、大健康类科技企业超过40家，园区入驻率达到80%，新引进行业集聚度超过50%。

3. 加快企业总部集聚

将新航运、新贸易、新金融、云计算大数据、生物科技等作为主导产业精准招商，打造总部集聚区。围绕新金融双核定位，引进河北银行、南洋银行等金融机构。根据楼宇特色和产业布局，与区招商部门联动，合理精准帮助空置楼宇介绍商务资源，促进产业快速集聚，形成以商招商、上下游产业链协同效应。以青岛国际航运中心、青岛卓越世纪中心、青房财富地带、青岛生物科技创新园一期为重点，发挥中央商务区地理、交通、综合配套、楼宇集中优势，以市场化手段为主，通过专业招商、全员招商、以商招商，将产业导入、降低空置率、产城融合三大指标同步规划、同步推进、同步实现。

4. 促进配套建设与环境提升

把中央商务区环境提升放到重要位置，做好辖区内城市基础配套设施环境提升工作。做好中央广场项目遗留道路中心隔离带清除、地下管网疏通、敦化路连云港路交叉口节点恢复改造，畅通商务区中心区道路。提升卓越·悦街周边环境，打造适合青年集聚的创新时尚活力街区。开工建设绍兴路学校，力争在2022年建成投入使用。在商务区主要楼宇安装非机动车专用停放设施，引导规范停车秩序，提升街区形象。

5. 实施商务区地上地下空间与产业一体规划建设，促进旧产业更新升级

按照一体化规划建设要求，对CBD进行整体设计、开发、招商、运营，推进现有振华地块、元鼎地块的开发建设，通过市场化运作及法治化程序，积极稳妥处理历史遗留问题。促进老旧厂房的产业导入更新，针对公平衡器厂、模特学校等老厂房，做好产业导入，探索发展文化创意产业，建设新型城市文化空间，提升城市文化品质，推动城市风貌提升和产业升级。

6. 推动数字 CBD 建设与治理工作

构建运行有效的数字 CBD 城市管家体系，以管委会为统筹，协调行政执法、社会服务、企业参与、科技应用等各方优势，以城市管家体系为依托，建立“管委会 + 平台公司”的治理架构、“数字化 + 联席会”的运作模式，探索建立集管理与服务于一体、研发与应用相结合、政府与市场深度融合的新街区治理模式。

7. 积极打造商圈及园区生态

以提升片区人气、商气为目标，打造 CBD 新商圈。依托商业联盟，策划举办商圈购物节等大型商圈活动，增强商圈活力与亲和力。全力打造卓越·悦街，营造活跃的夜间生活环境，使中央商务区成为“年轻范、烟火味、时尚潮”的夜生活集聚地，全力打造市北区“夜经济”示范街区。

8. 利用联盟楼宇主动对接外部资源

以党建“红色联盟”为抓手，依托联盟企业优势，发挥桥梁纽带作用，积极协调对接外部资源，举办各种交流活动，提升楼宇营商环境。充分利用各种措施，加大对涉企政策的宣传力度，用好联盟平台，与企业交朋友，促进以商招商，吸引更多产业和项目。

参考文献

[1] 毕监武：《顺势聚力实现青岛高水平发展》，《青岛日报》2012 年 10 月 13 日。

[2]《激情飞跃的市北——青岛中央商务区项目》，《招商周刊》2005 年第 16 期。

[3] 冷静：《青岛市中央商务区（CBD）建设初探》，《青岛职业技术学院学报》2004 年第 3 期。

[4] 青岛市科学技术局：《青岛科技创新园打造科创产业发展新名片》，《国际人才交流》2019 年第 12 期。

[5] 张治敏、李建青、杨毅：《市北蝉变》，《招商周刊》2005 年第 16 期。

后　记

《中央商务区产业发展报告（2020）：以创新转型推动 CBD 发展》是“中央商务区蓝皮书”系列的第三本报告。2019 年下半年写作组开始撰写皮书，赴成都、银川、济南、宁波、哈尔滨、青岛等地进行调研和学术交流，不仅积累了大量有效资料，而且实地了解了 CBD 的真实发展情况。2020 年暴发了新冠肺炎疫情，写作组克服多重困难，积极完成了皮书的撰写工作，取得了很好的效果。

但是，受各地疫情影响，有些数据很难查询，特别是 2020 年上半年疫情期间，不少中央商务区及其所在城区的产业数据没有公布，影响了皮书内容的分析。写作组为提高皮书质量，尽量从各种渠道收集、整理资料和数据，以减少资料数据缺失造成的影响。

本书由蒋三庚主持完成。除已标注的作者外，王晓红负责对主要报告进行审读并参与撰写，解永秋负责英文翻译，王曼怡、张弘、逄金玉、周海霞等参加了调研数据收集、提供资料及撰写工作，常英伟、段俊强等做了很多行政事务。

我们感谢成都天府总部商务区管委会、银川阅海湾中央商务区管委会、青岛中央商务区管委会、北京商务中心区管委会、郑州郑东中央商务区管委会等单位的支持。

在皮书报告撰写过程中，参考并吸取了同行业专家学者的研究成果，已在参考文献中尽量列出，我们在此表示谢意和敬意，但难免有遗漏之处，在此我们表示衷心的歉意。

我们非常感谢北京市社会科学界联合会、北京市哲学社会科学规划办公室对我们长期的支持和指导，感谢北京市教育委员会对项目的长期资助和指导。

由于我们水平有限，加之有些数据很难获得，书中难免存在偏颇和不足，敬请专家和读者批评指正。

蒋三庚　于首都经济贸易大学博纳楼

2020 年 9 月 30 日

Abstract

Usually, Central Business District (CBD) is a leading area, where modern service industry is well developed, in a metropolitan or super-metropolitan city. In the process of strengthening city resilience, especially, during the late period of covid - 19 in 2020, CBD plays a role of economic engine. CBD innovative transformation has promoted regional development, which is significantly important for the growth of urban economy, guaranteeing for people's livelihood and employment, revitalizing the city to radiate surrounding regions and promote their development.

The theme of this book is promoting CBD development by innovation and transformation and it measures the development situation of the urban area of the selected first-tier cities and new first-tier cities, of which, the urban area works as the CBD location. The measurement is made by adopting an entropy evaluation method to determine the weight. Specifically, it is conducted by constructing a series of indexes, including CBD comprehensive development index, regional radiation index and business environment index. In order to precisely reflect CBD development, the author makes each index consist of a number of sub-indexes. For instance, comprehensive development index includes the indexes of economic growth, economy-driving, scientific and technological innovation and social development. Regional radiation index consists of radiation capability, radiation actions and radiation performance, etc. Meanwhile, the author has constructed quotas of CBD building economy index, which specifically includes tax contribution, number of headquarter enterprises, number of 100 million Yuan tax revenue building, number of business buildings, building vacancy ratio and building rent. CBD business environment index includes economic and industrial structure index, population and life environmental index, and commercial operational environment index, etc. Through these four index systems, the author has described the present state and dynamic trend of these four index systems and provided important references to CBD innovation and high-quality development.

For more academic support, this book makes detailed analysis on three subjects: the new route of CBD transformation and innovation, the relieving effect of financial ecological environment and the innovative development of modern service industry of Beijing CBD and has formed three special reports. All of the above three is refined on the basis of the projects of Beijing Municipality Social Sciences and Humanities Research Fund, so they are of greatly academic value. As to the issue of new route of innovative development, the book proposes FPEV path, which represents Foundation, Pillar, Environment and Vision of CBD development. Further, the report analyses the subjective clue of CBD transformation and development and its internal context connection. Correspondingly, it puts forth four suggestions on innovation which includes industrial transformation, economic upgradation, friendly environment and opening development.

With regard to the issue of CBD enterprise financing, the report adopts an entropy evaluation method to construct the index of financial ecological environment and examines the relieving effect of financial ecological environment of twelve CBD as such an environment works as a constraint to the financing of listed companies. The book believes when a market participant places itself in a better-developed external environment which enjoys a relatively perfect administrative governance, sound legal system, a perfect credit philosophy and higher financing allocation ratio, the relieving effect of enterprise-financing constraint will be more obvious. The book proposes to start the research from multiple perspectives through improving the local financial ecological environment to abate the problem of financing difficulty. Concerning the issue of innovative development of CBD modern service industry, the report screens out four major fundamental factors: industrial agglomeration, opening degree, talent aggregation level and green environmental system and analyzes four important operational factors including pattern of competition and cooperation, guidance of new consumption philosophy, financing channel and construction of innovation platform. And on such a basis, it presents concrete suggestions on how to encourage the construction of innovation platform to promote the development and innovation of modern service industry.

The uniqueness of this book is to demonstrate and draw on the experience of CBD development in many parts of China so as to know about the actual situation. The book have received support from the CBD administrative commissions of Tianfu Headquarter, Sichuan, Yuehaiwan, Yinchuan and Qingdao. They offer to us their reports with profound analysis.

The book has analyzed the major practice of Tianfu Headquarter CBD, which is guided by the concept of Park City. Actually, the practice has given a lot of cases of innovation. They concretely involve a renewed concept of city administration by constructing a new city center, city planning scheme and design, structural construction of industrial ecological circle, city function exploitation and administrative system and mechanism. The merit of Yuehaiwan CBD, Yinchuan is to make itself gradually become an important platform to demonstrate the industrial transformation and opening of Yinchuan municipality, or to a large extent, of Ningxia province. Its specific practice is to create new models of investment invitation and introduction, adjust favourable policies for business and companies and strengthen the resilient capability of the local government to meet the challenges of economic development. Additionally, this book analyses the characteristics of Qingdao CBD, which is around the subject to revitalize building economy by developing newly-emerged industries, including new shipping transport, new trade, new financial business, artificial intelligence application and biotechnology. The key point is to set up the platform of Shandong Provincial Industry Park with Marine Characteristics and the platform of industrial agglomeration of architectural creativity. As a result, the development of Qingdao CBD will be promoted with high quality.

As a major blue-book within China, the book makes a comprehensive analysis on the latest progress of CBD industry of China. It has discovered not only the new direction and route of innovative development of CBD industry in the future, but also the existing weakness of some regions when developing their local CBD industry. Therefore, it will give valuable references to the coming work.

This book is the research achievement of a key project, *CBD Industry Blue Book* (2020), *Promoting CBD Development by Innovation and Transformation* (*Project Code*: 19JDYJA012) of Beijing Municipality Social Sciences and Humanities Research Fund Research Base. It is also the research achievement sponsored by Beijing Philosophy and Social Science Research Base of Central Business District Development and Academy (High-end Think Tank) of Metropolis Economic and Social Development, Capital University of Economics and Business.

Keywords: Central Business District; Industrial Development; Innovation Transformation

Contents

Ⅰ General Report

Abstract: CBD innovative development has become an important way to converse previous regional kinetic energy into the new one and fuel the engine of economic growth. This paper makes an index-supporting analysis on CBD transformation and its innovative development from four perspectives: integrative development, regional radiation, building economy and business environment. Meanwhile, it makes a comprehensive analysis on the industrial development of several major central business districts in China and their way to lever CBD upgradation by innovation driven development. The conclusion indicates that CBD has achieved remarkable results in financial reform innovation, building-economy improvement and the improvement of CBD vitality. In the first half of 2020, CBD has made great efforts to apply innovative technology to improve epidemic-prevention and control capability so as to reduce the loss of covid -19, and takes active measures to encourage enterprises to start work resumption. Also, the paper analyses the challenges faced in promoting CBD development, which involves poor cooperation between business technological research departments, the manufacturing organizations and the relevant universities and college. The challenges include poor financial ecological environment, slow the response of building economy to epidemic management. These challenges restricted space for technological enterprises to develop their industries, too. Hence, some countermeasures and suggestions have been proposed to encourage the local governments to construct innovation platforms, to establish new institutions of tech-introduction and to find the ways to optimize financial ecological environment.

Keywords: CBD; Industrial Development; Innovation Transformation

Ⅱ Evaluation Index Reports

B. 2 Index Analysis on CBD Integrative Development (2020)

Abstract: This report has measured the integrative development of 13 urban areas where CBD is located. The measurements are made in five aspects: economic growth, economic driving, science and tech-innovation, social development and regional radiation. Generally speaking, obvious difference exists in CBD development between the first-tier cities and the new first-tier cities. The CBD integrative development index of the first-tier cities is higher than that of the new first-tier cities. The increase of CBD integrative development index of the first-tier cities is benefited from their common increase of index of economic growth, economic driving, science and tech-innovation, social development and regional radiation. In reference to above research achievements, this report proposed the following policies and suggestions, such as strengthening the real economic capability of financial service institutions, elevating CBD science and tech innovation level, enhancing the growing ability of real-economy by increasing consumption, propelling CBD comprehensive balanced development, reinforcing the slipover effect of high-end industrial radiation and promoting CBD industrial structure upgradation.

Keywords: CBD; Integrative Development Index; Economic Driving; Science and Tech Innovation

Abstract: CBD radiation-leading effect can promote city development. This report selects thirteen cities, each of which has an area of CBD location, as the research objects. By constructing scientific and rational index system of regional radiation, the report makes analysis and evaluation in three respects, including radiation capability, its activities and performance. Research manifests that, from 2016 – 2018, unbalanced development of comprehensive radiation index takes place in urban areas of the thirteen cities. In the first-tier cities, the radiation index of the urban areas with CBD location is obviously higher than that of new first-tier cities; The report also indicates that in Tianhe district of Guangzhou, Futian district of Shenzhen, Jianghan district of Wuhan and Jianye district of Nanjing, CBD keeps developing with higher quality and their comprehensive radiation index has been increased steadily and continuously for three years. With the requirement to promote regional development by innovation and opening and the measurement achievements, the report puts forth some unique opinions, such as innovation-driven development, the strategy of green sharing development and the reinforcement of CBD leading role in regional innovation. Other proposals involve elevating CBD integrative development level, injecting new vitality into CBD development and improving the capability and level of CBD radiation.

Keywords: CBD; Regional Radiation Index; Regional Radiation Capability; Regional Innovation Development

Abstract: Building economy, especially the business buildings in CBD, is an advanced economic form emerged in the development of China's urban economy in recent years. In these buildings a large number of modern financial, insurance and business service enterprises have been agglomerated, so that the development of a lot of industries in surrounding area has been promoted, and further, the upgradation of urban economy driven. Although the overall building economy has been developing in a rapid trend, some easy-to-be-seen problems still exist. The involving problems are over storage of business buildings and office buildings, different levels of development, insufficient monitoring of building economy information and lack of plans and policies for the development. Besides, productive service industries need to be developed more rapidly. Part of the building economy agglomeration area is suffering from a lower primacy ratio, which means the total size and economic benefit of building economy agglomeration area is relatively small, when compared with the economic contribution made by the whole city. And the precision service of building economy is still waiting for being improved. This report has selected a series of evaluation indexes, such as tax contribution amount, number of headquarter enterprise, number of 100 million Yuan tax revenue buildings, number of business buildings , number of major projects, building vacancy ratio and building rent, etc. By making use of the data, the author established an index system to assess the development of building economy. Through making measurement and analysis and conducting scientific evaluation of the building economy development in fifteen cities, the author has accurately grasped the key issues of CBD building economy. These issues involve the trend, stage, impacting factors and advantages and weakness of the present development of building economy. The conclusion manifests the building economy in 3.0 era develops steadily. The difference between the-tier cities and the new first tier cities is still obvious. The overall indexes of business buildings of the first tier cities remain much higher than those of the new first-tier cities; While, among the new first-tier cities, the building economy of Tianjin, Wuhan, Hangzhou, Chengdu and Chongqing tends to grow more vigorously. But in the future, due to the affect of various uncertain factors, such as abnormal macro economic situation and the pressure of newly-added supply of Class A office buildings, the gap between different new first-tier cities will become even more easy to be seen. Based upon the above analysis, the report proposed the following countermeasures, which is perfecting building service policy, enhancing monitor to building economy, accelerating building quality improvement, fostering agglomeration district for building economy with characteristics and creating new system of building management.

Keywords: CBD; Building Economy; Headquarter Economy

B. 5 Index Analysis on CBD Business Environment (2020)

Wang Xue-qi / 127

Abstract: At present, *optimizing business environment* has become one of the key words to vitalize markets and lift innovating capability of enterprises. As the core of urban business, CBD needs even more steady, fair and transparent business environment. By taking the CBD of China's first-tier cities and new first-tier cities as the research object and through constructing the indexes of CBD business environment appraisal, this report makes an assessment of the central business centers within China. The report believes a big number of CBD have completed much more effective work and greatly improved the quality of business quality. On the basis of the appraisal of CBD business environment, the report puts forth suggestions on such issues as deepening the reform of business environment, taking international standard as the benchmark, reinforcing legislation construction and improving the quality of business environment, etc.

Keywords: CBD; Business Environment; Legalizational Development

Ⅲ Special Topics

B. 6 Analysis on Innovative Path to CBD Transformation

Zhang Jie / 159

Abstract: It is shown that by the practice of CBD development in recent a hundred years, the history of CBD development is just its transformation process. Combining the development experience of typical CBD of China with other countries, this report makes a historical summary of CBD development. And based on that, it puts forward a FPEV (Foundation, Pillar, Environment and Vision) path for CBD transformation and innovation. The author also analyzes and summarizes four theme clues of the path. He also makes a clear statement about the internal inherit interrelationship between the clues and about the progressive order of the development process. Accordingly, he proposes four suggestions on CBD industry transformation, economy upgradation, friendly environment and its exploitation and development.

Keywords: CBD; Transformation Innovation; FPEV

B. 7 Analysis on Relieving Effect of CBD Financial Ecological Environment on Corporate Financing Difficulties

Zhou Ye, *Chen Jue-jin* / 173

Abstract: Adopting an entropy evaluation method, the report constructs indexes of financial ecological environment. It examines the relieving effect of financial ecological environment of twelve CBD as such an environment works as a constraint to the financing of listed companies. Research finds that the index of CBD financial ecological environment presents a reverse relationship with the financing constraint to the local listed companies. Especially, when a market participant places itself in a better-developed external environment which enjoys a relatively perfect administrative governance, sound legal system, perfect credit philosophy and higher financing allocation ratio, the relieving effect of enterprise-financing constraint is more obvious. Relevant empirical tests have further verifies that CBD financial ecological environment exerts a relieving effect on the constraint to enterprise-financing. Based on the findings, the report proposes to start the research from four perspectives: economic environment, development of financial industry, administrative governance and credit philosophy. Through improving the local financial ecological environment, an enterprise can abate the problem of financing difficulty.

Keywords: CBD; Financial Ecological Environment; Enterprise Financing

Abstract: The innovation and development of CBD modern service industry works as the key to promote regional economic growth and industrial upgradation. Keeping to the point of innovation and from macro perspectives, this report identifies the factors which brings about impacts on the innovation behavior of the modern service industry in Beijing CBD. It screens out four major fundamental factors: industrial agglomeration, opening degree, talent aggregation level and green environmental system. Furthermore, four important operational factors have been filtered out, including *pattern of competition and cooperation*, *guidance of new consumption philosophy*, *financing channel and construction of innovation platform*. Through systematically elaborating the influence and functional route of these factors, the author presents a series of suggestions on how to promote the development and innovation of modern service industry in Beijing CDB. Specifically, the suggestions are guiding the agglomeration of high-end service industry, increasing opening degree, further developing green and low-carbon industries and encouraging construction of innovation platform.

Keywords: Beijing CBD; Modern Service Industry; Creation Development

Ⅳ Regional Development Reports

Abstract: As the kernel district of Tianfu New District, a national-level district, Tianfu Headquarter Business District is committed to construct the new city center of Chengdu. Since the construction scheme was proposed in 2018, Tianfu Headquarter Business District takes *the conception of park city* as the guideline and has been constantly exploring the advanced idea of city administration. That is to build a *city in the future*. For two years the business district has made remarkable achievements in regional industrial development and city construction. In this report the present authors lay stress on analyzing the endowment advantage and industrial foundation of Tianfu Headquarter Business District and update CBD conception in 3. 0 era. Specifically, the practice is to locate work focus with professional thinking, to organize administration consideration with humanity logic and to create city administrative model with new philosophy of development. They also summarize the practice of CBD innovation construction which is based on new concepts of development, including broadening international vision for perfecting city administration route with fore-sighted plan; prospering the city with high-quality industrial development and developing multiple-city-functions with beautiful landscape for attracting more residents.

Keywords: Tianfu Headquarter Business District; Park City; Tianfu New District; Industry Ecology

Abstract: This dissertation analyzes the general situation and present state of Yuehaiwan CBD in Yinchuan and makes a summary of the effects and measures taken by the CBD for innovation and high-quality development. The measures are as follows: creating new means of investment introduction; pushing forward highly effective project invitation and biding; creating new approach of project management; offering assistance to CBD managers for high-quality operation; creating new method of corporation service; improving the service efficiency of the business district; creating new ways of industry agglomeration and making the layout of business district to construct *an industry park with smaller parks*. They found the facing challenges and problems are as below: the district is not opened enough to the outside although the local enterprises have been incubated and well fostered; While the traditional service industry is fully developed, the cultivation of *new kinetic energy industries* is not good enough; Imperfect system of favourable policies for business and companies does not match the well-integrated resources; Building economy is developed to a certain degree, but it not specialized with characteristics. The plan for next work includes integrating and optimizing investment invitation policy and consolidating capital-introducing guarantee; constructing smart service platform of this business district to optimize the settlement procedure for the would-be-move-in companies; setting up diversified investment and financing system to reinforce the input of capital element; establishing melted media center for multidimensional publicity; constructing scientific and technological innovation park to establish the mechanism of scientific and technical achievement transformation.

Keywords: Regional Economy; Yuehaiwan CBD of Yinchuan; Innovation Driving; High-Quality Development

Abstract: This report introduces the general situation of Qingdao CBD and makes an analysis on the forming scale of building economy, agglomeration of newly-emerged quality industries, helping-hand of characterized industry for economic development and constantly optimized service and support. In addition to the above-analysis, they talk about other effective measures, such as emphasizing on the actual effect of investment introduction, strengthening the cultivation and guidance of newly-emerged industries, optimizing business environment, shaping business ecology circle and pushing forward industry upgradation. They also propose future development measures, including promoting high-quality investment invitation, development and construction, block management, optimizing *two major platforms*, innovating and integrating resources.

Keywords: Qingdao CBD; Platform with Characteristics; High-Quality Development

皮 书

智库报告的主要形式
同一主题智库报告的聚合

皮书定义

皮书是对中国与世界发展状况和热点问题进行年度监测，以专业的角度、专家的视野和实证研究方法，针对某一领域或区域现状与发展态势展开分析和预测，具备前沿性、原创性、实证性、连续性、时效性等特点的公开出版物，由一系列权威研究报告组成。

皮书作者

皮书系列报告作者以国内外一流研究机构、知名高校等重点智库的研究人员为主，多为相关领域一流专家学者，他们的观点代表了当下学界对中国与世界的现实和未来最高水平的解读与分析。截至 2020 年，皮书研创机构有近千家，报告作者累计超过 7 万人。

皮书荣誉

皮书系列已成为社会科学文献出版社的著名图书品牌和中国社会科学院的知名学术品牌。2016 年皮书系列正式列入“十三五”国家重点出版规划项目；2013~2020 年，重点皮书列入中国社会科学院承担的国家哲学社会科学创新工程项目。

中国皮书网

（网址：www.pishu.cn）

发布皮书研创资讯，传播皮书精彩内容

引领皮书出版潮流，打造皮书服务平台

栏目设置

◆ 关于皮书

何谓皮书、皮书分类、皮书大事记、

皮书荣誉、皮书出版第一人、皮书编辑部

◆ 最新资讯

通知公告、新闻动态、媒体聚焦、

网站专题、视频直播、下载专区

◆ 皮书研创

皮书规范、皮书选题、皮书出版、

皮书研究、研创团队

◆ 皮书评奖评价

指标体系、皮书评价、皮书评奖

◆ 互动专区

皮书说、社科数托邦、皮书微博、留言板

所获荣誉

◆ 2008 年、2011 年、2014 年，中国皮书网均在全国新闻出版业网站荣誉评选中获得“最具商业价值网站”称号；

◆ 2012 年，获得“出版业网站百强”称号。

网库合一

2014年，中国皮书网与皮书数据库端口合一，实现资源共享。

S 基本子库
UB DATABASE

中国社会发展数据库（下设 12 个子库）

整合国内外中国社会发展研究成果，汇聚独家统计数据、深度分析报告，涉及社会、人口、政治、教育、法律等 12 个领域，为了解中国社会发展动态、跟踪社会核心热点、分析社会发展趋势提供一站式资源搜索和数据服务。

中国经济发展数据库（下设 12 个子库）

围绕国内外中国经济发展主题研究报告、学术资讯、基础数据等资料构建，内容涵盖宏观经济、农业经济、工业经济、产业经济等 12 个重点经济领域，为实时掌控经济运行态势、把握经济发展规律、洞察经济形势、进行经济决策提供参考和依据。

中国行业发展数据库（下设 17 个子库）

以中国国民经济行业分类为依据，覆盖金融业、旅游、医疗卫生、交通运输、能源矿产等 100 多个行业，跟踪分析国民经济相关行业市场运行状况和政策导向，汇集行业发展前沿资讯，为投资、从业及各种经济决策提供理论基础和实践指导。

中国区域发展数据库（下设 6 个子库）

对中国特定区域内的经济、社会、文化等领域现状与发展情况进行深度分析和预测，研究层级至县及县以下行政区，涉及地区、区域经济体、城市、农村等不同维度，为地方经济社会宏观态势研究、发展经验研究、案例分析提供数据服务。

中国文化传媒数据库（下设 18 个子库）

汇聚文化传媒领域专家观点、热点资讯，梳理国内外中国文化发展相关学术研究成果、一手统计数据，涵盖文化产业、新闻传播、电影娱乐、文学艺术、群众文化等 18 个重点研究领域。为文化传媒研究提供相关数据、研究报告和综合分析服务。

世界经济与国际关系数据库（下设 6 个子库）

立足“皮书系列”世界经济、国际关系相关学术资源，整合世界经济、国际政治、世界文化与科技、全球性问题、国际组织与国际法、区域研究 6 大领域研究成果，为世界经济与国际关系研究提供全方位数据分析，为决策和形势研判提供参考。

法律声明